Comer sin miedo

Divulgación
Actualidad

J. M. Mulet

Comer sin miedo

Mitos, falacias y mentiras sobre la alimentación en el siglo XXI

DESTINO

El papel utilizado para la impresión de este libro es cien por cien libre de cloro y está calificado como **papel ecológico**.

Ediciones Destino, un sello editorial de Editorial Planeta, S. A.
Avda. Diagonal, 662-664. 08034 Barcelona (España)
www.edestino.es
www.planetadelibros.com

Diseño de la cubierta: Booket / Área Editorial Grupo Planeta
Imagen de la cubierta: © Javier Jaén
Fotografía del autor: © Jacob Vilavicencio
Primera edición en Colección Booket: enero de 2015
Segunda impresión: abril de 2015
Tercera impresión: enero de 2016

Depósito legal: B. 23.500-2014
ISBN: 978-84-233-4886-2
Impresión y encuadernación: Liberdúplex, S. L.
Printed in Spain - Impreso en España

Biografía

J. M. Mulet (Denia, 1973) es licenciado en Química y doctor en Bioquímica y Biología Molecular por la Universidad de Valencia. Actualmente es profesor de Biotecnología en la Universidad Politécnica de Valencia. También dirige el Máster en Biotecnología Molecular y Celular de Plantas. En paralelo a su labor académica desarrolla una amplia actividad como divulgador científico. Es autor de los libros *Los productos naturales ¡vaya timo!*, *Comer sin miedo* y *Medicina sin engaños*, del blog Tomates con genes, y tuitero compulsivo.

www.jmmulet.naukas.com
@jmmulet

ÍNDICE

Para Paula,
con la esperanza de que algún día
viva en un mundo
en el que nadie pase hambre.

PREFACIO

«SINE AGRICULTURA NIHIL»

Cuando una cosa es fácil no la apreciamos. Realmente no sabemos darle el valor que tiene a todo lo que se consigue sin esfuerzo. En Occidente tenemos la inmensa fortuna de que la mayoría de nosotros no pasamos hambre y de que cuando vamos al supermercado siempre encontramos de todo y en la cantidad que deseamos. Muchas veces no le damos demasiada importancia a la comida ni a lo que cuesta conseguirla, porque siempre está ahí y a un precio asequible. Si no estuviera, tendríamos un problema. Y gordo. En el siglo XIX, el estadístico alemán Ernst Engel hizo una observación, que hoy se conoce como ley de Engel, según la cual si aumentan los ingresos disminuye la proporción de dichos ingresos que se gasta en alimentación. Esto implica que en los países pobres, la gente invierte un porcentaje alto de sus ingresos en alimentación, y en los países ricos, al revés. Quizás ello explique que no apreciemos lo que supone poder comer todos los días, porque, en general, en los países ricos es algo barato.

Llegar a este punto, a la comida barata, segura, a un precio asequible y al alcance de la mano no ha sido fácil. Es una historia de muchos años, tantos como tiene la civilización. Si la escritura es la que marca el nacimiento de la historia, la producción de alimentos, es decir, la agricultura, es la que marca el origen de la civilización. Todo lo que somos se lo debemos a la agricultura. Parece exagerado, pero gracias a que los supermercados están llenos, no tenemos que deambular por la sabana subiéndonos a las acacias para huir de los leones y cazando antílopes con lanzas. Una parte de la sociedad se dedica a producir alimentos, por eso podemos permitirnos el lujo de destinar nuestro valioso tiempo a realizar actividades diferentes a la de buscar comida. Solo así hemos podido desarrollar, entre otras cosas, la ciencia, el arte y la tecnología. Nada de eso existiría si la agricultura y la ganadería no nos proveyeran de alimentos seguros a un coste asumible.

¿Qué pasaba antes de la agricultura? Las sociedades paleolíticas estaban formadas por nómadas que se dedicaban a la caza o a la recolección de especies silvestres y que tenían que vérselas frecuentemente con la escasez de suministros. Sería exagerado pensar que los hombres paleolíticos eran una especie de yonquis desesperados que invertían toda su jornada y esfuerzo en buscar la siguiente dosis de comida. Es cierto que tenían tiempo para el ocio, el arte o la religión, pero unos simples números nos demuestran que no era una vida regalada. Antes de las primeras ciudades, un individuo necesitaba veinte kilómetros cuadrados de zonas herbáceas para procurarse su sustento. Haciendo unos cálculos, vemos que las cien mil personas que pueden llenar un domingo el Camp Nou para maravillarse con los recortes de Messi al portero necesitarían para vivir una superficie silvestre equivalente a cuatro veces España. Esta gran necesidad de espacio implica que esas primitivas tribus podían tener como máximo entre seis y doce familias, y abarcaban entre ochenta y cien kilómetros cuadrados.[1] Todavía llevamos en los genes el legado de nuestro pasado nómada. Uno de los primeros síntomas de una nutrición pobre en una mujer es una amenorrea, la interrupción del ciclo menstrual, que puede tardar unos meses en reaparecer a pesar de que se recuperen la alimentación correcta y el peso. Esta es una estrategia fisiológica de supervivencia en una situación de alimentación insuficiente, ya que llevar adelante un embarazo implicaría un grave riesgo para la madre y el hijo; una reminis-

1. Maroto, J. V., *Historia de la Agronomía*, Ediciones Mundi Prensa, Madrid, 1998.

cencia darwinista de cuando la vida era una sucesión de días de mucho y vísperas de poco. Sin embargo, algo cambió.

En determinados momentos, distintas poblaciones se dieron cuenta de que no era necesario seguir los ritmos y los lugares de la naturaleza, sino que se podían recoger las semillas de algunas plantas, ponerlas en un espacio con suficiente agua, cerca de alguna cueva o refugio natural, y dejarlas crecer. Nos ahorrábamos buscar alimento. Otro cambio fue que podíamos seleccionar las semillas más gordas para dar lugar a la siguiente generación, y así las plantas iban dando granos cada vez mejores y más productivos. A esto se le ha venido a llamar «la primera revolución verde». Domesticar una planta era adquirir un poder semejante a lo que en su momento supuso el descubrimiento del fuego. Aumentar la producción de alimentos permitía aumentar la población. Un aumento de la población en una época pretecnológica suponía un mayor poder bélico respecto a las tribus vecinas y la capacidad de ganar en recursos. Algunos autores como Jared Diamond van todavía más allá y ven en esta capacidad de domesticar plantas el origen del éxito de la civilización occidental. Eurasia es un continente más ancho que alto, lo que implica que a medida que una civilización se va expandiendo a lo largo de un paralelo hacia Oriente u Occidente, las condiciones climáticas y de luz son similares. Las plantas domesticadas van adaptándose al nuevo territorio sin problemas. África y América son continentes altos y estrechos; si una civilización se expande hacia el norte o el sur siguiendo un meridiano, las plantas domesticadas no pueden acompañarlas, puesto que las condiciones climáticas y de luz van cambiando, lo que obliga a un largo proceso de adaptación o a la domesticación de nuevas plantas. Según Diamond, este sería el motivo de que las primeras grandes potencias estuvieran en Europa y Asia.[2] Esta teoría no está aceptada universalmente, pero es cierto que podemos

2. Diamond, Jared, *Armas, Gérmenes y Acero*, Editorial Debate, Barcelona, 2006.

asociar las primitivas civilizaciones con sus cultivos, puesto que, a medida que se expandían, sus cultivos iban con ellos.

Y si la producción de alimentos es lo que marca el inicio de la civilización, la falta de estos es lo que marca su declive. Una civilización bien organizada puede hacer frente a epidemias, puede lidiar con invasiones, pero no puede hacer frente a una sequía o a un problema con las tierras de cultivo. Para plantar cara a un ejército poderoso como el persa sobra con trescientos espartanos en tanga, pero poco podrían haber hecho Leónidas y sus muchachos si ese año las cosechas hubieran fallado. Tenemos numerosos ejemplos. En 2008, la revista *Science* publicó un artículo en el que unos científicos de la Universidad de Lazhou demostraron que existía una correlación entre el grosor de las sucesivas capas de las estalagmitas de la cueva de Wanxiang con los períodos de crisis o de estabilidad política en China. Según sus investigaciones, el final de las dinastías Tang, Yuan y Ming coincide con bandas estrechas, mientras que el esplendor que vivió China bajo la dinastía Song coincide con unas bandas muy anchas en las estalagmitas.[3] ¿Es casualidad? Ni mucho menos. Las estalagmitas se forman por el carbonato cálcico arrastrado por las filtraciones del agua de lluvia. En el caso concreto de China, el grosor de la banda anual de las estalagmitas es una indicación de la intensidad de las lluvias monzónicas. Bandas más anchas implican monzones muy generosos en lluvias, y por tanto abundantes cosechas; bandas estrechas implican sequía, pocas cosechas y hambre, lo que lleva inexorablemente a la inestabilidad política y, en muchos casos, a un cambio en la dinastía. Si durante la dinastía Ming hubieran construido presas y canalizaciones en vez de jarrones de porcelana, mejor les habría ido.

3. Zhang P., Cheng H., Edwards R. L., Chen F., Wang Y., Yang X., Liu J., Tan M., Wang X., Liu J., An C., Dai Z., Zhou J., Zhang D., Jia J., Jin L., Johnson K. R., «A test of climate, sun, and culture relationships from an 1810-year Chinese cave record», *Science* (2008), 322(5903): 940-942.

No es un caso aislado. Cuando los europeos llegaron a América, la civilización maya hacía muchos años que se había extinguido. Un apunte: lo de que la civilización se acabó cuando llegaron los españoles fue una cantada de Mel Gibson en *Apocalypto*, puesto que el colapso ocurrió entre el año 800 y el 1000 d. C., medio milenio antes de que llegara Hernán Cortés. Durante mucho tiempo se pensó que este fin fue debido a diferentes factores, incluyendo guerras y epidemias. Sin embargo, hay evidencias de que pudo haber sido por una sequía, porque los datos paleoclimáticos sugieren que hubo un período de entre cuarenta y cincuenta años extremadamente seco, que curiosamente coincidió en tiempo y en lugar con el declive de la civilización. A principios de 2013, un estudio también publicado en *Science* estimó, a través del análisis de una estalagmita de unos dos mil años de una cueva del sur de Belice, las lluvias históricas en las tierras bajas mayas midiendo isótopos de oxígeno incorporados a la estalagmita a través del agua de lluvia que se filtró a la cueva. Entre el año 440 y el 660 d. C. hubo un gran incremento de población que coincidió con un período de lluvias. Y a partir de 660 empiezan a cesar las lluvias. El primer síntoma de la crisis fue la proliferación de monumentos a diferentes gobernantes..., señal inequívoca de una alta tasa de recambio de personas en el poder.[4] Es gracioso pensar que en el año 2012 mucha gente creyó que los mayas eran capaces de predecir el fin del mundo, cuando en realidad ni siquiera fueron capaces de predecir el fin de su sociedad. Puestos a ser prácticos, mejor les hubiera venido tener un buen climatólogo y varios ingenieros agrónomos en vez de tanto almanaque.

No siempre la sequía es lo que puede acabar con la agricultura. La primera civilización urbana, Mesopotamia, desapareció porque se salinizaron los campos de cultivo por un excesivo riego. Arqueológicamente se ha podido trazar cómo

4. Pringle, H., «A New Look at the Mayas' End», *Science* (2009), 324(5926), pp. 454-456.

cada vez iban sembrando cereales menos productivos pero más tolerantes a la sal y a las malas condiciones, hasta que llegó un momento en que el suministro de alimentos no fue suficiente.[5] Incluso en climas más lluviosos, una mala gestión agrícola puede a veces tener consecuencias nefastas. La grandiosa ciudad de Angkor Vat, en Camboya, se despobló cuando los sistemas de canalización dejaron de ser viables porque se taponaron debido a una mala gestión y un mal mantenimiento. Y si alguien todavía duda de que toda civilización se basa en la capacidad de producir y distribuir alimentos, solo tiene que ver cómo funcionan las escasas sociedades que en pleno siglo XX todavía viven como cazadores recolectores. Quedan algunas en la Amazonia, en África o en Nueva Guinea. Por ejemplo, los hadza de Tanzania. Viven de lo que cazan y de forma nómada. Uno de cada cinco niños muere antes del primer año y la mitad de los niños nacidos no llegan a los quince años. Caerse de un árbol, una caries o una apendicitis puede suponer una condena a muerte.[6] Es un estilo de vida muy natural, pero por el que no me cambio. Por cierto, el título de este apartado («*Sine agricultura nihil*») significa «nada sin agricultura» en latín. Es el lema de la Escuela de Agrónomos de Madrid. Pocas veces tres palabras han almacenado tanta verdad.

La comida está de moda

Empiezo en plan fino y culto con una cita en latín, y ahora en cambio pongo una que parece un poco tonta, puesto que siempre hemos comido. ¿La comida siempre ha estado

5. Jacobsen T., Adams R. M., «Salt and Silt in Ancient Mesopotamian Agriculture: Progressive changes in soil salinity and sedimentation contributed to the breakup of past civilizations», *Science* (1958).

6. Finkel, Michael, «Los hadza», *National Geographic* (ed. española) (enero de 2010).

de moda? Bueno, quizás ahora tenga una dimensión social y un interés en los medios de comunicación que no siempre ha tenido. Antiguamente, las cadenas de televisión dedicaban algún espacio a mediodía para recetas o, como mucho, incluían una sección en sus magazines matinales. Sin embargo, en los últimos años los programas de cocina han ganado tiempo en sus franjas habituales, han conseguido canales propios y en algunas cadenas hasta han asaltado el *prime time* y han servido de base para *realities* y *talent shows*. En paralelo, hemos pasado de una sociedad en la que los cocineros querían tener un hijo arquitecto a una en la que los arquitectos quieren que su hijo sea cocinero.

Ahora los grandes chefs comparten espacio mediático con actores, modelos y políticos. Son figuras populares, iconos que seguir y líderes de opinión, aunque como pasa con todos los gurús, sus opiniones no siempre son las más acertadas. Una forma de comprobar el poder de la comida es que encontramos libros de recetas de cocina en los lugares más inverosímiles, incluso en las tiendas de electrónica, estratégicamente situados cerca de las cajas, con portadas sugerentes destinadas a estimular lascivamente nuestros jugos gástricos para hacernos comprar el libro. Viene a ser como una pornografía socialmente aceptada, ya que compramos libros de recetas por instinto primario, porque nos comeríamos el plato de la portada. Si nos fijamos en las listas de libros más vendidos, encontraremos que en el apartado de no ficción suelen predominar los libros de cocina y los de dietas de adelgazamiento..., lo que viene a ser como si nos ofrecieran cocaína para ponernos alegres y Valium para dejarnos tranquilitos a la vez.

No obstante, este interés y esta omnipresencia tienen una preocupante carga de superficialidad. El exceso de información y el escaso rigor facilitan que se formen leyendas urbanas, mitos, o que se den por buenas cosas que no tienen por qué serlas. A todos nos atrae el libro de cocina con las ilustraciones más sugerentes o la dieta que nos promete adelgazar en menos tiempo y comiendo lo máximo posible.

También dejamos de comer algún tipo de alimentos o determinada marca de productos porque nos ha llegado un mensaje de correo o de Facebook que dice que su consumo provoca cáncer, envejecimiento prematuro, en su composición se utilizan fetos abortados o que la grúa se te llevará el coche si consumes esa marca de yogures. Luego, la cruda realidad te dice que en el interior de ese libro de cocina tan chulo pone que la paella se hace con guisantes y bacalao, solo consigues seguir la dieta unas semanas y ganas dos kilos, y si hicieras caso a todas las cadenas de internet solo podrías alimentarte de agua mineral (en botella de cristal y no de todas las marcas). Asustar es fácil, y a pesar de que las intoxicaciones alimentarias cada vez son más raras y la nutrición va mejorando, incluso en los países en vías de desarrollo, las leyendas urbanas, las dietas milagro fraudulentas y en especial el miedo van creciendo.

En este libro trato de hablar de la comida desde el punto de vista de un científico que además tiene curiosidad por la historia y los orígenes de las tradiciones y, sobre todo, de alguien a quien le gusta mucho comer, apreciar la comida y hablar de ella. Mi báscula es testigo. La ciencia y la realidad que hay alrededor de la comida son ya lo bastante apasionantes y divertidas como para hacer caso de leyendas urbanas y fraudes. Espero poder transmitirlo tal como lo siento y lo vivo en los siguientes capítulos. Explicaremos los numerosos mitos que circulan alrededor de la comida, qué dice la ciencia de ellos, y cómo podemos comer de forma más sana..., separando el grano de la paja en toda la información que circula sobre comida y alimentación. Espero que lo disfrutéis como si se tratara de uno de vuestros platos favoritos, preparado con el máximo esmero y dedicación, paladeado a la luz de las velas y en vuestra compañía favorita. Buen provecho y, sobre todo, leed sin miedo para luego poder comer sin miedo.

CAPÍTULO 1

Y ESTO DE COMER ¿PARA QUÉ SIRVE?

A pesar de que nos sentamos a la mesa dos o tres veces al día, la comida a menudo es la gran olvidada en los libros de historia, de ciencia o en la literatura. Sabemos cómo vestían los romanos, cómo hablaban, cómo construían, cómo se gobernaban..., pero ¿cuántos saben qué comían? No es extraño ver películas o libros donde la ambientación y el vestuario están cuidados al detalle, y sin embargo en los ágapes aparecen tomates o pimientos siglos antes de que fueran traídos a Europa. En la literatura y en el cine, los personajes se reúnen alrededor de la mesa, celebran los grandes momentos de su vida con banquetes, tienen comidas familiares o las cenas íntimas preceden a las escenas románticas (o fogosas)..., incluso a veces ni siquiera acaban de cenar.

A pesar de esta preponderancia de la mesa y los ágapes, la descripción de la comida, si existe, suele ocupar unas pocas palabras o no merecer ni un mísero plano. ¿Quién se acuerda de qué había en la mesa en la famosa escena entre Jessica Lange y Jack Nicholson en *El cartero siempre llama dos veces*? ¿O qué pasta estaban elaborando Sofia Coppola y Andy García cuando empiezan a achucharse en *El padrino III*? ¿Qué había en la mesa en la famosa cena de los mendigos de *Viridiana*? De la misma forma, en muchos momentos de nuestra vida recordaremos con quién hemos compartido la mesa, de qué hemos hablado, qué acuerdos hemos cerrado, pero pocas veces qué comimos. ¿Quién se acuerda del menú del día de su boda?

Los libros de texto de ciencias tampoco dejan en mejor lugar la comida. En química nos explican las relaciones ácido-base, pero no que un cambio de acidez es el responsable de la elaboración del yogur. En física nos explican el concepto de calor específico, pero no que este es responsable de que una fritura se quede más o menos aceitosa. En biología nos hablan de microorganismos, pero no que el hombre utilizó la biotecnología por primera vez hace milenios para la elaboración del queso o del vino. De hecho, para entender para qué sirve la comida, hay que mirarla con un poco de perspectiva, alejarse un poco..., hasta tener en el campo visual el universo entero.

La comida es parte del universo

Nosotros formamos parte del universo, y nuestra comida también. Esto parece una perogrullada, de acuerdo, pero hay un argumento que a veces se olvida. La comida, y lo que hace nuestro metabolismo con ella, sigue los mismos principios y leyes de la física y la química que toda la materia y la energía en el universo. Considerándolo desde este punto de vista, algunos mitos caen por su propio peso. Por ejemplo, en el universo toda la materia está compuesta por átomos que se unen entre sí para formar moléculas. Todos los átomos tienen unas propiedades que dependen de su estructura (de los protones y neutrones del núcleo y de los electrones de la corteza). Podemos ordenarlos en función del número atómico, esto es, de los protones que tienen en el núcleo. La tabla periódica, diseñada originalmente por el químico ruso Mendeleiev, ordena los átomos en función de sus propiedades, de forma que sabemos que el átomo de carbono puede enlazarse hasta con cuatro moléculas diferentes y el oxígeno con dos. Y da igual que el carbono esté en un diamante, en la brasa de una chimenea o formando parte de un filete.

Elegir el átomo de carbono como ejemplo tiene truco, porque es la molécula principal de la vida y está presente en todos los tipos de moléculas que forman la comida. Los animales y muchos microorganismos somos heterótrofos, no hacemos la fotosíntesis y, por tanto, no podemos obtener el carbono a partir del CO_2 de la atmósfera, de manera que toda nuestra comida debe haber estado antes viva. Junto al carbono, los elementos más importantes son el oxígeno, el nitrógeno, el fósforo, el hidrógeno y el azufre. Así, por ejemplo, las grasas son cadenas largas de carbono e hidrógeno con pocos átomos de oxígeno; los azúcares, o como su nombre indica los hidratos de carbono, tienen una estructura básica que es un anillo de carbono con un oxígeno en medio y átomos de hidrógeno o de oxígeno, o únicamente hidrógeno, unidos a los carbonos. Las proteínas son más complicadas y tienen, además de carbono, oxígeno e hidrógeno, azufre, fósforo y nitrógeno. También hay otros elementos que son esenciales, pero hacen falta en menor cantidad, como el calcio, el hierro, el magnesio o el zinc. Y de algunos incluso nos hacen falta cantidades más ínfimas, como el selenio, el boro o el cobalto.[1] Dado que los átomos de la comida son los mismos que los que podríamos encontrar en cualquier parte del universo, las leyes que los gobiernan son las mismas.

El químico Lavoisier enunció en su momento la ley de conservación de la masa: cuando se produce una reacción química, el peso de lo que hay al principio de la reacción (los sustratos) es igual que el peso de lo que hay al final (los productos). Es decir, las moléculas pueden cambiar, las propiedades pueden cambiar, pero el peso es el mismo, por lo que los átomos que pongas al principio serán los que saques al final. Por cierto, al pobre Lavoisier le cortaron la cabeza en la guillotina, no porque a la gente no le gustara la ley de conservación de la masa, sino porque era recaudador de impuestos y eso los revolucionarios lo vieron muy mal. Nosotros cumplimos escrupulosamente ese principio. Si tú te comes

1. Nelson D. L., Cox M. M., *Lehninger. Principios de Bioquímica* (4.ª ed.), Ediciones Omega, Barcelona, 2005.

cien gramos de fruta engordarás cien gramos y si te comes cincuenta gramos de chocolate engordarás cincuenta gramos. De la misma forma, si te bebes un vaso de agua de un cuarto de litro engordas doscientos cincuenta gramos. Si tu báscula es suficientemente precisa puedes hacer la prueba. ¿Por qué decimos que el chocolate engorda y el agua no? Hasta ahora estábamos hablando de masa; ahora toca hablar también de energía.

La energía es la capacidad de realizar un trabajo. Nada más. Cuando alguien te hable de energía vital, te está tomando el pelo: no existe. Lo mismo cuando te hablen de energía positiva o de energía negativa: no existe. En física, hay veces que la dirección importa; por ejemplo, cuando aplicamos una fuerza, como sabe cualquiera que haya movido un mueble, no hace falta la misma fuerza para subirlo que para bajarlo. En cambio, la energía es un valor absoluto. Necesitamos la energía que obtenemos de la comida para cualquier función vital, no solo las voluntarias, como desplazarnos, hacer deporte o leer, sino las involuntarias, como respirar o que el corazón siga latiendo. Todos sabemos que el mayor consumo de energía doméstica viene por la climatización. Calentar o enfriar energéticamente es muy costoso, y de la misma manera, invertimos gran parte de la energía que consumimos en mantener nuestra temperatura corporal alrededor de 36,5 °C. Este hecho no es baladí; los animales de sangre caliente necesitan mucha más alimentación que los animales de sangre fría por este motivo. Una de las pistas que buscan los paleontólogos para saber si los dinosaurios eran de sangre fría o de sangre caliente es la proporción de huesos entre herbívoros y carnívoros. Si la proporción es muy alta a favor de los herbívoros, implica que los carnívoros necesitaban mucha alimentación, lo que apunta indirectamente a que fueran de sangre caliente.

La energía en la comida está almacenada en los enlaces que hay entre los diferentes átomos. Para obtener energía a partir de las moléculas que hemos ingerido tenemos que oxidar estas moléculas. Esto explica que en la respiración captemos oxígeno de la atmósfera (necesario para oxidar las moléculas y obtener energía) y expulsemos dióxido de carbono, químicamente llamado CO_2, que proviene del carbono completamente oxidado que había en los alimentos y del que hemos obtenido toda la energía posible. Dado que el mecanismo de obtención de energía funciona así, cuanto menos oxígeno tenga una molécula más energía podemos obtener de ella, porque más podremos oxidarla y viceversa.

¿Por qué decimos que el agua no engorda? El agua es necesaria para la vida. La obtenemos cuando bebemos y la perdemos cuando respiramos, sudamos u orinamos (o lloramos, eyaculamos, escupimos o nos sonamos y el moco no sale seco, aunque en este caso con un volumen mucho menor), pero la cantidad en el cuerpo tiene que ser aproximadamente constante y representa más o menos el 70 por ciento del peso corporal. No obstante, el agua no es más que hidrógeno oxidado y no podemos obtener energía de ella; simplemente la almacenamos en las células, que vienen a ser como bolsas de agua con diferentes moléculas dentro. En cambio, el chocolate es muy rico en grasas, que son cadenas largas que almacenan mucha energía química en sus enlaces. Las grasas son cadenas de carbono muy largas y con pocos oxígenos, por eso obtenemos mucha energía de ellas. La energía de los alimentos que no utilizamos se almacena en forma de otras moléculas, normalmente grasa, que tiene la mala costumbre de acumularse en la tripa o en las caderas, con el consiguiente y conocido perjuicio estético.

La energía, cualquiera, se mide en forma de las temidas calorías. Una caloría no es más que el calor necesario para elevar la temperatura de un gramo de agua de 14,5 °C a 15,5 °C a la presión de una atmósfera. Así en crudo no parece que diga nada, pero si la energía se conserva, es decir, que puede cambiar de forma pero siempre hay la misma, obtendremos la misma energía cuando ingerimos un alimento de equis calorías que si lo quemáramos... ¿Alguna vez habéis visto lámparas de agua o de proteínas? ¿Y lámparas de aceite? Exacto. Los aceites se utilizan como combustibles porque tienen mucha energía almacenada y la desprenden al quemarse, que también es una reacción con oxígeno. De vez en cuando aparecen presuntos científicos o inventores alegando que han descubierto un motor que va con agua, cuyo funcionamiento normalmente no pueden demostrar porque las grandes petroleras les han bloqueado el desarrollo del invento o han amenazado su vida. Pues no; por mucha conspiración que se invente, es imposible que un motor utilice agua como combustible. Si el agua es una molécula que ya está oxidada no se puede obtener energía a partir de ella. Por eso, solo se pueden utilizar como biocombustibles aceites (biodiesel) o bioetanol, que son moléculas poco oxidadas.

Por lo demás, el uso del término caloría en alimentación es un poco incorrecto. Los físicos suelen utilizar otra unidad, el julio, que equivale a 0,239 calorías. Esta disparidad se debe a que en física se prefiere utilizar otra magnitud en vez del calor: el movimiento, de modo que 1 julio es la energía cinética que tiene una masa de un kilo que se mueve a un metro por segundo en el vacío. Pero es que encima los nutricionistas la lían todavía más. La caloría tiene el problema de que es una unidad muy pequeña, y para lo que es la alimentación se queda muy corta. Si en la etiqueta de un alimento pusiera que este tiene trescientas mil calorías, la gente se asustaría y gastaríamos mucha tinta en ceros; por eso en alimentación se utilizan las kilocalorías, es decir, son las calorías reales divididas entre mil. Pero como kilo queda mal en una etiqueta y puede llevar a confusión, se utiliza el término caloría, aunque para distinguirlo de la caloría «real» se suele poner en mayúscula: Cal.[2]

2. Mahan, B. M., Myers, R. J., *Química. Curso universitario* (4.ª ed.), Addison-Wesley Iberoamericana, 1990.

Y para ver cómo utilizamos esa energía cuando comemos tenemos que fijarnos en otras leyes, en este caso las de la termodinámica. Las leyes de la termodinámica son las que tienen lugar en cualquier intercambio de energía en el universo. Si alguna vez encontramos algo que incumple alguna de estas leyes, podremos decir que es un milagro o que es magia, pero hasta ahora nunca se ha encontrado. La termodinámica explica que el sol caliente, o que cuando te tiras por una ventana te pegues una castaña contra el suelo en vez de salir volando. La primera ley habla de la conservación de la energía, es decir, que la energía que hay al principio de un proceso será la que obtengas al final. Uno de los enunciados más populares dice que la energía no se crea ni se destruye, solo se transforma.

Si comes alimentos con muchas calorías, tu cuerpo almacenará ese exceso de calorías en forma de otras moléculas. ¿Tendrán la energía que tenían al principio? Pues no. Tendrán menos, porque hay que considerar que nada es gratis, y habrá que descontar la energía que se pierde en la degradación de la comida y en la formación de las moléculas nuevas... Siempre hay una parte de energía que se pierde en forma de calor, porque nosotros también somos máquinas térmicas, igual que un coche o un ordenador, que pierden parte de su energía de ese modo. De hecho, tenemos muy poca eficiencia y sabemos aprovechar muy mal la energía de nuestros alimentos, lo cual viene bien para no engordar más todavía, pero es un desastre para la gestión de los recursos naturales. Cuando hacemos ejercicio también consumimos esta energía y también se pierde en forma de calor. Para tratar de refrescarnos, el cuerpo suda, de forma que cuando se evapora ese vapor nos refresca... Un mecanismo no muy diferente a como funcionan las neveras.

Esta primera ley parece muy obvia, la energía que entra es la que sale, solo que transformada; pero algo no cuadra.

A ver, si ponemos un filete caliente en un plato frío, el plato se calienta y el filete se enfría... ¿Por qué nunca pasa al revés? El primer principio no impide esto; mientras la energía (en este caso, en forma de calor) se conserve, en principio la interacción podría ir en un sentido o en otro. Pero tenemos la experiencia de que una gota de aceite en el agua se expande, nunca se contrae; un bolígrafo siempre se cae, nunca se eleva. Aquí es cuando tenemos que considerar el segundo principio de la termodinámica. Hasta ahora estamos de acuerdo en que la energía y la materia no se crean ni se destruyen, solo se transforman, pero el segundo principio nos dice que cuando un proceso está en equilibrio tiende a tener la máxima entropía. La entropía es un concepto un poco complicado de explicar; vendría a ser una medida del desorden del sistema. Y este proceso es irreversible, solo crece.

Se han dedicado libros enteros a explicar el concepto de entropía, pero ya que en este hablamos de alimentación, hay una forma muy fácil de entender el concepto de proceso irreversible: si te comes un filete cagas caca, pero si comes caca no cagas un filete. La entropía es la responsable de esa monumental injusticia, puesto que la digestión y asimilación de nutrientes son procesos irreversibles, y es bastante obvio que la caca es algo más caótico y desordenado que un buen filete. Este segundo principio también nos sirve para ver otra utilidad de la comida. El desarrollo de cualquier ser vivo aparentemente vulnera este segundo principio. A partir de una célula embrionaria empezamos a crecer y a formar estructuras ordenadas y complejas, como un esqueleto o un cerebro. ¿Somos los seres vivos una excepción a esta regla? Ni mucho menos. ¿Cuál es el truco? Muy fácil, los seres vivos tenemos un entorno, formamos parte de un medio ambiente, hay que hacer el balance considerando el ambiente, ya que nuestro orden y nuestra disminución de entropía se hacen a costa de aumentar la del entorno. Nosotros podemos crear nuestro orden interno y disminuir nuestra entropía a costa de aumentar la de nuestro entorno, y ahí es donde tenemos que comparar la energía y la entropía que tiene la comida cuando entra y cuando sale. El aumento de entropía a veces huele muy mal.[3]

La entropía es además muy filosófica y pesimista. Podríamos decir que es más macabra que las profecías mayas y Nostradamus juntos. Si la energía y la materia se conservan, pero la entropía (es decir, el desorden) va creciendo, eso implica que tendremos cada vez más y más desorden en el universo y la energía será cada vez menos aprovechable, hasta que llegaremos a algo que los físicos denominan muerte térmica del universo: será cuando la entropía lo haya invadido todo. La entropía vendría a ser algo así como la Nada de *La historia interminable* de Michael Ende, solo que va muy poco a poco.

Todavía hay un tercer principio de la termodinámica, que dice que es imposible conseguir la temperatura del 0 absoluto, que en grados equivale a –273 °C. Este principio no tiene demasiada importancia en alimentación, aunque últimamente está de moda que los grandes chefs utilicen el nitrógeno líquido para algunas de sus creaciones. A pesar de que algo enfriado con nitrógeno líquido sea lo más frío que podemos ingerir, se encuentra a –195 °C, 78 °C por encima del 0 absoluto; por lo tanto, para alimentarse bien no hay que preocuparse por el tercer principio de la termodinámica.

Otra matización que convendría hacer es que todo lo que hasta ahora he contado sobre energía tiene validez a nivel macroscópico, es decir, al nivel en el que funcionan nuestros átomos y moléculas o en nuestro día a día. A nivel subatómico la energía está cuantizada o, lo que es lo mismo, no es como un grifo del que cae un chorro de agua, sino que se transmite en «cuantos» de energía, como si fuera gota a gota. Además, la materia se puede convertir en energía, según la celebérrima ecuación de Einstein, que sostiene que la energía que se obtiene es igual a la masa por la velocidad de la luz

3. Jou, D., Llebot, J. E., *Introducción a la Termodinámica de Procesos Biológicos*, Ediciones Labor, Barcelona, 1989.

al cuadrado. Pero no nos afecta. La mecánica cuántica y los principios que rigen la física subatómica no tienen aplicación en el nivel macroscópico, ni en la forma en que obtenemos materia y energía a partir de la comida; con solo una excepción: para la fotosíntesis, el mecanismo de captación de energía solar se llama trampa cuántica, y es un mecanismo que capta cuantos de luz. Es importante tener esto claro por si alguien nos pretende vender una terapia o una dieta de adelgazamiento y utiliza las palabras «Einstein», «cuántico» y «holístico». Con toda seguridad nos está tratando de engañar.

Metabolismo, o cómo aplicar la conservación de materia y energía

La base de un organismo es la célula. Una célula viene a ser como una bolsa llena de agua. Las paredes de la bolsa las forman lípidos, es decir, grasas. Dentro de la célula hay una bolsa más pequeña que es el núcleo, dentro del cual está el ADN, que viene a ser como el manual de instrucciones para el funcionamiento de la célula o para replicarse y crear otra. El ADN contiene la información para la síntesis de proteínas, que son las currantes dentro de la célula, ya que sirven igual para un roto que para un descosido. En los animales, las proteínas son responsables de las estructuras y de la consistencia de un músculo, por eso los filetes son ricos en proteínas. En las plantas, en cambio, la estructura se debe a azúcares, muchos de los cuales no podemos digerir, por eso engordan menos y son ricas en fibra.

Estas células se agrupan en tejidos, que tienen diferentes propiedades, como sabe cualquiera que haya ido a la carnicería: no es lo mismo comer callos que comer bistec, aunque sean de ternera. Células diferentes, tejidos diferentes, comida diferente. Estos tejidos forman los diferentes órganos. Lo más importante es considerar que, coman lo que coman, todos los organismos tienen su propio genoma y su propio ADN, que es lo que determina que un perro ladre y una oveja bale o que yo sea diferente a mi vecino del quinto. Por lo tanto, realmente no somos lo que comemos. Podemos comer vegetales o animales, pero seguiremos siendo nosotros mismos porque eso depende del genoma. Cuando comemos ingerimos millones de dotaciones genéticas... y no adquirimos ningún gen foráneo. Si a alguien le da miedo comer «genes», que piense que en cada una de las células de lo que se está comiendo hay un genoma de una especie no humana. También hay que tener en cuenta que dentro de cualquier célula hay unos orgánulos llamados mitocondrias —cloroplastos en las plantas—, encargados de producir energía, que tienen genomas propios, y que también nos comemos, a lo que hay que sumarle las bacterias y virus inocuos que siempre hay en cualquier comida. Hay cientos de miles de genomas en cada bocado.

¿Y cómo conseguimos formar nuestras propias moléculas a partir de lo que comemos? El metabolismo es el conjunto de reacciones químicas que tiene lugar en cualquier organismo vivo. Tiene dos partes: por un lado tenemos el catabolismo, que consiste en degradar los nutrientes que ingerimos para obtener energía de ellos y moléculas simples; y luego viene el anabolismo, que consiste en utilizar estas moléculas simples y esta energía para sintetizar las moléculas propias que necesita el organismo.

La sabiduría popular dice que «de lo que se come se cría», pero no es cierto. Cuando comes algo se mastica en la boca; allí las enzimas como la maltasa empiezan a degradar los azúcares. Luego el bolo alimentario llega al estómago. En el estómago se acidifica por la acción de unas proteínas llamadas bombas de iones y se queda en un baño de ácido clorhídrico, es decir, salfumán. Además, actúan unas enzimas, las pepsinas, que se encargan de cortar a cachitos las proteínas en sus piezas constituyentes, los llamados aminoácidos. Lo mismo ocurre con los azúcares y el ADN, aunque con diferentes enzimas. Las grasas son un poco más complicadas de procesar, y hace falta la hiel que segrega la vesícula biliar para digerirlas y transportarlas. Luego, ya en el intestino, esto pasa al flujo sanguíneo y los nutrientes se distribuyen a las células. La absorción también tiene su historia; por ejemplo, para absorber azúcares en las células hace falta la insulina que segrega el páncreas. Por su parte, las grasas necesitan unas proteínas para transportarlas hasta un sistema especial, el linfático.

De lo que se come no se cría, a pesar de que el metabolismo sea el rey del reciclaje. Si asimiláramos proteínas de vaca o ADN de lechuga, se nos pondría la cara verde o nos saldrían cuernos, y no es el caso. Imaginemos que la comida es como una figura de Lego montada; el metabolismo se encarga de desmontarla y hacer un modelo nuevo con las mismas piezas pero con diferentes instrucciones (que serían la información genética que tenemos en el ADN). Además, hay que tener en cuenta que después de millones de años de evolución, el metabolismo tiene más recursos que MacGyver con un chicle y un tornillo. Es muy frecuente que un mismo tipo de molécula pueda servir para varias cosas, o de punto de partida para formar diferentes moléculas con funciones muy distintas.[4] Por ejemplo, los lípidos sirven para almacenar energía, forman la membrana de las células y pueden ser hormonas sexuales. Los aminoácidos son las piezas que forman las proteínas, pero también precursores de hormonas o de neurotransmisores, que llevan los impulsos nerviosos de un nervio a otro. La cisteína es un aminoácido que podemos obtener al comernos una lechuga y descomponer sus proteínas en el estómago. Luego, con esa cisteína, nuestro organismo puede sintetizar un péptido (una cadena corta de aminoácidos) como la oxitocina ($C_{43}H_{66}N_{12}O_{12}S_2$), que es un neurotransmisor que se segrega, por ejemplo, durante el orgasmo y la lactancia materna, aunque las lechugas ni tienen

4. Seely, R. R., Stephens, T. D., Tate, P., *Anatomy & Phisiology*, Mosby-Year book, 1995.

oxitocina ni tienen orgasmos ni amamantan a las lechuguitas, que yo sepa.

Queda claro por tanto que comer es una necesidad básica, por una parte para conseguir los átomos y moléculas que necesitamos para crear las nuestras, y por otra para conseguir la energía para seguir en marcha y desarrollar todas nuestras funciones vitales. Si alguien dice que se puede vivir sin comer, o alimentarse del sol o del aire, te está mintiendo. La Iglesia católica tiene registrados como milagros numerosos casos de fieles que, movidos por su fe, han realizado ayunos sobrehumanos. Uno de los más recientes es el caso de la alemana Teresa Neumann, que desde los veinticinco años hasta su muerte, en 1962, afirmó haber ingerido solo la eucaristía, aunque en las fotos se la ve bastante rolliza. Estas afirmaciones no son patrimonio exclusivo del catolicismo. En la tradición hindú existen santones que afirman ser capaces de desarrollar técnicas de meditación gracias a las cuales pueden dejar de ingerir alimentos. Solo por citar uno de los numerosos casos, el santón indio Prahlad Jahni asegura que lleva setenta y cuatro años sin comer. El Ministerio de Defensa de ese país le sometió a una investigación para ver si su técnica podía servir para los soldados y de este modo ahorrar víveres. Aseguran que superó una prueba en condiciones de control, pero nadie ha visto esos logros publicados y, a pesar de esos anunciados buenos resultados y la técnica del santón, los kits de supervivencia del ejército indio siguen incluyendo comida.[5]

Fuera del entorno religioso también abundan las creencias extravagantes. En 2010 se estrenó un documental titulado *Vivir de la luz*, basado en una creencia absurda llamada respiracionismo, según la cual podemos alimentarnos solo con la luz, sin comer ni beber. Una de las principales líderes de este movimiento es Ellen Greve, conocida en el mundillo

5. http://www.theepochtimes.com/n2/science/study-on-yogi-prahlad-janis-fasting-miracles-concludes-35126.html

New Age como Jasmuheen. Esta iluminada (nunca mejor dicho, puesto que afirma que se alimenta de luz y de aire) asegura que eliminó su necesidad de comer y beber en 1993. Al ser invitada por un programa de televisión para comprobar si era verdad, en condiciones controladas solo fue capaz de estar dos días sin comer ni beber, después de los cuales tuvo que interrumpir el experimento por mostrar una evidente deshidratación. La gurú achacó el fracaso a que el aire estaba contaminado y no tenía la pureza necesaria para servir de alimento, y siguió con sus libros y conferencias. En otra entrevista también afirmó, con todo la tranquilidad del mundo, que de vez en cuando ingiere alimentos, pero no por necesidad sino como *hobby*. El problema de estas cosas es que la gente se las acaba creyendo y tienen consecuencias fatales, pero los responsables de propagar estas ideas estrambóticas siempre salen indemnes.

La escocesa Verity Lynn falleció mientras practicaba una limpieza espiritual según ese método, al que se le atribuyen otras tres muertes. Jasmuheen alega que no lo siguen de forma correcta y así evita toda responsabilidad.[6] Todavía no conocemos a nadie que lo haya seguido de forma correcta en condiciones controladas y pueda vivir sin comer ni beber, como afirma dicha gurú. En el campo de la medicina alternativa, o pseudomedicina, parece que haya una competición por ver quién dice la tontería más grande. Ahora ha aparecido un tal doctor Solís que afirma que el cuerpo humano es capaz de hacer la fotosíntesis y se dedica a vender pastillas que curan todos los males.[7] Una falsedad. A veces conviene recordar lo más básico y evidente: es absolutamente imposible vivir sin comer ni beber o ingerir nutrientes y líquidos por alguna vía. Además, estas creencias caen por su propia absurdidad. Asumamos que fuese cierto, que fuera posible

6. http://www.youtube.com/watch?v=cnCuzUd4eC0

7. Solís Herrera, A., *Fotosíntesis Humana*, Editorial Académica Española, 2013.

mediante meditación, luz del sol, aire, fotosíntesis o píldoras mágicas vivir sin comer. Millones de personas en el mundo pasan hambre... Acabar con esa necesidad terminaría con tan terrible problema. Cómo puede ser que algo que podría salvar la vida de millones de personas solo lo sepan una señora que da conferencias, un tipo que vende pastillas y dos o tres santones. Lo dicho, más falso que un billete de tres euros.

Nutrientes esenciales, en esencia nutrientes

Tenemos un metabolismo fetén, que funciona muy bien y que permite sintetizar nuestras propias moléculas a partir de la comida que ingerimos. No obstante, nuestro metabolismo tiene fallos, y hay ciertas moléculas que no podemos sintetizar, lo que implica que las tenemos que ingerir en la dieta y asimilarlas para que puedan ser utilizadas. Las más conocidas son las vitaminas, moléculas que tienen varias funciones y cuya carencia provoca diferentes enfermedades. Hoy en día circulan muchos mitos sobre las vitaminas, y las farmacias se hinchan a vender complejos multivitamínicos y suplementos dietéticos. Cien millones de estadounidenses consumen alguno de estos suplementos y gastan unos veinticinco mil millones de dólares al año. ¿Supone eso alguna mejora en su salud?

Si bien es importante tener el nivel necesario de cada vitamina, un exceso de ellas no supone ningún beneficio. Incluso en algunos casos puede llegar a ser problemático. Por ejemplo, un exceso de vitamina C no previene el envejecimiento, ni ayuda a combatir la gripe ni los resfriados. La mayoría de los mitos relacionados con la vitamina C tienen su origen en Linus Pauling, una de las pocas personas que tienen dos premios Nobel, uno de Química y otro de la Paz, y que sin embargo metió la pata difundiendo una serie de afirmaciones sobre los beneficios del consumo excesivo de vitamina C que han resultado ser falsas. La vitamina C es eficaz contra la falta de vitamina C, es decir, supone un remedio eficiente contra el escorbuto, pero el exceso no tiene ningún beneficio en particular. Dado que estos suplementos son tan populares, se han podido realizar estudios de seguimiento de la salud de estos consumidores. Los estudios hechos a partir de los datos recogidos por unos ochenta y tres mil médicos indican que no hay ninguna mejora en la salud cardiovascular entre los que toman más vitaminas y los que no. Otro estudio británico estuvo suplementando a veinte mil adultos con vitamina C, E y A durante cinco años, y tampoco constató ninguna mejora en la salud cardiovascular ni se ha probado que protejan de los depósitos de colesterol en las arterias. Lo más curioso es que, comparando todos los análisis, se constató que la tasa de muertes prematuras era sensiblemente mayor entre los que tomaban suplementos de vitaminas, aunque es muy aventurado afirmar que la culpa sea de estas vitaminas y que no estén influyendo otros factores.

Otros estudios tampoco han observado que tomar suplementos de vitaminas proteja frente al cáncer, incluso han apreciado que la gente que toma más de un complejo multivitamínico aumenta la probabilidad (ligeramente, tampoco hay que asustarse) de sufrir cáncer de vejiga. A veces el efecto puede ser incluso perjudicial; por ejemplo, en mujeres menopáusicas los suplementos de vitamina A aumentan el riesgo de fracturas. Conviene considerar las circunstancias en las que tomar suplementos de vitaminas está justificado: durante el embarazo es importante no bajar de los niveles mínimos de vitamina E o vitamina B9, puesto que evita problemas en la salud del feto, como la espina bífida, aunque tampoco hay que olvidar la importancia de consumir alimentos que contengan estas vitaminas.[8]

En general, una persona que siga una dieta equilibrada con abundancia de verduras y pescado no tiene por qué sufrir ninguna carencia de vitaminas ni necesitar ningún tipo de com-

8. Schwarcz, J., *An Apple A Day: The Myths, Misconceptions, and Truths About the Foods We Eat*, Other Press, 2009.

plemento. Es bastante frecuente leer la composición de alguno de estos complementos, comprobar la cantidad de determinada vitamina que hay y darse cuenta de que resulta que es más barato comerse un kiwi o una naranja que la cantidad de vitamina que nos están vendiendo a precio de oro.

En el Libro Blanco de la Nutrición en España solo se señala que a nivel de oligoelementos la dieta normal del español medio únicamente puede tener carencias en zinc y ácido fólico, y de vitamina D en mayores de cincuenta años. También es frecuente que ciertas mujeres puedan tener niveles bajos de hierro después de la menstruación.[9] Si en la dieta normal estás ingiriendo esas vitaminas de sobra, quizá no te haga falta tomar ningún tipo de suplemento, y si te lo tomas lo orinarás, que es la vía más frecuente que tiene nuestro cuerpo para eliminar moléculas sobrantes. No obstante, aquí entramos en el brumoso mundo de los suplementos, donde la legislación es bastante laxa y las diferentes empresas apuran al máximo. Actualmente encontramos en el mercado diferentes complejos vitamínicos que alegan que mejoran la actividad cognitiva y la memoria, que otorgan «energía» y otras muchas virtudes... Pero en la mayoría de los casos estas afirmaciones no tienen ninguna evidencia científica que las respalde. Las vitaminas, o algunos otros nutrientes, como la fosfatidilserina o la taurina, no aumentan nuestra actividad intelectual, ni nos harán recuperarnos antes de la fatiga, por mucho que nos lo anuncien por la radio o haya una estantería con un letrero bien grande en la farmacia.

No solo necesitamos vitaminas. Nuestras proteínas se forman a partir de aminoácidos, y no tenemos la capacidad de sintetizar todos ellos. Al menos nueve los tenemos que ingerir en la dieta. Estos aminoácidos son la histidina, la isoleucina, la leucina, la lisina, la metionina, la cisteína, la fenilalanina, la tirosina, la treonina, el triptófano y la valina. Algunos tienen

9. Varela Moreiras *et al.*, Libro Blanco de la Nutrición en España, Fundación Española de la Nutrición, 2013.

truco: si tu dieta no incluye metionina o fenilalanina, pero incluye cisteína y tirosina, puedes sintetizarlos a partir de estos. En principio, estos aminoácidos son bastante frecuentes, pero, ojo, los cereales son pobres en lisina y las legumbres en metionina. En una dieta completa, principalmente si es vegetariana, deben alternarse estos dos tipos de verduras. Si la dieta incluye carne, pescado, o es vegetariana pero incluye leche o huevos, no hay problemas en ingerir estos aminoácidos esenciales.

También hay grasas esenciales. Los ácidos grasos son cadenas largas de carbono con un grupo ácido (más oxidado) en un extremo. Si todos los carbonos están unidos a átomos de hidrógeno decimos que son ácidos grasos saturados. Una grasa rica en ácidos grasos saturados será sólida a temperatura ambiente, como la manteca de cerdo, la mantequilla o la margarina. En otros casos, los carbonos que forman la cadena larga de los ácidos grasos pueden estar enlazados entre sí de forma doble. Estos dobles enlaces se llaman insaturaciones porque cada uno de estos enlaces supone que en la molécula hay dos hidrógenos menos (está menos saturada de hidrógeno). Además, las insaturaciones hacen que la cadena de carbonos cambie su forma y se curve. Esta curva cambia la fluidez, por eso la mayoría de aceites vegetales que son ricos en insaturaciones son líquidos a temperatura ambiente. Según la orientación del doble enlace respecto a la cadena de carbonos, el ácido graso puede ser «cis» o «trans».

En la naturaleza básicamente existen los «cis» (existen ácidos grasos «trans» de forma natural en la carne de algunos animales, pero son infrecuentes). Los ácidos grasos omega 3 (con una insaturación a tres carbonos del último de la cadena), como el ácido linolénico, y omega 6 (la insaturación a seis carbonos del final), como el ácido linoleico, son esenciales y deben estar presentes en la dieta. Son abundantes en los frutos secos, el pescado azul y en los aceites de oliva o girasol. Esto tiene importancia también en la nutrición del ganado, porque la carne de animales alimentados con una dieta abundante en estos ácidos grasos mejorará las cualidades nutricionales e incluso el sabor. Por eso la carne de cerdo alimentado con bellotas o de gallinas alimentadas con harinas de pescado está más sabrosa, puesto que se consigue aumentar la proporción de estos ácidos grasos. Hace tiempo a los bioquímicos les llamó la atención el hecho de que los esquimales tuvieran una dieta rica en grasas y que los infartos fueran muy bajos. Este hecho se asoció al consumo de grasas y aceites de pescado ricos en omega 3 y 6, aunque la influencia de estos ácidos grasos en prevenir las enfermedades cardiovasculares todavía está en estudio.[10] Por otra parte, ahora mismo hay mucha fobia con las llamadas grasas trans. Estas grasas se forman cuando se hidrogenan aceites poliinsaturados. Por ejemplo, si se tratan con hidrógeno un aceite vegetal o un aceite de pescado se eliminan las insaturaciones, pero se pueden formar otras con diferente estructura, las grasas trans. Estas grasas se suelen utilizar en bollería industrial para dar textura y no son muy recomendables porque aumentan el riesgo de accidente cardiovascular. No nos va a pasar nada por comernos un día algo que las contenga, pero no conviene abusar habiendo alternativas más saludables.

Comer es algo más que ingerir nutrientes

Bien, hasta aquí todo muy bonito. Si en el fondo comer no es más que ingerir alimentos para conseguir la energía para vivir y la materia prima para construir nuestras moléculas, podríamos hacer un jarabe o una papilla que contuviera las cantidades diarias recomendadas de todos los nutrientes, ingerirla dos o tres veces al día y dejar de preocuparnos. Parece

10. Corella, D., Ordovás, J. M., «Interactions between dietary n-3 fatty acids and genetic variants and risk of disease», Br J Nutr. 107 Suppl 2, S271-283 (2012).

descabellado, pero no es algo tan infrecuente. La gente que está en coma, o en algunos posoperatorios complejos, se alimenta por vía intravenosa y no se muere de hambre.

En principio, nada impediría que una persona se alimentara únicamente de batidos, pastillas o incluso por vía intravenosa. Incluso hay quien ha ido más allá. El programador y bloguero Rob Rhinehart ha creado un cóctel llamado «soylent» que contiene las cantidades diarias recomendadas de todos los nutrientes y menos calorías. Se ha alimentado de él durante varios meses mientras escribía sus experiencias en el blog. Sostiene Rhinehart que este formulado permite desembarazarse de la tiranía de comer, cocinar e ir al supermercado todos los días.[11] Al margen del riesgo (Rhinehart ha experimentado esta dieta sobre sí mismo sin ningún tipo de control médico, algo que es una barbaridad) o del posible interés económico y publicitario (Rhinehart ha creado una plataforma de *crowdfunding* para comercializar su preparado), no funcionará ni será la alimentación del futuro. La comida es una parte de nuestra cultura, de nuestro yo más íntimo, y cambia de la misma manera que cambiamos nosotros. Está sujeta a modas, tradiciones y costumbres; es algo más, mucho más que unas meras pastillas. Por eso, para entender qué es la comida y ver cómo se construyen los mitos, falsedades y miedos alrededor de ella, no nos sirve únicamente el frío análisis científico de balances de masa y energía.

Los sabores forman parte del patrimonio de cada generación, igual que la música o la moda. La cerveza se inventó en Mesopotamia y los romanos construían almazaras donde obtenían aceite de oliva, aunque hoy en día no reconoceríamos el sabor de la cerveza de Hammurabi ni del aceite de Calígula. La cerveza mesopotámica era dulzona, ya que la adición de lúpulo que le da el sabor amargo no se popularizó hasta la Edad Media. El aceite de oliva de los romanos tenía una aspereza que hoy nos resultaría insoportable; en dos mil

11. http://robrhinehart.com/

años hemos seleccionado variedades con aceitunas cada vez más suaves o, lo que es lo mismo, desprovistas de alcaloides tóxicos como la oleoeuropeína. Es curioso que ahora la moda sea que cuanto más rasca el aceite en la garganta o más amargo sabe, mejor es, cuando eso suele ser indicativo de la presencia de alguna molécula tóxica. También mitificamos los sabores de la infancia y las comidas en casa de la abuela..., aunque si viajáramos cincuenta años atrás los sabores nos resultarían extraños. Hay que tener en cuenta que también influye un factor subjetivo. De pequeños, a todos nos gusta comer en casa de los abuelos, y en nuestros recuerdos las sensaciones agradables suelen potenciarse. Solo hay que volver a ver una película que recordamos que nos gustó mucho de niños: no lo hagáis. Si caéis en la tentación, no lo digáis en público. Muchas películas que visteis hace muchos años, y de la cuales guardáis un grato recuerdo, os daría vergüenza verlas con vuestros hijos. Sé de lo que hablo.

En el caso de los sabores, hay que considerar que es durante la infancia cuando más papilas gustativas tenemos, y que con la edad estas van decayendo, igual que perdemos vista y oído. El sabor del cocido que hacía mi abuela es insuperable, y sé que nunca lo voy a volver a encontrar porque forma parte del patrimonio de su generación y de mi infancia, como los cardados inverosímiles con laca de pelo Nely, el gel Noelia de olor aberrante y el consultorio de Elena Francis, dirigido a mujeres pero en el cual todos los redactores eran hombres. A veces la nostalgia del pasado nos impide ver el presente y darnos cuenta de que los cambios son solo eso, cambios. Ni mejores ni peores. Mi abuela nos dejó antes de la globalización alimentaria que estamos viviendo —que yo pienso que nos ha traído muchas cosas buenas (otras quizá no tanto)—, así que nunca se comió un *kebap*, un *lychee*, un pollo tikka-masala o la ternera con salsa de ostras que hacen en el chino de debajo de mi casa. Quizá le hubiera gustado.

Ni siquiera hace falta viajar en el tiempo para darnos cuenta de cómo la comida forma parte de nosotros. Trata de preparar un plato que has hecho miles de veces en tu casa cuando estás de viaje lejos del hogar. Te resultará imposible. Si quieres cocinar una paella en Francia te va a costar encontrar arroz de grano corto. Si un argentino trata de hacer un asado en España se llevará la desagradable sorpresa de que el corte de la carne es diferente y el precio astronómico. Es prácticamente imposible preparar lacón con grelos pasado O Cebreiro, de la misma manera que en mi casa se utilizaban pencas para el cocido y solo tengo localizado un supermercado que las venda, bajo el nombre de «cardo». La comida es una extensión de nosotros mismos. En cada zona cambian los idiomas, cambian las costumbres, y la comida refleja ese cambio.

Lo de los localismos de la comida da lugar a situaciones graciosas o incluso chocantes. La forma de pedir un café y la forma de elaborarlo cambia en cada sitio. En Valencia, el café con leche condensada se llama bombón. Hay valencianos que han pedido un bombón en Madrid y les han puesto un helado (o bombón helado). Al café con hielo se lo llama «café del tiempo», pero es gracioso pedirlo fuera de Valencia porque da lugar a contestaciones del tipo «¿El tiempo? Pues parece que igual llueve». Por cierto, una vez pedí un bombón con un amigo alemán y este se quedó alucinando por el hecho de que el café tuviera dos fases diferenciadas, blanco en el fondo, negro en la superficie. Me preguntó si utilizaban un aparato especial en la preparación. Le dije que no, que solo eran la diferencia de densidades y la física de fluidos haciendo su trabajo. Luego me preguntó qué era la parte de abajo. No la había visto nunca ni conocía la leche condensada. Me extrañó que en Alemania la leche condensada fuera algo tan exótico, como pude comprobar in situ tiempo después. En este caso fue fácil trazar el origen de ese desconocimiento. La leche condensada no se creó originariamente como postre, sino como forma de conservar la leche mucho tiempo en épocas en las que la nevera no existía. Era frecuente utilizarla en los barcos, al igual que la carne en salazón. En Alemania fue muy utilizada durante la posguerra y formaba parte de los paquetes de ayuda humanitaria, con lo cual su uso se asoció a los tiempos oscuros. Una vez superada la posguerra, los botes de leche condensada quedaron asociados en el imaginario popular con una etapa penosa, y por eso prácticamente desaparecieron de los supermercados. En España tampoco nos libramos de historias similares... ¿Alguien podría encontrar aceite de colza en un supermercado? Pues es uno de los más usados y consumidos a nivel mundial. Pista...: quizá se llame aceite de semillas.

También la sensación de asco es tremendamente subjetiva y cultural. En el año 2013, la FAO publicó un informe sugiriendo que los insectos podrían ser la comida del futuro... Y no lo firmaba Bibiana Aído, como pensó alguien.[12] Los insectos forman parte de algunas tradiciones alimentarias en México o en determinadas zonas de Asia. En cambio, a la mayoría de los europeos nos dan asco. Las dietas que incluyen insectos son propias de países con climas muy cálidos. Para empezar, en los climas tropicales solo con escarbar en la raíz de una planta tienes suficientes insectos para comer, sobre todo larvas. En climas más templados o fríos te sale más a cuenta cazar un ciervo o criar una gallina que ir todo el día buscando insectos. Posiblemente este sea el origen antropológico de la diferencia.

En el informe se argumentaban los beneficios de los insectos, como que al ser animales de sangre fría consumen menos recursos, crecen rápido y su crianza resulta sencilla, y que además suponen una buena forma de acumular alimento en poco tiempo. La apuesta tampoco está exenta de problemas, puesto que siete mil millones de personas comiendo bichos silvestres provocarían un desequilibrio en el ecosistema; habría entonces que criarlos. Además, hay especies no aptas para el consumo, tóxicas... Sea como fuere, hacer ahora que todo el mundo coma insectos es complicado. Por cierto, en

12. http://www.fao.org/docrep/018/i3253e/i3253e00.htm

Occidente ya estamos comiendo insectos: el colorante rojo natural 4, que se utiliza en alimentación, en lápices de labios, etcétera, se saca de la cochinilla, que es un insecto que vive en las raíces de determinados cactus.

Nosotros tampoco estamos exentos de costumbres alimentarias que le revolverían el estómago a cualquiera. Dicen por ahí que «tienes más hambre que el que se comió el primer caracol», y es verdad que objetivamente comemos caracoles —que a los mexicanos, que comen larvas de mosca, les dan mucho asco—, pero seríamos incapaces de comernos una babosa, que es lo mismo aunque sin la casa a cuestas. ¿O es muy diferente una anguila de una serpiente? Sin embargo, la anguila está presente en la gastronomía de muchas partes de Europa y la serpiente no. En la Marina Alta se puede encontrar con facilidad en los bares «*sang amb ceba*», que es sangre de pollo hervida con cebolla, o «*bull amb ceba*», estómago de atún rehogado, también con cebolla. Algún aborigen puede decir «Qué asco, cebolla», pero a mucha gente de fuera la sangre hervida o las tripas de pescado les revuelven las ídem. También en España comemos conejo con naturalidad, mientras que en muchos países anglosajones es una mascota, y comérselo equivaldría a devorar al gato, al perro o al hámster.

A veces ni siquiera es cuestión de asco que elijamos o rechacemos una comida, solo de preferencias. Por ejemplo, el color de los huevos. La cáscara de los huevos de cualquier ave está compuesta de carbonato de calcio. Si no tiene pigmento es blanca, si se tiñe con hemoglobina tiene un color marrón rojizo, y si se tiñe con pigmentos biliares tiene un color verde. El color del huevo depende de la raza de la gallina. Nunca veremos en un supermercado huevos de gallinas de color verde porque ese color se asocia con podredumbre. En cambio, es fácil ver huevos blancos y marrones... Un momento. ¿Alguien se acuerda de los huevos blancos? El consumidor español prefiere los huevos marrones, por eso para las gallinas ponedoras se utilizan las razas que dan huevos de ese color, que prácticamente han desplazado a los huevos blancos de la mayoría de los supermercados, mientras que en otros países los huevos son mayoritariamente blancos. Lo mismo con el color de la yema. Aquí influye, además de la raza, la alimentación del animal. Hay países donde prefieren la yema amarillenta casi blanca y otros con un color anaranjado fuerte. Existe una carta de colores de yema de huevo que abarca todos los grados, desde el blanco amarillento hasta el naranja casi rojo, y según la demanda del mercado se ponen piensos ricos en carotenos o no. De hecho, muchas granjas avícolas situadas fuera de Europa, pero que venden a la Unión Europea, cambian la dieta de sus gallinas en función del país al que vayan a vender los huevos para cambiar la pigmentación de la yema. Por cierto, un exceso de carotenos en la alimentación del pollo provoca que estos se acumulen en los tejidos grasos. Al estar debajo de la piel, le da a la carne un aspecto más anaranjado y vivo. Por eso la diferencia entre un pollo blanquecino y uno de color naranja o amarillo vivo no es que uno sea de corral y el otro no, sino los carotenos que le han puesto en el pienso, ya sea en el campo o en la jaula.

Por lo tanto, para entender de dónde surgen los mitos y los miedos alimentarios hay que considerar que comer sirve para obtener la materia y la energía que necesitamos para seguir vivos y hacer todas las cosas que hacemos. Pero es algo más que eso. Comer es un acto social y cultural, y la comida también es una expresión de nuestra sociedad. No somos lo que comemos ni de lo que comemos criamos. La comida es lo que nosotros somos y lo que nosotros criamos.

Capítulo 2

YO COMO ARTIFICIAL. Y TÚ TAMBIÉN

Salvo algún que otro privilegiado que tiene quien le haga la compra, todos tenemos que ir al supermercado cada semana. En general parecen lugares muy tranquilos, sin ventanas, con predominio del color blanco, una temperatura agradable y a veces incluso hilo musical. Lo que no vemos es una batalla despiadada desatada entre bambalinas, una auténtica guerra fría por parte del propietario del supermercado por venderte cuanto más mejor, y por las diferentes marcas entre ellas, para que elijas su producto y no el de la competencia. Es una batalla sin piedad, en la que no se toman prisioneros y en la que el ganador se lo lleva todo. En esta guerra no hay medalla de plata para el segundo. Cada estantería, cada mostrador, cada producto están estratégicamente situados para llamar tu atención. Colocar una marca u otra, o poner un producto en una determinada estantería a una determinada altura es una decisión absolutamente premeditada.

Normalmente el estante que tenemos a la altura de los ojos es el primero en el que nos fijamos, por lo que ahí encontraremos los productos que más interés tiene el supermercado en que nos llevemos, aunque el de la mejor relación calidad precio se encuentre en la estantería más alta o en la más baja. A veces la guerra es muy sucia, como poner los dulces y las chucherías en las filas de cajas sabiendo que los niños las cogerán y las pondrán en el carro. O poner las pilas al lado de la caja. Si las pilas estuvieran con el resto de productos consultaríamos el precio y podríamos llegar a la conclusión de que son más caras que en los chinos, pero al ser algo que siempre hace falta y que no caduca en breve, en la cola de las cajas no nos paramos a mirar su precio. Es absurdo: controlamos el precio de lo que tenemos anotado en la lista de la compra, pero no de lo que cogemos distraídamente mientras hacemos cola en las cajas o cuando buscamos algo en concreto. Por eso el gerente del súper nos deja llamativos montones de productos por donde sabe que vamos a pasar con algún atractivo cartel de «Oferta». Seguro que no te paras a pensar si la oferta es tal oferta o si realmente te hace falta. Lo que está claro es que no pensabas comprarlo y vas a hacerlo. Un consejo: autooblígate a no comprar nada en el súper que no tuvieras anotado en la lista de la compra; lo notarás a final de mes.

En esta guerra hay algunos códigos muy establecidos. Por ejemplo, un producto *light* suele tener un color más suave que su equivalente convencional. A veces el truco es más sutil. Todo el mundo sabe que al jamón de alta calidad se le llama «Pata Negra»; pues bien, existe una marca de foiegras que llama a su producto «Tapa Negra». Obviamente el foie-gras no es jamón serrano de pata negra, ni en la calidad ni el precio, pero el fabricante quiere que asocies su producto (ni que sea a nivel inconsciente) con un producto cuya calidad está muy establecida, aunque no tenga nada que ver. De hecho, la legislación alimentaria es muy estricta en materia de etiquetado para prevenir los abusos por parte de los fabricantes, sobre todo a la hora de publicitar propiedades que realmente no tienen. Danone tuvo que retirar una campaña en la que abueletes en bañador y veterinarios empapados bajo la lluvia le aseguraban a una conocida presentadora que el Actimel activaba su sistema inmune. Después de retirar la campaña hizo el truco de añadir vitamina B6 y continuar anunciándolo. El beneficio para el sistema inmune no es por los *Lactobacillus*, sino por la vitamina B6 que le añadieron, como indica un asterisco en su etiqueta.[1] Así cumple las leyes, aunque la publicidad sigue hablando de los *Lactobacillus,* que realmente no hacen nada.

A pesar de las leyes y el control que se ejerce, los fabricantes tratan de exprimirlas al máximo. En las etiquetas de cualquier alimento tenemos un juego de tabú: hay palabras que dan puntos y palabras prohibidas. Por ejemplo: es prácticamente imposible encontrar palabras como «sintético», «artificial» o «química» en una etiqueta, aunque realmente describan a la comida. En cambio, otras palabras o expresiones son mágicas, por ejemplo, «de la abuela». Muchos productos aparecen etiquetados como si fuera tu propia abuela la que estuviera en la fábrica elaborando mermelada o pizzas (por cierto, mi abuela no preparó ni comió una pizza en su vida; ahí lo dejo). Parece que en toda la historia de la humanidad no ha habido ningún caso de abuela que cocinara mal. Además, esto debe de ser algún efecto genético que los científicos todavía no han descifrado. Hay madres que pueden preparar mejunjes infumables que nos obligan a comer como lentejas o espinacas, pero en el momento en que esa madre es abuela es como si del cielo bajara una lengua de fuego pentecostal y le regalara un título de máster chef por ciencia infusa.

A veces no hace falta personalizar en la abuela. A todos nos gusta la tecnología, por eso las compañías de móviles saben que es mejor ofrecerte un 4G que un 3G, para encontrarle el punto ídem a tu cartera, ya que todos queremos lo más nuevo. Lo mismo sucede con cualquier otro producto de consumo, menos en la comida, donde nos gusta que aparezca la palabra «vieja» o «antigua». Marcas como «La vieja fábrica» o eslóganes como «A la antigua usanza» triunfan en el etiquetado alimentario, pero lo tendrían muy difícil si vendieran televisores. Pocos votarían a un partido político con la palabra «tradicional» o alguna de sus derivadas en su nombre, pero en cambio sí que comprarían una lata de fabada en

1. http://scientiablog.com/2012/06/18/la-verdadera-historia-del-actimel-ii-me-siento-enganado-por-danone/

cuya etiqueta pusiera «Receta tradicional». No obstante, si hay una palabra mágica capaz de hacer que algo nos parezca maravilloso es «natural».

¿Natural es mejor?

Natural se ha convertido en la palabra franquicia para todos los que quieren vender. La ropa etiquetada como «natural» parece mejor que una que no lo diga, aunque la fibra vegetal o el pelo de animal del que se ha sacado se hayan criado específicamente con ese fin y obviemos el hecho de que la ropa no es algo natural. En la naturaleza, los animales van desnudos. Una terapia o una medicina natural tienen más *glamour* y atractivo que una terapia convencional. ¿Quién no elegiría un tratamiento natural con el sugerente nombre de naturoterapia o fitoterapia frente a uno que lleve nombres que dan tanto repelús como quimioterapia o radioterapia? Es tan sugerente que obviamos pequeños detalles como que la mayoría de los tratamientos mal llamados naturales no han demostrado su eficacia ni han superado ensayos clínicos. La naturaleza es muy cruel y solo se preocupa por la supervivencia de la especie, y no por la del individuo. En la vida real, un animal enfermo o herido es presa fácil de los depredadores. La medicina es una actividad netamente humana, y por definición artificial. Volviendo a la comida, por el simple hecho de ser natural, ¿es algo mejor? Bueno, la ciencia lo tiene muy claro... desde el siglo XIX.

Antiguamente creíamos que la materia viva tenía unas propiedades diferentes de la materia inerte, lo cual es bastante lógico. Una planta o un animal nacen, crecen, se reproducen y mueren. Una piedra siempre es una piedra y un saco de arena, un saco de arena. Por eso muchos químicos ilustres del siglo XIX, como Berzelius (inventor, entre otras cosas, de la formulación química que forma parte de las pesadillas de muchos estudiantes de secundaria), pensaban que la materia viva no se regía por las mismas leyes que la materia inerte. Otro químico, Wöhler, demostró en 1828 que los cristales de urea sintetizados a partir de un compuesto inorgánico —el cianato amónico— eran exactamente iguales que los aislados a partir de la orina. Esto planteaba un problema. Era un poco extraño que si la materia viva tenía propiedades diferentes a la materia inerte pudiéramos sintetizar un compuesto que provenía de un ser vivo a partir de fuentes minerales. Durante mucho tiempo la cuestión no estuvo clara. Científicos de prestigio como Pasteur recogieron algunas de las ideas de Berzelius y trataron de hacerlas casar con el experimento de Wöhler. Pasteur aceptaba que la materia inerte es indistinguible de la viva, pero afirmaba que las reacciones químicas que se dan dentro de un ser vivo tienen que obedecer a diferentes leyes que las que se dan, por ejemplo, en un tubo de ensayo a partir de compuestos inertes. A esta teoría se la llamó vitalismo. Como ha pasado en numerosas ocasiones a lo largo de la historia, cuando un francés dice una cosa, un alemán dice la contraria. Lo que ya nos ha costado, entre otras, la guerra franco-prusiana en el siglo XIX y dos guerras mundiales en el XX. Aunque todo sea dicho, últimamente, con la Unión Europea, parece que alemanes y franceses se han puesto de acuerdo en machacar al sur de Europa. En este caso no fue una excepción. Un alemán le llevó la contraria a Pasteur.

Justus von Liebig propugnaba el antivitalismo, es decir, defendía que todas las reacciones químicas que suceden dentro de una célula siguen las mismas leyes que las reacciones químicas que suceden fuera de un organismo vivo y deberían poder ser reproducidas fuera de él. Otro alemán, Büchner, resolvió esta polémica al ser capaz de reproducir una reacción química asociada a un ser vivo en un tubo de ensayo. Concretamente, la reacción que reprodujo a partir de un extracto de células muertas fue la fermentación alcohólica, la transformación que se da cuando la levadura consume el azúcar del mosto y produce alcohol. Por lo tanto, Büchner hizo un descubrimiento fundamental en la historia de la ciencia fijándose en algo tan antiguo y tan relacionado con la alimentación como la fermentación del vino, demostrando con ello que la bioquímica no es más que la química que se da dentro de un ser vivo, pero que sigue las mismas leyes que la química que se da fuera de él.[2] Lo cual nos viene muy bien y le sacamos buen provecho. Cuando recibimos los resultados de un análisis de sangre siempre suele haber un apartado en el que pone bioquímica, donde se encuentra, entre otros parámetros, el nivel de las transaminasas, que sirve para decirnos si tenemos algún problema en el hígado o en el corazón. Ese análisis consiste en simular en un tubo de ensayo una reacción química que tiene lugar en el organismo a partir de nuestra sangre.

Justus von Liebig ha sido la salvación de muchas madres y la pesadilla de Mafalda, puesto que fue el inventor del concentrado de carne, que ha servido para hacer tantas sopas a lo largo de la historia. No confundir con el inventor de los cubitos de caldo, que fue el suizo Julius Maggi. Sí, el mismo que fundó la compañía que lleva su nombre.

A efectos prácticos, lo que nos dicen los experimentos de Wöhler y de Büchner es que las propiedades de cualquier materia dependen de su composición, esto es, de las moléculas que lo forman, no de su origen. Por lo tanto, la palabra natural solo hace referencia al origen del producto; nos dice que viene de la naturaleza, pero no que sea mejor ni peor. La química nos enseñó hace tiempo que las propiedades de cualquier producto dependen de su composición química, es decir, de los átomos y de las moléculas que lo forman... Nada más. Dos alimentos que tengan los mismos átomos enlazados de la misma manera para formar las mismas molécu-

2. Asimov, I., *Breve Historia de la Química*, Alianza Editorial, Madrid, 2006.

las tendrán exactamente las mismas propiedades, incluido el sabor, color, olor y, por supuesto, beneficios o perjuicios para la salud, independientemente de dónde y cómo se hayan obtenido: ya sea de la naturaleza o mediante síntesis química. Es muy fácil de entender: ¿tú te comerías algo llamado beta-D-fructofuranosil-(2->1)-alfa-D-glucopiranósido? ¿No? Pues lo sirven en los bares. Es fácil de identificar. Viene en dosis de seis gramos, junto al café o las infusiones, en un sobre con una frase muy tonta pero aparentemente profunda de Paulo Coelho o de Jorge Bucay (creo que ese es el motivo por el que dejé de consumirlo hace tiempo). Pues sí, te estoy hablando de la sacarosa, también llamada azúcar de mesa o, simplemente, azúcar. Este alimento cotidiano está formado por una molécula de glucosa y una de fructosa unidas por un enlace del tipo alfa-O-glucosídico. También podríamos decir que el azúcar de mesa está formado por doce átomos de carbono, once de oxígeno y veintidós de hidrógeno, y seguiría siendo cierto. Lo importante aquí es que la sacarosa pura obtenida de la caña de azúcar es indistinguible de la obtenida de la remolacha azucarera o de la que puedes obtener en un laboratorio de química orgánica cuando haces reaccionar la glucosa con la fructosa. Da igual que sea natural o no. Si es sacarosa, es sacarosa, de la misma forma que si es calcio, es calcio.

¿Y dices que tú comes natural? Eso se lo dirás a todos, pillín...

Por lo tanto, ya sabemos que decir que algo es natural se refiere al origen, no a las propiedades ni a la calidad. Pero ¿existe la comida natural? Si vamos a un supermercado está claro que sí. Es difícil encontrar un producto que no lleve el término «natural» en su etiqueta. El término natural no está reconocido en ninguna legislación alimentaria, es de libre disposición. Bueno, no es del todo cierto; se supone que el término natural es una declaración (algo que no es obligatorio etiquetar) y que se menciona en el reglamento europeo 1924/2006 y en el 1334/2008 sobre aditivos, pero en este último caso haciendo referencia a los aromatizantes. El problema es que los términos en que se define son tan ambiguos y laxos que yo mañana puedo comprar harina de trigo, añadirle levadura, sacarosa y etiquetarlo como «natural», y nadie me diría nada. Incluso podría hacer pan de molde y decirte que es natural, porque la regulación virtualmente te lo permite todo. Esto, en apariencia tan inocente, presenta un problema serio. Si anuncias algo como natural parece que sea mejor, cuando no lo es. La publicidad da a entender que si comes ese pan de molde estás beneficiando a tu salud o siguiendo una dieta equilibrada, cuando en realidad es un alimento con muchas calorías y azúcares añadidos del que no deberíamos abusar, por muy natural que te digan que es.

Pese a que la ciencia diga que el hecho de que algo sea natural no es relevante, alguien puede pensar que es mejor la comida natural que la artificial, aunque no sepa explicar exactamente el porqué. Solo falta un pequeño detalle: ¿existe la comida natural? ¿Qué entraría dentro de esa definición? ¿Unas croquetas embolsadas de la marca blanca del súper serían artificiales y un tomate sería natural? No es tan fácil trazar la línea de separación entre lo natural y lo artificial. Realmente nada de lo que comemos es natural, porque la naturaleza no nos da de comer. Si estuviéramos en la selva, en la sabana o en la tundra tendríamos problemas para mantener una alimentación equilibrada. De hecho, la mayoría de sociedades que viven «en la naturaleza» presentan graves deficiencias de nutrición, que en parte explican que su esperanza de vida sea tan baja. Piensa en lo que comiste ayer, en el último mes, en el último año. ¿Has comido algo silvestre? ¿Algo que no proceda de una granja o de un campo sembrado? Muy poco, ¿verdad? Nos puede parecer que un pollo campero o una patata recién recogida del huerto son naturales, pero realmente son especies artificiales que hemos criado o sembrado y cultivado, por lo que sin la intervención humana no existirían, como prácticamente todo lo que nos da de comer. Todo lo que comemos, animal o vegetal, lo hemos creado nosotros.

Especies no tan naturales

Todas las especies que nos dan de comer han sido seleccionadas, criadas y domesticadas. Originalmente eran especies silvestres, hasta que en un momento dado algún pueblo primitivo vio alguna característica particular en ellos y decidió recoger las semillas y seleccionar las más interesantes para la siguiente generación. Por ejemplo, el maíz actual fue domesticado por los antiguos mayas en un período de aproximadamente doscientos años a partir de una planta silvestre que se llama teosinte. Otra estrategia era cruzar diferentes variedades o incluso diferentes especies. Pongamos por caso: tienes una variedad que da tomates sabrosos, pero sensible a una plaga, y otra resistente, pero con tomates de muy baja calidad. La estrategia sería realizar un cruce para tratar de conseguir una variedad nueva que diera tomates de buena calidad y resistentes a plagas. Y así se ha hecho desde el Neolítico para conseguir cereales con granos más grandes, animales que acumulen más grasa o fruta con mejor sabor.[3]

El efecto secundario de este continuo desarrollo de nuevas variedades es que estas iban sustituyendo a las viejas. ¿A alguien le suenan cultivos como la altamisa, el cenizo, el cien nudos o la magarza? ¿No? Pues son variedades que en su momento sembraron los indios norteamericanos, pero que cuando llegaron los europeos prácticamente estaban extinguidas y se habían sustituido por el maíz y las judías provenientes de México, donde los sembraban los aztecas y que se

3. Reichholf, Josef H., *La invención de la agricultura*, Crítica, Barcelona, 2009.

extendieron por Norteamérica de tribu en tribu. La altamisa no es precisamente la mejor forma de alimentarse, por muy natural que sea. Está emparentada con plantas venenosas como la ambrosía y es tremendamente alérgena, tanto al ser inhalado el polen como por contacto; además, ni su olor ni su sabor son particularmente agradables. Pero como no tenían otra cosa, eso era lo que cultivaban. Obviamente, cuando un indio tenía que escoger entre sembrar altamisa o maíz y judías, lo tenía clarísimo.[4] Por lo tanto, la sustitución de unos cultivos por otros mejores es una constante desde el inicio de la agricultura.

La comida es uno de los pocos aspectos de la vida en el que antiguo significa mejor. A veces parece que las variedades antiguas sean mejores que las nuevas, cuando la realidad es que, en la mayoría de los casos, si en su momento se sustituyeron fue porque llegó una variedad mejor. Esta reivindicación de «lo de toda la vida» llega a veces a ser cómica. En el año 1944, se prohibió en España comercializar y consumir harina de almorta, también conocida como harina de guijas. La almorta es una legumbre que tiene la particularidad de aguantar condiciones desfavorables y cuyo cultivo es muy barato; por eso se hizo muy popular, sobre todo en los períodos de escasez. En uno de sus grabados de la serie «Los Desastres de la Guerra» llamado *Gracias a la Almorta*, Francisco de Goya inmortaliza el consumo de esta harina en el Madrid de la guerra de la Independencia. No obstante, esta planta tiene el problema de que acumula alcaloides que son potentes neurotóxicos. Su consumo continuado produce una enfermedad conocida como latirismo, que proviene del nombre científico de la planta (*Lathyrus sativus*). El latirismo se caracteriza por producir una parálisis que llega a ser mortal. Por eso actualmente la prohibición sigue en vigor y el consumo de almorta solo está autorizado para animales. Pero aquí topamos con el peso de la tradición alimentaria. La harina de

4. Heath J., Potter A., *Rebelarse vende*, Ed. Taurus, Madrid, 2005.

almorta forma parte de algunos platos tradicionales como las gachas, propios de Andalucía y Castilla-La Mancha. Esto ha motivado que la harina de almorta se siga vendiendo en los supermercados a pesar de la prohibición, etiquetada como «pienso para animales» (en letra pequeña). Curiosamente, no la tienen en la sección de mascotas, sino en la de harinas. Estas cosas siempre me han hecho gracia. Estoy seguro de que mucha gente que en el supermercado busca etiquetas como «natural», «sin conservantes ni colorantes» o «no contiene química», no pondrá ningún reparo en comprar harina de almorta etiquetada como «comida para animales» y preparar platos tradicionales de su tierra, aunque su consumo continuado toda la vida ha sido tóxico y por eso se prohibió. Lo antiguo no siempre es mejor, algunas veces es sinónimo de cutre, o como en este caso, de tóxico. Parecen olvidar que si en algún momento se ha consumido almorta no era por gusto, sino porque no había otra cosa.

Volviendo a las plantas naturales, que no son tales. La mayoría de especies de plantas domesticadas surgen de cinco zonas radiativas que están situadas entre los trópicos, aunque no hace falta remontarse a los mayas ni a las primeras civilizaciones para ver de dónde salen las especies que vemos en el súper. La mayoría de las especies que conocemos tienen una historia muy reciente. Durante buena parte de la historia de la agricultura, la forma de crear nuevas variedades ha sido por selección y por cruce. Si un organismo presenta una diferencia que no está presente en ninguno de sus progenitores es porque algo ha cambiado en su genoma. Este proceso se da espontáneamente aunque de forma muy lenta. Y necesitamos mucha paciencia y mucho tiempo para seleccionar los mutantes, hacer los cruces e ir mejorando las plantas. No obstante, a partir de los años cincuenta del siglo XX las técnicas de mejora genética evolucionaron de forma exponencial. En la naturaleza, las mutaciones ocurren de forma muy lenta, pero nada nos impide darle un empujoncito al tema. Si las mutaciones se provocan por cambios en el ADN, podemos dañar artificialmente ese ADN y eso hará que aumente el ritmo al que se producen las mutaciones. Obviamente, muchas serán perjudiciales para la planta o el animal, pero otras pueden ser interesantes, y esas serán las que seleccionaremos. Para dañar el ADN se pueden utilizar productos químicos como la colchicina o el metanosulfonato de etilo, radioactividad o incluso poner las semillas de lo que queramos mutagenizar en un satélite artificial y dejar que la radiación cósmica se encargue del asunto. ¿Exagerado? Pues la mayoría de especies de frutas, verduras y cereales que se pueden encontrar ahora en los supermercados tienen este origen. Por eso cada vez es más rápido el recambio de variedades.

Las gallinas ponedoras han pasado de poner menos de cien huevos al año a más de trescientos durante el siglo XX. El trigo moderno que se utiliza para hacer pasta es fruto de la hibridación de una especie desconocida con otra, que dio lugar al trigo de Emmer, un antepasado del trigo actual. Luego este trigo se volvió a hibridar para hacer una variedad nueva que dio lugar al *Triticum aestivum*, que es el que utilizamos para hacer pan. La variedad más popular de fresón actual es el fresón de Douglas. Se llama así por el jefe del Departamento de Pomología (ciencia de la fruta) de la Universidad de Davis. Proviene de una hibridación que se hizo en el siglo XVIII entre dos variedades silvestres de fresa, una originaria del norte de Chile y otra de Virginia, que en la naturaleza nunca hubieran hibridado. Y la fresa actual se consiguió por mutagénesis y salió al mercado en 1979. El kiwi se cultiva en España desde el año 1986.

Algunas historias son hasta graciosas. Por ejemplo, las zanahorias antiguas eran de un color blanco amarillento, similar al de las actuales chirivías. El color actual se lo debemos a los cultivadores holandeses, que, para homenajear a la casa real —la dinastía de los Orange—, crearon una variedad con ese llamativo color, que finalmente acabó extendiéndose por todo el mundo. De hecho, las mutaciones que seleccionamos en agricultura pueden hacer que la misma planta dé lugar a especies o variedades con características y contenidos nutricionales muy diferentes. ¿Te imaginas una familia de plantas en la que de diferentes especies, muy cercanas genéticamente, te comieras diferentes partes? Pues existe. Es la familia de las brasicáceas; el nombre científico significa col en latín. En algunos miembros de esta familia te comes las hojas, como la col o las berzas; en otras, las yemas, como las coles de Bruselas; en otras, la raíz, como en el nabo o el nabicol; en otros, el tallo, como el colirrábano (muy popular en Alemania, pero complicado de encontrar en España); en otras, las flores, como la coliflor o el brécol, y en otras, la semilla, ya sea como condimento (la mostaza) o para hacer aceite (la colza). Todas estas plantas provienen de la *Brassica oleracea* y han sido obtenidas por selección artificial.[5]

Puesto que hemos visto que continuamente están saliendo al mercado especies nuevas y alimentos nuevos, ¿qué es lo que determina que un alimento triunfe y otro desaparezca? En mi niñez, una de las variedades más populares de naranja eran las sanguinas, llamadas así porque parte de sus gajos tenían un llamativo color rojo sangre debido a la presencia de un antioxidante llamado antocianina, bastante infrecuente en cítricos. La forma más típica de consumirlas era cogerlas del árbol, estrujarlas con las manos o contra una piedra, hacer un agujero y chupar el zumo, que estaba delicioso. Sin embargo, ahora es difícil encontrar este tipo de naranjas en España. En cambio, en el extranjero se encuentran con facilidad, generalmente importadas de Italia, donde incluso cuentan con una denominación de origen protegida, la *Arancia Rossa di Sicilia*. ¿Por qué desapareció su cultivo en España? Que una variedad se mantenga o desaparezca depende de varios factores: de la rentabilidad para el agricultor; de la facilidad de transporte, distribución y rentabilidad para el mayorista y minorista, y de la demanda del consumidor. Si falla

5. Casper, J. K., *Agriculture: The Food We Grow and Animals We Raise*, Chelsea House Publihers, 2007.

alguno de estos aspectos, la variedad está condenada. A veces son pequeños detalles: por ejemplo, la mandarina *clemenules* superó a sus competidoras por ser la que más fácil se pelaba. Esto tiene un problema, que es la erosión genética, es decir, cuando una triunfa, arrasa con todas las demás, como pasó en su momento con la berenjena *Black Beauty*. O con las chirimoyas. En países como Ecuador, con mercados a pequeña escala, existen cientos de variedades de chirimoya; en cambio, en España, el 95 por ciento es de la variedad «Fino del Jete». En general esto no implica que variedades en desuso se pierdan; por suerte, tenemos bancos de germoplasma que se encargan de salvaguardar los recursos genéticos; aunque sí que es cierto que algunas están irremediablemente perdidas. A veces esta cruel ley del mercado que rige la selección de variedades da lugar a curiosas situaciones. Incluso en contadas ocasiones puede perjudicar a alguna de las partes o a las tres, porque a fin de cuentas los productores y comercializadores también son consumidores. Hay ejemplos en los que queda claro que la comida que tenemos en los supermercados podría ser mejor de lo que realmente es, debido a que en algún momento hemos elegido mal.

Preciosos tomates insípidos y la paradoja de la berenjena

Si le dijéramos a alguien que nos citara un alimento al azar, posiblemente muchos dirían «el tomate». Pocas comidas hay tan populares como esta planta de la familia de las solanáceas, igual que la patata o la berenjena. Y los números avalan esta popularidad, puesto que es la hortaliza con mayor producción a nivel mundial. No hay rincón en el mundo donde no puedas consumir tomate, ya sea tal cual, como salsa de tomate o en forma de *ketchup*.

El *ketchup* tiene su origen en el siglo XVIII. El nombre proviene del término indonesio *Kepac ikan*, que es una salsa de soja y pescado. El *ketchup* original era la versión británica de esta salsa, realizada a partir de vinagre, sal, anchoas y especias, similar a la actual salsa Worcestershire. La primera receta de *ketchup* de tomate publicada data de 1812 y se la debemos a James Mease, médico y horticultor de Filadelfia. En su libro afirma que es una salsa de origen francés, algo que sabemos que no es cierto, ya que en Francia los tomates y el *ketchup* se popularizaron casi un siglo después. Posiblemente se inspirara en la *creole sauce* que utilizaban los criollos franceses que huyeron de Haití después de la independencia de este país.

De hecho, en las cocinas tradicionales de la mayoría de rincones del planeta utilizan el tomate. Sin embargo, su universalización no deja de ser sorprendente y muy reciente; apenas tiene cien años. Gran parte de su éxito se debe principalmente a su llamativo aspecto rojo, y no a sus cualidades nutricionales. Comparado con otros vegetales, el tomate no es un alimento completo ni especialmente rico en vitaminas, minerales, proteínas o energía. Y además, el aspecto atractivo es culpable, en parte, de que nutricionalmente no sea ninguna maravilla o de que no sea tan bueno como podría ser. La historia es un poco larga pero digna de una película. El tomate en sus orígenes fue considerado un alimento muy secundario, pero como en un buen guion de Hollywood, acabó triunfando y dominando el mundo, así que su historia es como la del Padrino y la familia Andolini Corleone, que huyendo de la pobre Sicilia triunfaron en Estados Unidos gracias a métodos no muy legales. Aunque la emigración del tomate fue en sentido contrario.

El origen ancestral del tomate se encuentra en las Filipinas y en numerosas islas del Pacífico, de donde fue saltando de isla en isla hasta llegar a Sudamérica. En la zona de los

Andes existen numerosas variedades silvestres de tomate, algunas de las cuales son comestibles, lo que hizo pensar que quizá los incas fueron los responsables de su domesticación. La lingüística, la arqueología y luego la genética descartaron esa hipótesis. No existe ninguna palabra en el antiguo aymara o quechua que describa el tomate, ni se ha encontrado ninguna evidencia arqueológica de su consumo continuado. El tomate fue domesticado por los aztecas. La palabra en sí procede del azteca *tomatl*, pero tiene truco. Es una palabra genérica que sirve para cualquier fruto de baya con semilla y pulpa acuosa. De hecho, ya tenemos noticia de los tomates en la *Historia de las cosas de la Nueva España*, de fray Bernardino de Sahagún, donde describe siete palabras diferentes que emplean el sufijo *tomatl*, de las cuales solo una describiría al tomate que conocemos (*xitomatl,* cuyo nombre técnico sería *Solanum lycopersicum*). El término «jitomate» sigue utilizándose en México para definir al tomate. No obstante, este era un alimento muy secundario y poco popular entre los nativos mesoamericanos, que preferían el tomate de cáscara (*miltomatl,* técnicamente *Physalis philadelphica*), que, dentro de la familia de los tomates, sería como el quinto Beatle o el de la barba de Martes y Trece, que estaba en los principios pero no disfrutó de las mieles del éxito. El término tomate se incorpora al castellano menos de cien años después del descubrimiento de América. El lingüista Joan Corominas descubrió que la referencia más antigua en castellano a la palabra tomate data del año 1532, pero seguía siendo un término muy impreciso que describía varios alimentos diferentes de la misma familia.

El tomate y su primo, el *physalis* o tomate de cáscara, se embarcaron juntos hacia Europa en el siglo XVI. Aun así, este tomate no se parecía demasiado al tomate actual, ya que algunas variedades eran amarillas, lo que explica su nombre en italiano, *pomodoro*: manzana de oro. En el sur de Europa, el tomate empieza a consumirse, aunque en el norte se rechaza. El tomate de cáscara no fue consumido en ninguna parte, posiblemente por su sabor ácido. En América se comía en forma de chile, pero la receta no fue importada junto con la planta y pronto cayó en el olvido. El tomate no lo tuvo fácil para salir del sur de Europa. En una fecha tan tardía como 1760, el tomate todavía aparecía listado como planta ornamental en el prestigioso catálogo de plantas de Andrieux Vilmorin. Las causas de este rechazo son varias, la más importante probablemente porque el fruto del tomate se parece a algunas plantas silvestres muy tóxicas como la belladona. De hecho, su nombre científico, *Lycopersicum*, significa «melocotón del lobo», por su similitud con una planta, también tóxica, descrita por Galeno, a la que le dio el nombre de «matalobos», aunque esta no tiene ninguna relación con el tomate. Pío Font Quer apunta en el volumen V de *Flora española* que, en el siglo XIX, en Alemania se seguía considerando al tomate como una planta venenosa. Su consumo en Estados Unidos, patria del *ketchup*, de la pizza (que es más americana que italiana) y de las hamburguesas con tomate, y también en el resto de América, fue muy tardío. Nunca fue popular entre los aztecas, y por eso no se extendió como el maíz o las judías. Sin ir más lejos, en 1820 su consumo estaba prohibido en Nueva York por considerarse un producto venenoso. Hasta principios del siglo XX, y gracias sobre todo a la emigración del sur de Europa, el tomate no es aceptado como comida en el resto del mundo.[6]

Durante todo ese azaroso proceso de adaptación, el tomate ha ido cambiando. El que más demanda el consumidor es el de color rojo, cuanto más llamativo mejor, lo que ha ido en contra de las variedades verdes o amarillas, que prácticamente han desaparecido. Otro aspecto es que el tomate es un fruto climatérico, y ello implica que puede seguir madurando fuera de la planta una vez cortado el fruto. Incluso la maduración se puede acelerar con la adición de etileno, que ade-

6. Nuez, F. (edit.), *El cultivo del tomate*, Mundi Prensa libros, Madrid, 1995.

más de ser un gas utilizado en la industria para los sopletes es una hormona que las plantas sintetizan de forma natural. El problema es que si el tomate no madura en la planta, no desarrolla todos los sabores y aromas. Para el consumidor, el problema es que si el productor espera a que madure en la mata estará muy sabroso, pero su vida comercial será corta y no llegará en buenas condiciones a la mayoría de mercados; por eso, muchos productores los recogen verdes y los maduran en cámaras, perdiéndose gran parte del sabor. Ese es el motivo por el que mucha gente añora con nostalgia los tomates de la huerta de su abuelo, que al estar recogidos en la mata y en el punto de madurez tenían un sabor mucho mejor; aunque eso es algo que también se puede matizar.

Algunas de las variedades más apreciadas en la actualidad son muy recientes. Por ejemplo, los tomates Kumato, de tamaño pequeño y un llamativo color morado, son propiedad de Syngenta y se cultivan bajo licencia. El sabor del tomate no solo depende de la variedad, también influye el método de cultivo y recolección, por eso los Kumato solo se comercializan y distribuyen en la forma que indica el propietario de la variedad como forma de asegurar el sabor y la textura originales. Ese es el motivo por el que únicamente los veremos en paquetes alargados de cuatro unidades, como si fueran cápsulas de Nespresso. Otra de las variedades estrella es la RAF. Las siglas, familiares para todos los aficionados a las películas de guerra, no se refieren a ningún avión de combate británico, equivalen a «Resistente A Fumonisinas», una toxina que segregan algunos hongos. Esta variedad fue desarrollada en los años sesenta en La Cañada, en la provincia de Almería, y es conocida por tener un tamaño grande y ser irregular, muy lobulado. Además, normalmente no suelen adquirir color rojo al madurar y cuando están en el momento óptimo para el consumo siguen teniendo un color verde. Una diferencia es que los encontramos con bastante diferencia de precio y también de sabor. Hay tomates RAF espectaculares y tomates RAF insípidos. Esto es debido a que para que desarrollen todas sus propiedades deben regarse con agua salobre, que provoca que la planta se defienda acumulando azúcares, lo cual los hace más sabrosos. Claro, esto presenta el problema de que la producción baja en picado, y por tanto el precio sube. Eso explica la diferencia de precio y de calidad entre tomates de la misma variedad.

Y si eres de los que se pelan el tomate, mejor sería que cambiaras de costumbre, ya que este acumula la mayoría de sus moléculas beneficiosas en el pericarpio (también llamado piel, aunque no tienen nada que ver con la piel, que es un órgano animal). Ya lo decían en mi pueblo: «*La tomaca amb pell, la figa amb pel*», que traducido vendría a decir: «El tomate con piel, el higo con pelo». Que yo sepa, los higos no tienen pelo. La sabiduría popular está sobrevalorada, queda claro.

Por cierto, ¿por qué el tomate más bonito es menos nutritivo y está menos bueno? En 2012 se acabó de secuenciar el genoma del tomate, es decir, pudimos leer todo el ADN y saber cuántos genes tenía y dónde estaban situados.[7] Esto trajo consigo una sorpresa. Como he dicho, el consumidor se decanta por los tomates de color rojo muy vivo, al considerar que cuanto más rojo, más maduro y más bueno. Uno de los genes responsables de la acumulación de azúcares está situado al lado de los que posibilitan el color rojo brillante. Los mejoradores genéticos, al seleccionar variedades con el color rojo más llamativo, estaban arrastrando versiones menos eficientes del gen responsable de acumular azúcares, es decir, más bonitas pero más insípidas... Es lo que tiene comer con los ojos. Posiblemente, ahora que sabemos lo que pasa, podremos desarrollar variedades bonitas y con mejor sabor.

La historia del tomate tiene otro curioso epílogo: ¿qué pasó con el Physalis, famoso entre los aztecas, pero olvidado en Europa en el siglo XVI? Pues el primo fracasado del

7. «The tomato genome sequence provides insights into fleshy fruit evolution. The Tomato Genome Consortium», *Nature*, 485 (2012), pp. 635-641.

tomate está hoy reverdeciendo viejos laureles. Ahora mismo el tomate de cáscara está de moda, no por sus características nutricionales, sino estéticas. Se utiliza como decoración comestible en la alta cocina a un precio más que elevado. Posiblemente lo habréis visto en algún banquete fino o en algún restaurante de los carillos. Es la fruta amarilla cubierta de dos hojas que recuerdan al ala de un insecto que se utiliza como decoración en muchos postres de alta cocina y que tiene un sabor ácido característico, así que la comida típica de los indios precolombinos ha acabado siendo el capricho de los pijillos europeos...; ¿no es digno de Hollywood?

Otro caso en que el triángulo consumidor-agricultor-comercializador ha llegado a una mala elección es el de las berenjenas. La berenjena (*Solanum melongena L.*) es la sexta hortaliza con mayor producción a nivel mundial. Tiene la particularidad de ser de las pocas solanáceas cultivadas que no es originaria de América, sino que fue domesticada en la región indo-birmana, probablemente a partir de plantas originarias de África occidental que fueron traídas por comerciantes. Solo puede cultivarse en climas cálidos y existen multitud de variedades que difieren tanto en características de la planta como del fruto. Existen berenjenas de color morado oscuro, violeta, negro, amarillo o blanco, y también pueden ser lisas o estriadas. La pulpa es carnosa, de coloración amarilla, blanca o verde, volviéndose parda al contacto con el aire debido a la oxidación. La variedad que se ha llevado el gato al agua y que acapara casi todo el mercado es la *Black beauty*. Morada, lisa y de pulpa blanca. Cuando pensamos en una berenjena, normalmente estamos pensando en una *Black beauty*.

Si «natural» es la primera palabra mágica para vender, la segunda, y no muy lejos, es «antioxidante». En la cabeza de todos está metida la idea de que los antioxidantes son la poción mágica contra el envejecimiento, el cáncer y las enfermedades cardiovasculares. La propaganda es tan entusiasta que puede parecer que si te atiborras de antioxidantes te conviertes en guapo y te toca la lotería. Algunas de estas propiedades son ciertas, otras exageradas y, como en todo, no se puede generalizar. De hecho, el consumo excesivo de antioxidantes puede dar lugar a problemas de salud. Dentro de las especies hortícolas, la berenjena es una de las más ricas en compuestos fenólicos con gran poder antioxidante, presentes tanto en la piel como en la carne del fruto. La berenjena es rica en conjugados del ácido hidroxicinámico, como el ácido clorogénico o el ácido cafeico. De estos, el ácido clorogénico es el mayoritario, y tiene un poder antioxidante similar a la vitamina C. Como curiosidad, señalar que la berenjena también es muy rica en nicotina, pero normalmente no nos la fumamos —aunque hay gente para todo—, por lo que no hay que preocuparse por sus efectos cancerígenos. La nicotina es la responsable del sabor amargo que produce un ligero escozor en la punta de la lengua al comer berenjenas poco hechas. La nicotina no es la paradoja. Cuando cortamos la berenjena para cocinarla, los compartimientos celulares se destruyen permitiendo que los antioxidantes reaccionen con el oxígeno del aire para dar compuestos de color marrón.[8] Pero el hecho de que una verdura se ponga marrón al cortarla es algo que a los consumidores les da repelús, y se considera equivocadamente como una característica negativa. La mayoría de variedades comerciales de muchas verduras, pero principalmente de berenjena, se han seleccionado por ser las que menos se oscurecen al cortarse, lo cual implica que estamos utilizando las más pobres en antioxidantes. La paradoja está servida, ya que nos compramos suplementos de antioxidantes pero despreciamos las verduras que más antioxidantes contienen por ser más feas. Los tomates y las berenjenas son un claro ejemplo de que lo de comer con los ojos no siempre es lo mejor.

8. Stommel, J. R., Whitaker B. D., «Phenolic acid content and composition of eggplant fruit in a germplasm core subset», *Journal of the American Society for Horticultural Science*, 128 (2003), pp. 704-710.

Pero ¿hay algo que comamos que sea natural?

Hasta aquí hemos visto que lo de «natural» solo hace referencia al origen, no a la calidad ni a las propiedades, y que de hecho toda la comida que tenemos hoy a nuestra disposición procede de milenios de selección y cría. Eso nos ha permitido tener toda la diversidad de alimentos de la que disfrutamos. Gracias a la selección artificial tenemos plantas nutritivas y saludables, que han sido creadas a partir de especies silvestres que en muchas ocasiones eran tóxicas. En algunas contadas ocasiones no se ha seleccionado lo mejor o lo más nutritivo, sino lo más bonito, pero aun así el balance es más que positivo.

Solo hay que pasearse por un supermercado. Sigo insistiendo, ¿comemos algo natural? Siendo muy, muy generosos, podríamos pensar que lo que se recolecta, se pesca o se caza es natural porque no está cultivado, pero ni siquiera eso es cierto del todo. Las zonas dedicadas a la caza deportiva o a la pesca (sobre todo fluvial) se repueblan frecuentemente con las especies que más interesan a los cazadores y pescadores. Existen granjas cinegéticas y criaderos de peces dedicados exclusivamente a este fin, así que la mayoría de caza y pesca también se ha seleccionado. Las capturas de pesca en mar podrían considerarse naturales, pero es que se seleccionan unas especies frente a otras y eso altera los ecosistemas, por lo que al final hay un impacto humano y una alteración del equilibrio. Una forma de contrarrestar este efecto negativo son las piscifactorías. Qué queréis que os diga, yo prefiero que las especies que más demanda el consumidor se críen en piscifactorías que tener a toda la flota pesquera esquilmando los recursos naturales hasta que se acaben y no haya más. A pesar de que las piscifactorías también tienen un impacto ambiental que no es desdeñable. Y por mucho que Alberto Chicote dijera en *Esta cocina es un infierno* que el pescado de piscifactoría sabe a barro, no es cierto. El sabor de un pescado de piscifactoría es indistinguible de uno de mar si no te dicen cuál es cuál. Ya solo nos quedaría como natural aquello que crece de forma silvestre y se recolecta, como los frutos del bosque o las setas. En el caso de las setas, hay que decir que, cuando las recogemos y nos portamos bien, es decir, cuando utilizamos una cesta de mimbre y no una bolsa de plástico, ayudamos a esparcir las semillas de unas especies frente a las otras, con lo que favorecemos su propagación y la selección de aquellas que tengan mejores cualidades alimenticias, por lo que realmente las setas silvestres también están sometidas a un sutil proceso de selección y cultivo.

Si aun así conoces a alguien que siga insistiendo en que quiere comer natural, quizá le puedan servir la astronomía y la física atómica para tranquilizar su conciencia. En el primer capítulo he mencionado que las leyes que gobiernan el metabolismo y la asimilación de la comida son las mismas que rigen en todo el universo. ¿Alguna vez te has parado a pensar cuál fue el origen de la materia y de la energía? El origen último es el Big Bang, el principio del universo, de ahí surge todo. Pero los átomos se originan por reacciones de fusión nuclear que se dan en el interior de las estrellas (muy secundariamente por radioactividad); por eso, los átomos mayoritarios en el universo son el hidrógeno y el helio, que son los más ligeros, aunque luego se combinan para formar el resto. Por tanto, todos los átomos que te rodean, incluyendo los de la comida, en algún momento han estado en el interior de una estrella. Lo mismo con la energía, que también procede de las estrellas. Una planta capta energía solar mediante la fotosíntesis y la utiliza para producir azúcar, que utilizará a su vez para obtener energía mediante la glicólisis. Tú te comes a la planta o te comes al animal que se ha comido la planta, por lo tanto se puede considerar que tú funcionas con energía solar. Así que toda tu comida viene de las estrellas y las estrellas son naturales. Aunque desgraciadamente, según este razonamiento, el teclado del ordenador también sería natural porque sus átomos también vienen de las estrellas. Yo no me lo comería.

Por lo tanto, por mucho que te lo digan, la comida natural es un mito. Toda la comida es fruto de la selección artificial, de la mejora genética y por tanto de la tecnología. Por eso, en un tomate tienes más tecnología que en un iPhone5, y además es más barata, con lo que todos podemos disfrutar de ella. La naturaleza tiene otros asuntos de los que preocuparse que darnos de comer. De eso nos encargamos nosotros. Si aun así quieres comer «natural», ve con cuidado, no olvides que las amanitas faloides, el veneno de serpiente y la toxina botulínica son muy naturales.

Capítulo 3

UNA MARCA COMERCIAL LLAMADA ALIMENTACIÓN ECOLÓGICA

En el capítulo anterior hemos visto que pensar que la comida es natural es ser muy generosos en la definición. Comercialmente, el término natural sirve tanto para el pan de molde como para las hamburguesas del McDonald's. No obstante, hay otro término que compite por asumir todos los valores positivos que se le suponen a esta naturalidad: «ecológico». Cada vez es más frecuente encontrarse en las grandes cadenas de supermercados secciones dedicadas a alimentación ecológica o incluso tiendas específicas para este tipo de alimentación. Están etiquetadas de forma más artística (o rústica), hacen referencia a la naturaleza o a las abuelas (como todos) y suelen llevar toda una retahíla de sellos y distintivos de diferentes organizaciones públicas y privadas. En la publicidad aseguran que son más sanos y nutritivos porque no han utilizado en su producción sustancias químicas. Por supuesto, dicen que son beneficiosos para el medio ambiente y que fomentan la biodiversidad. También son cada vez más frecuentes las ferias destinadas a la venta y promoción de este tipo de alimentos, donde además de comprar productos ecológicos (con el sello oficial o sin él) te regulan los *chakras*, te venden piedras que curan el cáncer y te hacen la carta astral, en una extraña combinación de alimentación y misticismo rollo *New Age*. Los beneficios que prometen para la salud y para la conciencia ecológica son tan grandes que pasas por alto el detalle de que sean dos o tres veces más caros y que tengan peor pinta que los de la agricultura convencional. Bueno, lo de la peor pinta hasta te gusta, le da un toque más natural, más rústico, todo muy bonito y ecológico, pero ¿es verdad? ¿Es la comida ecológica tan natural, tan respetuosa para el medio ambiente y tan sana como la pintan? ¿Está justificado el sobreprecio?

¿Qué compras cuando compras ecológico? ¿Comida sin química?

Vas a una tienda y te venden un kilo de manzanas ecológicas... ¿Sabes realmente lo que te han vendido? ¿Qué quiere decir que un alimento sea ecológico? ¿Implica que lo ha criado la madre naturaleza para ti? ¿Que el agricultor es un abuelete que ha recogido las manzanas a primera hora y las ha llevado a la tienda diciendo que te dieran recuerdos de su parte y de su nieto cuando te las llevaras? Pues no. Que un alimento esté etiquetado como ecológico solo quiere decir una cosa: que el productor ha cumplido la normativa europea de producción ecológica, un inspector lo ha certificado, el agricultor (o ganadero) ha pagado y le han dado el sello que le permite venderlo con esa certificación.[1] Nada más. Es solo un trámite administrativo. Se puede pensar que esa normativa garantiza todo lo que nos dice la publicidad, es decir, que sea más sano y nutritivo, respete la biodiversidad y el medio ambiente, que no lleve química... Sin embargo, es todo un poco más complicado.

La normativa de producción ecológica se basa en un principio director: que todo lo que pongas en el cultivo sea natural. Mucha gente tiene asumido que en la producción ecológica no se utilizan pesticidas ni fertilizantes, pero no es cierto. Existe una lista de fitosanitarios autorizados en pro-

1. http://eurlex.europa.eu/LexUriServ/LexUriServ.do?uri=OJ:L:2007:189:0001:0023:ES:PDF

ducción ecológica,[2] que, todo sea dicho, son fabricados en su mayoría por las mismas compañías que fabrican los destinados a producción convencional (Syngenta, Monsanto, Bayer, BASF...). No puedes utilizar fertilizantes y pesticidas sintéticos, pero sí naturales, concretamente los que salen en la lista. ¿Y esto es mejor? No necesariamente. Hay productos para el control de plagas basados en hormonas artificiales que son muy específicos para cada insecto y respetuosos con el medio ambiente, pero que no están autorizados por ser sintéticos; en cambio, otros naturales como el Espinosad están autorizados, a pesar de ser terriblemente tóxicos para insectos beneficiosos como las abejas. También se autorizan compuestos naturales muy tóxicos, como el cobre, la potasa o el alumbre, y otros bastante inefectivos, lo que contribuye a que la producción sea tan escasa.

Tenemos asumido que la producción ecológica es la producción de toda la vida, la de cuando nuestros abuelos y bisabuelos iban en carros de caballos a la huerta; pero tampoco cuadra. Desde siempre se han utilizado fitosanitarios, y nuestros abuelos también lo hacían. De hecho, si ahora cogemos un libro de agroquímica de los años cuarenta o cincuenta, pone los pelos de punta comprobar las barbaridades que se hacían en el campo. Por suerte, la mayoría de esas prácticas hoy están prohibidas; ahora se tienen en cuenta cuestiones medioambientales de las que en la época del hambre y la posguerra nadie se preocupaba. Por lo tanto, el huerto del abuelo no era ecológico, entre otras cosas porque si hubiera intentado conseguir la certificación no se la habrían dado. Tampoco es cierto que la producción ecológica se haga en pequeñas producciones o explotaciones familiares. Realmente la mayoría de la producción se realiza en explotaciones industrializadas, y en España la mayoría se dedica a exportación.

Por lo tanto, un producto no se considera ecológico porque su cultivo sea más respetuoso con el medio ambiente,

2. http://www.aefer.es/recursos/insumos/Insumos%20fitosanitarios.pdf

ahorre energía, produzca menos CO_2 o se obtenga en pequeñas explotaciones, cooperativas o familiares. Cualquiera de estos indicadores nos daría una valoración más objetiva del impacto ambiental del producto, pero no están recogidos en el reglamento, que solo se preocupa de lo que es natural y de lo que es artificial. Como hemos visto, desde el punto de vista científico es una aberración. Además, el criterio es bastante vaporoso. Se admite el uso de invernaderos y la maduración en cámaras de cultivo, lo cual es bueno para el mercado porque permite tener tomates y pepinos en invierno, pero ¿qué tiene de natural? Lo mismo con el tema del origen. No hay ningún tipo de consideración sobre la huella ecológica o el transporte del producto, por lo que puedes ir a Estocolmo y encontrarte mangos y piñas ecológicas que han recorrido miles de kilómetros exhibiendo, orgullosas, su sello europeo, o tomates madurados en un invernadero en el invierno de Hannover a costa de miles de litros de gasoil para mantener la temperatura adecuada.

El tema de la certificación también tiene su miga. Las evaluaciones se hacen anualmente y previa cita. Te tienes que fiar de que el resto del año el agricultor sea bueno y si al cultivo le atacan los bichitos utilice el pesticida ecológico, aunque funcione peor. Supongo que la tentación de utilizar el pesticida que utiliza el agricultor de al lado, que no está autorizado en agricultura ecológica pero funciona de maravilla, es muy grande. Como en botica, entre los agricultores hay de todo. En Europa, la máxima autoridad en cuestiones de seguridad alimentaria es la European Food Safety Agency, o Autoridad Europea de Seguridad Alimentaria (EFSA), que se encarga, entre otras funciones, de realizar los informes científicos para ver si se autorizan o no nuevos alimentos y de vigilar que se cumplan las normas de seguridad alimentaria. Los resultados del último informe de la EFSA sobre residuos de pesticidas en la comida indicaban que en un 0,8 por ciento de la producción ecológica se encontraron niveles de pesticidas superiores a los autorizados, lo cual es un nivel bajo, y que realmente al 99,2 por ciento no se le va la mano con la cantidad de pesticida. Pero vayamos a la calidad, es decir, a comprobar qué pesticidas utilizan. Lo más gracioso es que veinticinco de los veintiséis pesticidas detectados no estaban autorizados en producción ecológica.[3] No tenemos datos de los que utilizaron pesticidas no autorizados pero no sobrepasaron los niveles, aunque podemos hacernos una idea. En 2003, la revista *Consumer* hizo un análisis y encontró restos de pesticidas no autorizados en producción ecológica en el 21 por ciento de las muestras.[4] Esta cifra tan alta se entiende si consideramos que, por ejemplo, para toda Cataluña solo hay diez inspectores; claro, y te tienes que creer que van a ser buenos y van a cumplir el reglamento.

Alimentación ecológica, cuestión de marketing

Cualquier experto en marketing sabe que un aspecto fundamental de un negocio es crear una marca que el cliente identifique fácilmente y asocie con una determinada calidad, lo que se llama el *branding*. La agricultura ecológica ha puesto toda su energía en desarrollar esta marca y protegerla con uñas y dientes. En la actualidad coexisten tres términos equivalentes para denominar a todo aquel alimento que se ajusta a la normativa de producción ecológica. «Orgánica» es más popular en el mercado anglosajón, «Biológica» (o Bio) en Alemania y norte de Europa, y «Ecológica» en el ámbito hispano. Si «natural» se podía utilizar prácticamente de forma libre para etiquetar cualquier producto, estos tres términos están reservados para toda la comida que se ajusta al reglamento europeo. Si etiquetas algo como «ecológico» sin haber pasado la evaluación oficial, estás cometiendo una falta administrativa similar a etiquetar como Rioja un vino elaborado fuera de

3. EFSA Journal (2013); 11(3): 3130, pp. 808.
4. http://revista.consumer.es/web/es/20030201/actualidad/analisis1/

la denominación de origen. El mundillo agroecológico tiene muy buen rollo, todo es muy natural, pero la pela es la pela y aquí vamos todos a lo mismo.

El primer reglamento de producción ecológica data de 1991. En España, desde 1993, los términos «Bio» y «Eco» estaban reservados para alimentos de producción ecológica, pero en el año 2000 se aprueba el Real Decreto 506/2001, que autoriza el uso del término «Bio» para cualquier producto alimentario, quedando solo el término «Eco» o «ecológico» para aquellos que se ajustaran a la normativa europea de producción ecológica. Esto abrió la caja de Pandora, vino la tormenta y el conflicto de intereses. Por una parte, los productores convencionales buscaban un término que reforzara lo de «natural», y «bio» o «biológico» les venía de maravilla; pero enfrente tenían a los productores ecológicos queriendo unificar la nomenclatura con el resto de Europa para mantener la marca (todo de buen rollo, por supuesto).

El Comité Andaluz de Agricultura Ecológica denunció este hecho ante la Comisión Europea, y esta finalmente decidió a favor de los productores ecológicos, recogiendo la equivalencia de términos en el reglamento europeo 834/2007. Durante el tiempo en que el término «Bio» fue de libre utilización, aparecieron productos como el Biomanán o los yogures Bio de Danone. Después de la publicación del mencionado reglamento europeo, los yogures de Danone pasaron a llamarse Activia y el Biomanán, Bimanán. Como profesor del Departamento de Biotecnología, y en concreto del área de Bioquímica y Biología Molecular, me ofende profundamente que el término «Bio» —vida en griego— sea una marca comercial propiedad de un sector determinado. Desde aquí digo que si alguna vez me obligan a ser profesor del Departamento de *Bitecnología*, área de *Activiaquímica* y *Bilogía* Molecular me voy a enfadar y mucho.

Estas tres denominaciones dejan al descubierto la preocupante falta de rigor científico que rige el mundillo agroecológico. Desde el punto de vista científico, las tres denominaciones son engañosas. Toda agricultura debería poder llamarse «biológica», puesto que todo lo que se cultiva está vivo. Las piedras no se comen. «Orgánica» hace referencia a que está basada en la química del carbono, como cualquier otro ser vivo o cualquier plástico; por lo tanto, cualquier práctica agrícola también es orgánica. En cambio, la agricultura nunca es ecológica, puesto que la actividad agrícola siempre tiene un impacto ambiental. Es más, la agricultura consiste en cargarse el equilibrio ecológico de un terreno e introducir plantas cultivadas. Agricultura y ecológica son dos términos antagónicos por definición, como una película de David Lynch entendible, un político español honrado o un divorcio amistoso.

El sello de la discordia

La historia del sello que certifica la agricultura ecológica es divertidísima. La normativa de producción ecológica es común para toda la Unión Europea, pero la aplicación depende de cada país. En algunos, como en España, las competencias están transferidas a las comunidades autónomas, y estas deciden si se encargan directamente o lo subcontratan a agencias certificadoras privadas. El problema es que cada una de estas agencias, públicas o privadas, autonómicas o estatales, tiene un sello propio que acredita la certificación, a lo que habría que añadir que muchas distribuidoras de alimentos tienen sus propias líneas de productos ecológicos, que también tienen un logotipo distintivo. Esto para el cliente no dejaba de ser una confusión. La primera regla del *branding* es que haya una marca única y fácil de reconocer. Otro problema añadido es que esta multiplicidad de logotipos facilitaba la pillería. Algunos fabricantes utilizaban logotipos no oficiales y hacían pasar por ecológicos productos que realmente no lo eran. Era tan fácil como no utilizar ninguna de las palabras reservadas y que el dibujo fuera lo suficientemente sugerente: un solecito, una espiga, una abuela... Vamos, la iconografía habitual.

Para tratar de arreglar este problema, la Unión Europea quiso establecer un logo unificado. Los lumbreras de Bruselas se pasaron dos años de reuniones, comisiones y viajes (a costa del erario, por supuesto) para diseñar un logo que era una carita sonriente sobre un fondo verde. Lo anunciaron públicamente, pero alguien les dijo (después de hacerlo público) que ese logo era prácticamente idéntico al que utilizaba la multinacional alemana ALDI para su línea de productos ecológicos, por lo que tuvo que retirarse. Les costó dos años más proponer tres diseños que fueron votados por los internautas. Desde el año 2010, el logotipo oficial representa la silueta de una hoja formada por estrellas amarillas sobre un fondo verde claro. Lo más gracioso es que nadie ha renunciado a perder la cuota de clientes que reconocían el logotipo antiguo, por lo que los productores han optado por incluir el logotipo europeo y mantener el nacional, autonómico, el de la agencia certificadora, el de la asociación de vecinos o el del casal fallero, con lo que se puede decir que un producto ecológico lleva más medallas que un dictador sudamericano.

Consumir productos de agricultura ecológica no es más sano

Una de las afirmaciones que se realiza con cierta alegría sobre la alimentación ecológica es que es mejor para la salud. Y realmente eso es lo que piensan los consumidores y lo que les hace rascarse el bolsillo y optar por ella. Según un reciente informe financiado por el Ministerio de Medio Ambiente, Medio Rural y Marino (actualmente MAGRAMA), y realizado por la consultoría GFK y la empresa FOCO, el 51 por ciento de los consumidores de productos ecológicos no lo hace por el medio ambiente sino pensando que serán mejores para su salud. Solo un 13 por ciento lo hace por respeto al medio ambiente, un 10 por ciento porque cree que tienen mejor sabor y un 5 por ciento por motivos de conciencia.[5] Por lo tanto, en el consumidor español está fuertemente arraigada la idea de que el producto ecológico es mejor para su salud.

No deja de ser sorprendente, puesto que el reglamento de producción ecológica no habla en ningún momento de salud ni de contenido nutricional, solo del método de cultivo. Una planta tiene una riqueza química impresionante, mucho mayor que la de cualquier animal. El origen de esta riqueza química se explica porque las plantas son organismos sésiles, es decir, que no pueden moverse. Cuando a una vaca le pica una mosca la espanta con el rabo, en cambio una planta no puede hacer eso. Si una planta es atacada por insectos o bacterias, tiene calor, frío o sed, dispara una respuesta de defensa que consiste en sintetizar moléculas para hacer frente a la agresión externa. Esto implica que, según las condiciones de cultivo, siempre habrá variaciones en el perfil de moléculas que contengan esas plantas. Algunas de esas moléculas pueden ser nutrientes, como azúcares o proteínas, vitaminas o antioxidantes que pueden tener algún efecto sobre la salud. Por ejemplo, el mejor vino es el de los años de sequía y los mejores melocotones son los de secano, porque para hacer frente a la pérdida de agua la planta acumula diferentes azúcares que le dan mejor sabor. A partir de ahí, asumir que si lo cultivas siguiendo el reglamento de producción ecológica todos los cambios que va a haber van a ser beneficiosos para tu salud ya es pedir demasiado. Si cultivas cicuta ecológica ¿va a ser buena para tu salud? Obviamente seguirá siendo tóxica. Si cultivas tomates ecológicos ¿serán mejores para tu salud que los tomates convencionales? Pues no tiene por qué. Y eso es lo que nos dice la ciencia. Todos los estudios que se han hecho comparando el contenido en nutrientes de los productos ecológicos con los convencionales dan el mismo resultado. No hay diferencias significativas.

5. http://www.magrama.gob.es/es/alimentacion/publicaciones/informe_consumidor_ecol%C3%B3gico_completo_(con_nipo)_tcm7-183161.pdf

No hablamos solo de estudios concretos en condiciones concretas, sino también de los metaestudios, esto es, de los que comparan todos los estudios publicados. No nos referimos a unos pocos estudios, prácticamente sale uno cada mes. Sin irnos demasiado lejos, en mayo de 2013 salió un estudio que comparaba setecientos veintitrés cereales para el desayuno convencionales diferentes con ciento seis ecológicos, y se comprobó que eran similares, tanto para lo bueno como para lo malo. El contenido en grasa, sodio y azúcar en muchas ocasiones superaba lo recomendable en los ecológicos, igual que en los convencionales.[6] En julio de 2013, un grupo de investigación español publicó que la leche ecológica era más baja en micronutrientes esenciales, como yodo, selenio o zinc, que la leche convencional.[7] De hecho, en septiembre de 2012 se habló bastante del tema porque una revista americana de medicina publicó un estudio a gran escala en el que se llegaba a estas conclusiones,[8] similares a las de un estudio británico anterior,[9] y la Academia Americana de Pediatría incluyó entre sus recomendaciones que los pediatras no aconsejaran alimentación ecológica a sus pacientes alegando que era mejor para su salud.

Si no os apetece leeros sesudos estudios científicos, la Organización de Consumidores y Usuarios (OCU) realizó en 2011 una comparativa de panes, yogures y galletas con el ilu-

6. Woodbury, N. J., George, V. A., «A comparison of the nutritional quality of organic and conventional ready-to-eat breakfast cereals based on NuVal scores», Public Health Nutr (2013), 29: 1-5.

7. Rey-Crespo, F., Miranda, M., López-Alonso, M., «Essential trace and toxic element concentrations in organic and conventional milk in NW Spain», Food and Chemical Toxicology, 55 (2013), pp. 513-518.

8. Smith-Spangler, C., *et al.*, «Are Organic Foods Safer or Healthier Than Conventional Alternatives?: A Systematic Review», Ann Intern Med, 157 (2012), pp. 348-366.

9. Dangour, A. D., Dodhia, S. K., Hayter, A., Allen, E., Lock, K., Uauy, R., «Nutritional quality of organic foods: a systematic review», Am J Clin Nutr (2009) 90: 680-685.

minador título de «Los ecológicos: ni mejores, ni peores».[10] De todas formas, tampoco he dicho nada que los organismos reguladores de la producción ecológica no sepan. En el primer reglamento de producción ecológica, del año 1991, estaba explícitamente prohibido anunciar los productos ecológicos como mejores para la salud; esto desapareció como por arte de magia en 2007. No obstante, si hoy en día alguien consulta la página web de la Unión Europea dedicada a la alimentación ecológica, en la sección de preguntas tipo «¿Qué es la alimentación ecológica?», no encontrará nada que le diga que es mejor para la salud ni ninguna afirmación relacionada con el contenido nutricional.

De vez en cuando aparece algún artículo que habla de que determinado cultivo ecológico en determinadas condiciones acumula tal o cual nutriente que es beneficioso. Estos estudios suelen tener amplia cobertura mediática y llevar titulares llamativos del tipo «Confirmado que la agricultura ecológica es mejor para la salud». Aquí incurrimos en dos falacias. Primera: ¿qué nutrientes han medido? Una planta picada por insectos y que no es tratada eficientemente acumulará más antioxidantes como forma de defensa. Es cierto que algunos de estos antioxidantes tienen efectos beneficiosos para la salud, pero la planta también acumulará otras moléculas de defensa que pueden ser tóxicas, como la amigdalina o la aconitina. En un estudio reciente se hacía referencia al contenido en antioxidantes de los tomates ecológicos, pero no se medían moléculas potencialmente tóxicas.[11] No hemos de olvidar que a pesar de que los tomates han sido seleccionados a partir de plantas silvestres tóxicas, son solanáceas y todavía tienen capacidad

10. http://www.ocu.org/salud/alimentos/articulo/productos-ecologicos-n547254

11. Vallverdú-Queralt, A., Jáuregui, O., Medina-Remón, A., Lamuela-Raventós, R. M., «Evaluation of a method to characterize the phenolic profile of organic and conventional tomatoes», *Journal of Agricultural and Food Chemistry*, 60 (2012), pp. 3.373-3.380.

de producir moléculas perjudiciales... ¡Nunca os comáis un tomate o una patata verde! La segunda falacia es presuponer que por acumular más de un cierto nutriente va a suponer una mejora para la salud. Aquí hay un salto muy grande. Para empezar, no todos los nutrientes se asimilan igual. Por ejemplo, un tomate puede tener más antioxidantes, pero estos pueden degradarse en el estómago. O un alimento puede tener fosfato, y este no poder asimilarse por estar presentes ácidos orgánicos que impiden su absorción en el intestino.

También hay que considerar otro factor, que es el efecto global. Si tú estás tomando un producto ecológico que tiene un 3 por ciento más de potasio o de vitamina C, pero tu dieta normal, sin ese producto ecológico, es rica en estos dos nutrientes, pues como si le das un euro a Rockefeller. No vas a notar ninguna diferencia. Puedes afirmar que algo tiene más nutrientes si lo mides y ves una diferencia en el contenido, pero no significa que sea mejor para la salud. Para poder decirlo tienes que hacer ensayos en animales o, mejor, en humanos, comprobando si el consumo de ese alimento comparado con el convencional supone alguna mejora mensurable. Hay que ir con cuidado en las afirmaciones, porque es muy fácil cometer incorrecciones. No obstante, esta evidencia tan contundente no impide que ciertos productores sigan anunciando que la agricultura ecológica es mejor para la salud, aunque no sea cierto. Decenas de estudios lo demuestran.

Y hasta aquí el tema del contenido nutricional. Sin embargo, hay otro aspecto en el que la producción ecológica es preocupante: la seguridad alimentaria. Vivimos en una sociedad en la que tenemos la suerte de que en los supermercados hay alimentos, y estos son seguros. Las intoxicaciones alimentarias hoy por hoy son infrecuentes. Llegar hasta aquí no ha sido fácil. Ha hecho falta desarrollar tecnología, legislación y crear unos canales de distribución de alimentos que garanticen esta seguridad. Gracias a eso, en los países desarrollados hemos podido erradicar la mayoría de problemas relacionados con la alimentación, como el botulismo, el cólera, el tifus o la disentería. Otros, como la salmonelosis, la shigelosis o la intoxicación por *E. coli* enterogénica, los tenemos bastante controlados, aunque de vez en cuando siguen dando quebraderos de cabeza.

No es sencillo conseguir que todo el sistema funcione y que la comida sea segura. Cualquier alteración o fallo pueden hacer que surja una crisis. Por supuesto, aquí también influye, además del celo de las autoridades y el interés de los consumidores, el de los productores. Una intoxicación en un restaurante famoso o en una cadena de supermercados con muchas tiendas puede suponer un golpe fatal para la reputación y para la marca, por lo que ya se preocupan ellos de que todo lo que te venden sea seguro. El problema es que en la producción ecológica se juntan varios factores que van en contra de esta seguridad alimentaria. Por una parte, el reglamento autoriza prácticas como el uso de abonos de origen animal que favorecen la aparición de contaminaciones como el *E. coli*, sobre todo en las verduras de hoja que se cosechan a ras de suelo, como las lechugas, las espinacas o las acelgas. Por otra parte, el reglamento limita el uso de fitosanitarios útiles para el control de plagas, algunas de las cuales pueden tener efectos sobre la salud del consumidor. Y por último, una parte de la distribución se hace en mercadillos, pequeños productores o incluso puerta a puerta, lo que limita el control y sobre todo la trazabilidad. Este último concepto es clave en la seguridad alimentaria.

Imagínate que en un supermercado aparece una partida contaminada. Para poder evitar males mayores hay que actuar de forma rápida. Y para eso es imprescindible saber de dónde viene esa comida, por dónde ha pasado y quién la ha manipulado, para localizar el foco del problema y retirar todos los productos contaminados, que pueden estar en diferentes partes del país o incluso del continente. La Unión Europea ya les ha tirado de las orejas seriamente a los productores y distribuidores de alimentación ecológica por el tema de que hay mucha dejadez en lo referente a la trazabilidad y el control.[12] Las consecuencias se vieron claramente durante la mal llamada crisis del pepino de 2011. Las autoridades alemanas estuvieron dando palos de ciego porque no sabían de dónde salía la contaminación, hasta que se probó que fueron brotes de fenogreco ecológicos importados de Egipto. Las consecuencias de estos fallos en la trazabilidad fueron cincuenta víctimas y cuatro mil hospitalizados.

La combinación de estos factores que van en contra de la seguridad alimentaria es un serio problema de la producción ecológica. Ya he mencionado la crisis del pepino, que tenemos todos en la memoria y que tuvo repercusión mediática por el gran número de víctimas, pero es que el goteo de alertas desde 2011 relacionado con la producción ecológica ha sido continuo y constante. Es una cuestión de tiempo (desgraciadamente poco) que vuelva a haber otra crisis grave con víctimas, de la misma forma que sabíamos que algo como lo del fenogreco podía pasar porque ya habíamos tenido antes víctimas por culpa de la *E. coli* patogénica relacionadas con la producción ecológica.

Entre las alertas posteriores a la crisis alemana de 2011 tenemos retiradas de huevos de producción ecológica en Alemania por contener entre tres y seis veces más dioxinas que el mínimo permitido, un estudio de la Universidad de Las Palmas de Gran Canaria donde se indicaba que los quesos ecológicos contienen mayores niveles de dioxinas que los convencionales,[13] y dieciocho intoxicados en Francia por trigo sarraceno contaminado con datura. Lo más preocupante es que no hablamos de casos aislados sino de situaciones que se repiten. Los problemas con los huevos ecológicos en Ale-

12. http://www.efeagro.com/multimedia/el-tribunal-de-cuentas-europeo-ve-deficiencias-en-el-control-de-los-alimentos-bio/2-1814217-4665711.html

13. Almeida-González, M., *et al.*, «Levels of organochlorine contaminants in organic and conventional cheeses and their impact on the health of consumers: an independent study in the Canary Islands (Spain)», Food Chem Toxicol, 50 (2012), pp. 4.325-4.332.

mania fueron en la Pascua de 2012 (el conejo de Pascua trajo un huevo sorpresa) y en febrero de 2013. Las contaminaciones por datura en Francia se dieron en septiembre de 2012 y en 2007, por lo que no parece que estos problemas se estén solucionando. Tampoco podemos decir que sea un conflicto propiamente europeo, porque en Estados Unidos los mismos problemas son recurrentes. En el año 2012 se encontraron espinacas ecológicas con *E. coli* y en 2013 se produjo una intoxicación con hepatitis A por semillas de granada ecológica. No es cuestión de asustar, porque en general la comida es segura. Para asustar ya tenemos a los entusiastas de la alimentación ecológica diciéndonos que los que comemos comida normal nos vamos a envenenar, pero, números en mano, tenemos más posibilidad de sufrir una intoxicación consumiendo ecológico que convencional..., aunque el 51 por ciento de consumidores piensen que es mejor para la salud. El cliente a veces no tiene la razón. No hay caso más claro que este.

La agricultura ecológica es más respetuosa con el medio ambiente, a veces

Otra de las cualidades que se le presuponen a la agricultura ecológica es su mayor respeto por el medio ambiente. Raro cuando lo único que te pide el reglamento es que lo que utilices sea natural. Un exceso de abono de origen natural también puede filtrarse a los acuíferos y contaminar por nitritos y nitratos, sin olvidar que, en comparación con el abono químico, los fertilizantes naturales (léase estiércol, también llamado caca de vaca) producen más emisiones de óxido nitroso, un potente gas de efecto invernadero. Otra de las deficiencias del reglamento, que denuncian los mismos productores ecológicos españoles, es que es un reglamento del norte de Europa hecho para el norte de Europa, que son los principales consumidores y los que tienen poder de decisión en la Unión Europea. En el reglamento solo se permiten los abonos animales. En España no tenemos suficiente boñiga de vaca para todos los campos ecológicos, a diferencia del norte de Europa. Una forma de optimización sería permitir también la utilización de restos vegetales como abono, pero eso es algo que no permite el reglamento.

Tampoco los pesticidas autorizados son los más respetuosos con el medio ambiente, los más específicos ni los mejores para la salud. Por ejemplo, hasta 2007 estaba permitido el uso de la rotenona como insecticida, pero tuvo que prohibirse por ser tremendamente tóxica. Recientemente se ha relacionado su uso con el Parkinson, aunque la relación es bastante débil y es pronto para establecer una relación causa-efecto.[14]

En cualquier caso, todas estas cuestiones son secundarias frente al principal problema medioambiental de la agricultura ecológica: su escasa productividad. En 2012, la revista *Nature* publicó un artículo que llevaba el elocuente título de «Organic farming is rarely enough» (La agricultura ecológica raramente es suficiente), en el que se señalaba el problema. Debido a la poca eficiencia de las prácticas, la producción cae. En algunos contados casos, la pérdida es muy baja, como con las fresas, que solo caen un 2 por ciento. Pero en los cultivos que necesitan más nitrógeno la producción cae en picado. ¿Y cuáles son estos? Pues justamente los cereales, donde la producción ecológica es entre un 25 y un 50 por ciento menor.[15] El problema es que la base de la alimentación de buena parte de la humanidad es el trigo, la cebada y el maíz, no las fresas. Todo el mundo tiene derecho a comer, por lo que si ahora toda la agricultura fuera ecológica necesitaríamos el doble de superficie cultivada, es decir, arrasar cualquier espacio natural que quedara intacto para dedicarlo a la agricultu-

14. Pan-Montojo, F., *et al.*, «Progression of Parkinson's disease pathology is reproduced by intragastric administration of rotenone in mice», *PLoS One*, 19 (2010); 5(1): e8762.

15. Seufert, V., Ramankutty, N., Foley, J. A., «Comparing the yields of organic and conventional agriculture», *Nature*, 485 (2012), pp. 229-232.

ra, o dejar a un 25-50 por ciento de la humanidad sin comer. No olvidemos que la comida es un derecho, no un privilegio, algo que parece que olvidan los defensores de la alimentación ecológica cuando ignoran su baja eficiencia.

Sigo insistiendo en que la huella ecológica, que es un indicador de los recursos que se han consumido y los residuos producidos por un determinado producto, no se considera en el reglamento, y es un parámetro muy importante. Cuando compres un producto de agricultura ecológica no olvides mirar dónde se ha fabricado. Muchas distribuidoras de productos ecológicos suelen comprar la materia prima en África, donde es más fácil conseguir la certificación por la escasa implantación de las técnicas de agricultura intensiva. Luego se importa la producción y se etiqueta en Europa. Todo esto sin entrar en disquisiciones éticas sobre que la producción de África se oriente hacia consumidores europeos que pueden permitirse pagar más. El resultado inmediato de esta caída de producción se traduce en un aumento de precio, que habrá notado cualquiera que haya consumido este tipo de productos.

Estos datos sobre la caída de la producción hacen más comprensibles las conclusiones del estudio sobre hábitos de consumo ecológico previamente mencionado. El perfil del consumidor de productos ecológicos en España responde a un 15 por ciento de clase alta y un 19 por ciento de clase media alta; es decir, que la tercera parte de los consumidores son clase alta o media alta. La tercera parte de la población obviamente no es clase alta ni media alta. Hay un evidente sesgo estadístico hacia la gente que no tiene los problemas que tiene cualquiera para llegar a fin de mes. Una vez, en una entrevista, dije que «la comida ecológica no es mejor comida, solo más pija», y mucha gente se enfadó conmigo. No lo entiendo. Era un simple análisis matemático de resultados estadísticos, más fácilmente entendible que si me hubiera puesto a hablar de sesgos, de desviaciones estándar y de distribuciones de *T-student*. Solo trataba de que todo el mundo me entendiera sin entrar en conceptos matemáticos.

Otro de los argumentos que se escucha frecuentemente entre los agroecólogos es el tema de que la agricultura ecológica fomenta y respeta la biodiversidad. Esta afirmación tiene dos aspectos. ¿De qué hablamos? ¿De la biodiversidad de especies que cultivamos? ¿De la biodiversidad del entorno del campo? Cuando uno lee la publicidad no es fácil saber exactamente de qué te están hablando. Trataremos de ver los dos aspectos.

¿La agricultura ecológica respeta la diversidad del entorno? Vamos a ver, en el momento en que coges una azada, cavas un hoyo y pones una semilla estás alterando de forma irreversible la biodiversidad y el equilibrio ecológico de ese suelo. Nada más usual que un agricultor quite las malas hierbas de un terreno antes de sembrar. El problema es que lo que para el paisano puede ser una mala hierba, para un botánico igual es un endemismo de alto valor ecológico, y el criminal del agricultor va y la quita para poner una semilla que además no es natural y que va a impedir que prolifere libremente la biodiversidad de la zona. Todos los procesos propios de la agricultura (desbrozado, eliminación de plagas, etcétera) no tienen otro objeto que limitar la biodiversidad para que la semillita crezca y se haga una planta grande y fuerte; por cierto, a la biodiversidad natural, el agricultor lo suele llamar «plaga», «malas hierbas» o «parásitos».

El agricultor ecológico también utiliza pesticidas para controlar las plagas, perdón, la biodiversidad natural del entorno. Por ejemplo, un fungicida típico es el cobre, que se utiliza, entre otras cosas, como componente del caldo bordelés para las viñas. El cobre, con las lluvias, se filtra en el suelo y ahí se queda. Es muy tóxico, sobre todo para las lombrices y nematodos, por lo que un campo ecológico puede tener menos biodiversidad en el suelo que uno convencional.

Hace unos años se llevó a cabo un proyecto de cultivo ecológico de chirimoyas en Ecuador. Obviamente, como no hay una normativa de producción ecológica, se aplicaba la europea, que era el destino de la importación. Para controlar la principal plaga (la mosca mediterránea, un regalo envenenado de los conquistadores españoles), el único insecticida disponible era el Espinosad. El problema es que se cargaba al insecto polinizador y perdieron la cosecha. La solución fue embolsar las flores una a una, algo que pudieron hacer porque la hora de trabajo en Ecuador se paga de forma miserable, pero que en Europa habría sido inviable...; ¿te suena a neocolonialismo y explotación? No, no es eso, no seas mal pensado, hablamos de agricultura ecológica. Por lo tanto, la mejor forma de respetar la biodiversidad del suelo es no sembrar y no dedicarlo a la agricultura. En el momento en que metes la azada en el campo ya la hemos liado. Otro olvido frecuente de los defensores de la agricultura ecológica cuando hablan de su método de producción y presumen de que en la agricultura ecológica hay una integración con el entorno y el medio natural, es el hecho de que gran parte de la producción ecológica, sobre todo la que se dedica a la exportación, se hace en invernadero, bajo plástico y de forma industrializada. Esto hace la interacción con el medio natural imposible; una pared y un habitáculo climatizado para aguantar el sol de Almería lo impide. El problema es que el plástico de estos invernaderos a veces llega al mar y acaba asesinando ballenas, toda una cruel paradoja.[16]

Ahora vamos a la segunda parte. Olvidemos la interacción del campo cultivado con el entorno (que a veces existe y se impide con pesticidas, y otras veces ni siquiera eso) y hablemos de lo que se cultiva. Otro argumento que publicitan es que fomenta la biodiversidad en los cultivos. Aquí habría que concretar que utilizan de forma errónea el término biodiversidad, puesto que la definición hace referencia a la biodiversidad natural, es decir, a aquella que se ha producido por selección natural, y no por selección artificial. Agrodiversidad

16. http://www.clarin.com/sociedad/Hallan-muerta-ballena-plastico-estomago_0_1027697531.html

o diversidad cultivada serían términos más precisos. Comparar la biodiversidad con la agrodiversidad es como comparar el producto interior bruto de Lesotho con el de toda la Unión Europea. Seguramente me quedo corto. En un metro cuadrado de selva amazónica hay más biodiversidad que todas las especies cultivadas del mundo, de la misma manera que hay más biodiversidad en un campo abandonado que en todas las especies de tomate que se cultivan en España. También hay que considerar que las diferencias genéticas entre dos variedades diferentes de la misma especie suelen ser ínfimas. Vienen a ser variaciones sobre un mismo tema. Nos puede parecer que el aspecto y el sabor son diferentes, pero a nivel de su genoma las diferencias son mínimas. Pensar que con la biodiversidad cultivada puedes compensar el daño que le haces a la biodiversidad natural por cultivar el suelo es como pensar que rezando un padrenuestro saldremos de la crisis.

Ahora hay una especie de frenesí por las variedades locales. Parece que el calabacín de tu pueblo es mejor que el calabacín del pueblo de al lado. Otro gran error. Gracias a la genética clásica y a la genética molecular hemos podido descifrar la historia evolutiva de la mayoría de especies que cultivamos. Casi todas surgieron de las llamadas zonas de irradiación que se encuentran alrededor de los trópicos. Estas zonas se encuentran en el norte de los Andes, en Centroamérica, en África, en el Creciente Fértil (zona en forma de horquilla que va desde Egipto, Israel, Turquía y entra en la antigua Mesopotamia, y de donde proceden la mayoría de cereales) y la zona austral asiática, que comprende el sudeste asiático, el este de China, Indonesia y el norte de Australia (en algunos libros la zona china y la zona de Australia aparecen como independientes).

Apenas hay especies cultivadas que procedan de Europa o de Estados Unidos (la familia de las brasicáceas, las manzanas y poco más). Esta querencia por las variedades «locales» recuerda a cuando un americano blanco, anglosajón y protestante (comúnmente llamado WASP) reivindica el Ku Klux

Klan diciendo que ellos son los verdaderos norteamericanos. Siempre olvidan a los nativos americanos que llegaron antes, aunque a su vez en alguna época sus antepasados atravesaron el estrecho de Bering. Cualquier variedad local en su momento fue una variedad foránea que a alguien se le ocurrió plantar y que desplazó a una variedad local más antigua. Resucitar o volver a comercializar una variedad en desuso puede ser interesante como curiosidad, pero difícilmente es una alternativa o una mejora.

Una variedad en desuso es una variedad que en algún momento ha sido sustituida por otra que le venía mejor al agricultor (daba mejor rendimiento, resistía mejor las plagas), al comercializador (se conservaba mejor, aguantaba mejor el transporte, tenía un aspecto más llamativo) o al consumidor (mejor sabor, mejor precio), el triángulo que decide lo que comemos. Reivindicar una variedad local que no se cultiva, más allá de la curiosidad o de la alta cocina, es como si Ford fuera al salón del automóvil de Ginebra y pretendiera lanzar como novedad el Ford T, o SEAT el 127. Por eso el relanzamiento de cereales como la espelta o el kamut ha tenido muy poco éxito fuera de los circuitos de alimentación «natural» o de «alto *standing*», puesto que en su momento fueron sustituidos por el trigo moderno, por ser este mucho mejor.

En una feria de productos ecológicos (sí, me da morbazo, qué le vamos a hacer) vi un cartel que decía algo así como «Comer agricultura ecológica es comer biodiversidad». Pensé que estaban patrocinados por McDonald's. En un Big Mac hay aproximadamente sesenta especies diferentes de animales y plantas. En pocas comidas puedes encontrar más biodiversidad, perdón, agrodiversidad, puesto que son especies cultivadas.

Otra peculiaridad del reglamento es que se supone que toda la cadena de producción tiene que ser ecológica, o no. La agricultura ecológica tiene que utilizar semillas certificadas de producción ecológica. Aunque nos parezca muy bucólica la imagen del abuelo con el sombrero de paja guardando la semilla para la siguiente cosecha, esta práctica es propia de gente que tiene la agricultura como *hobby*, pero no de agricultores, ya sean ecológicos o convencionales, que se ganan la vida con su trabajo. Obtener y conservar la semilla es un proceso muy delicado. Si la semilla se guarda en condiciones de demasiado frío, calor, humedad, sequedad o se contamina por hongos, insectos o bacterias, puede perder eficiencia de germinación. Eso implica que la semilla aparentemente tiene buen aspecto, pero cuando la siembras solo germina la mitad o menos, lo cual significa la ruina.

En cultivos como el maíz existe un fenómeno llamado vigor híbrido, según el cual la primera generación proveniente del cruce de dos variedades diferentes es mejor que cualquiera de sus dos padres. Una variedad híbrida no sirve para semilla por culpa de la genética mendeliana, ya que su descendencia será mitad como el padre, pero la otra mitad como los abuelos, es decir, floja, sin vigor híbrido. Otra vez, peor cosecha. Por eso los agricultores que se ganan la vida saben que con las cosas de comer no se juega, y por eso suelen comprar la semilla cada año, y si son ecológicos, pues compran la semilla ecológica certificada.

Las semillas ecológicas también suelen estar registradas y ser propiedad de empresas. Greenpeace vendía en su página web semillas ecológicas de guisante de la variedad Rondo, variedad desarrollada por AgroSeeds y cuyo mantenedor en España es Monsanto, por lo que se daba la circunstancia de que

Greenpeace vendía unas semillas que le generaban beneficio a Monsanto. El reglamento también concede excepciones para utilizar semillas no ecológicas en producción ecológica. El listado se publica cada año y suele ocupar más de cien páginas.

El ganado ecológico también tiene que consumir pasto y pienso ecológico. Claro, lo ecológico es más caro y a veces incluso difícil de conseguir. No pasa nada; el reglamento tiene un capítulo entero (el quinto) que define todas las excepciones y salvedades que se pueden hacer. Básicamente viene a decir que si no hay pienso ecológico, que coman del convencional, y que si no se encuentran semillas ecológicas, pues que utilicen las convencionales. El problema es que, se acojan a una excepción o no, al final obtienen la misma certificación, por tanto el consumidor no sabe si en la elaboración de todo el producto han utilizado productos ecológicos o se han acogido a alguna de las numerosas excepciones. Otro fallo del reglamento: el sello da una información muy incompleta.

En cambio, para saber si lo que se elabora a partir de materias primas ecológicas es ecológico, la legislación es más complicada. El caso paradigmático es el vino. La legislación que regula la producción de vino ecológico entró en vigor en marzo de 2012; por lo tanto, si alguien te vendía vino ecológico antes de esa fecha estaba cometiendo una falta administrativa. Solo se podía etiquetar como «vino procedente de uvas de producción ecológica». Para fijar el reglamento hicieron un estudio científico, que costó la friolera de 1,6 millones de euros, para concluir que la diferencia de producción entre un vino ecológico y un vino convencional son cinco tratamientos que no están permitidos en el vino ecológico y sí en el convencional.[17] Ninguno de estos tratamientos te viene a la cabeza cuando piensas en vino convencional, o vino *con química*

17. http://eurlex.europa.eu/LexUriServ/LexUriServ.do?uri=OJ:L:2012:071:0042:0047:ES:PDF

(concentración por frío, eliminación del anhídrido sulfuroso, electrodiálisis, desalcoholización y resinas de intercambio de cationes). El motivo por el cual estos tratamientos le quitan la condición de ecológico no queda muy claro. Simplemente dicen que podrían vulnerar el espíritu del reglamento. Ese es el problema: es una cuestión de espíritu, no de ciencia.

Tiene mucho más jugo (o, mejor dicho, mosto) lo que puede llevar el vino ecológico que lo que no lleva. Veamos la terrible química que se permite en la elaboración de un vino ecológico. El vino ecológico lleva sulfitos, igual que el convencional (se recomienda poner menos, pero se autoriza que se pongan), también se permite el uso de compuestos contaminantes como el sulfato y el citrato de cobre, y de uno muy gracioso, el alginato. El alginato es un polímero de celulosa que fue el centro de una agria discusión entre dos grandes chefs. En su momento, Santi Santamaría arremetió contra Ferran Adrià y otros gurús de la cocina porque decía que utilizaban ingredientes artificiales. Basaba sus acusaciones en el libro de Jörg Zipprick *¡No quiero volver al restaurante!*, en el que el periodista acusaba a muchos grandes chefs de envenenar a sus comensales utilizando productos artificiales y montaba una teoría conspiranoica diciendo que Ferran Adrià y otros muchos estaban a sueldo de la industria química para promocionar sus productos. Uno de los ejemplos que ponía en el libro era el alginato, que Ferran Adrià utilizaba para sus famosas esferificaciones, acusándole de utilizar algo que sirve para fabricar el semen falso en las películas porno. Lo divertido es que en el vino ecológico se autoriza este material. Se ve que si lo utiliza Ferran Adrià es malo, pero si lo utiliza una bodega ecológica es bueno, porque Zipprick ahora no ha puesto ninguna pega.

Tampoco se avisa a los consumidores de que para la elaboración del vino ecológico se permite el uso de claras de huevo y de colas de pescado. Parece una tontería, pero esto implica que los veganos, que se niegan a consumir ningún alimento en cuya elaboración se hayan utilizado productos de origen animal, no pueden consumir vino ecológico. Por cierto, el reglamento aconseja que los huevos sean de producción ecológica..., si es posible. La clara de huevo se utiliza para limpiar el mosto, pero si se utilizan huevos ecológicos, al precio que tienen, la botella saldría a más de cien euros; por eso se permite el subterfugio de no utilizarlos ecológicos si no hay disponibles. Al final la cuestión es: ¿el vino sale mejor, o está más bueno? Nada en este reglamento lo indica. Solo cumple unas normas, puede estar bueno... o no, pero seguro que es más caro por culpa de todas las pejigoterías. Es lo que hay.

Mucha pseudociencia, poca información

Quizás uno de los aspectos más preocupantes de toda la cultura montada alrededor de la alimentación ecológica sea el auge de la superstición y la pseudociencia, con las consecuencias negativas que ello conlleva. Si uno va a una feria como Biocultura comprobará que en las diferentes charlas, más que de alimentación o de agricultura, se habla de espiritualidad, de no vacunarse, de cristales que curan el cáncer y el dolor de espalda, y de agujas que quitan todos los males. No es algo puntual, o que haya un porcentaje significativo de gente que crea en ambas cosas, sino que forma parte del *pack* ideológico. El reglamento europeo que regula la producción ecológica no tiene en cuenta los datos objetivos y la ciencia para garantizar una producción más respetuosa con el medio ambiente, solo que todo sea «natural»; pero es que además apoya específicamente la pseudociencia. La prueba de esto es que en el capítulo dos, artículo doce, apartado c, pone: «Se permite el uso de preparados biodinámicos». Veamos qué implica esta afirmación dentro de un reglamento europeo.

La agricultura biodinámica es la creencia más friki dentro del mundo agroecológico, pero, eso sí, convenientemente registrada y patentada. La agricultura biodinámica no se basa en un compendio de técnicas agrícolas que se hayan verificado experimentalmente para asegurar una mejor productividad o respeto al medio ambiente. Como la mayoría de las pseudociencias, la biodinámica se basa en las elucubraciones de un señor, Rudolph Steiner, que no era ingeniero agrónomo, sino ocultista y creador de una secta. Steiner era seguidor de las doctrinas teosóficas de otra iluminada, madame Blavatsky, hasta que se dio cuenta de que podría escindirse y abrir un negocio propio, al que llamó antroposofía, en oposición a la teosofía, que inventó su mentora.

Esta disciplina recoge algunos conceptos orientales y los moldea según las ocurrencias del propio Steiner. Entre sus postulados está el rechazo a las vacunas, la homeopatía y la creencia en la reencarnación (todo muy científico, como vemos). Steiner sostenía que si los niños se educaban siguiendo sus postulados (llamados «pedagogía Waldorf») podrían ser clarividentes. Existen escuelas que siguen esta pedagogía, pero a ningún alumno le ha tocado la primitiva, por lo que lo de la clarividencia no parece funcionar.

Con estas premisas, la cosa no mejora cuando hablamos de agricultura biodinámica. Según Steiner, la planta es un organismo cerrado, la parte aérea del cual depende del cosmos, y este a su vez de Venus, Júpiter y Saturno; y la raíz depende de la Luna, Mercurio y Marte. Por lo tanto hay que considerar los signos astrológicos para todos los períodos agrícolas. Cualquier agricultor sabe que las malas cosechas son por culpa de la presencia de patógenos, de la ausencia de nutrientes o de factores ambientales adversos, pero las elucubraciones de Steiner postulan que son por un desequilibrio entre la alineación de los planetas que rigen la raíz y la parte aérea.

Como otras muchas filosofías buenrollistas, si uno mira sus referentes ideológicos dan mucho miedo. Los principales impulsores de la agricultura biodinámica fueron los miembros del partido nazi, ya que la veían como una transposición de sus delirantes teorías místicas. El propio Himmler tenía un jardín en el campo de concentración de Dachau en el que ponía en práctica todos los principios biodinámicos, todo de muy buen rollo, ¿verdad? Algunas prácticas biodinámicas consisten en enterrar cuernos rellenos de silicio o de estiércol para prevenir plagas o traer la fertilidad, y luego hacer diluciones homeopáticas de ellos. El preparado 503: flores de manzanilla embutidas en el intestino delgado de una vaca como si fueran salchichas. Se entierran durante el invierno y en primavera se desentierran. Mi preferido es el preparado 505: corteza de roble mantenida en la calavera de un animal doméstico, que se entierra en barro de materia vegetal al lado de una corriente de agua. Biodinámicos sí, pero lo del sacrificio de animales no les da repelús.

Como pasa en todas las sectas y creencias surrealistas, al final todo es dinero. Alrededor de las ideas de Steiner se ha formado un complejo entramado financiero cuya cabeza visible es el banco Triodos,[18] que, escudándose en la solidaridad, esconde una ideología cuestionable y un negocio muy rentable. Dentro de este entramado, la agricultura biodinámica es una marca registrada de una única empresa, Demeter.

Por lo tanto, si quieres vender algo como biodinámico tienes que superar un proceso de acreditación que esta empresa tiene en monopolio, y además es bastante caro. A mí, sinceramente, que en un reglamento europeo se hable explícitamente de una empresa privada que además tiene un monopolio me hace saltar todas las alarmas de la corrupción. Por cierto, la agricultura biodinámica tiene predicamento sobre todo entre los enólogos, siempre ávidos de buscar algo que les distinga de la competencia. Entre los grandes chefs, el único que ha hecho una defensa encendida ha sido Santi Santamaría, que estaba en todas. Yo nunca iré a un restaurante que sirva productos biodinámicos. Me dan grima las calaveras enterradas.

Si el reglamento ya te está diciendo que se pasa la ciencia por el forro y le pone la alfombra roja a la pseudociencia, los

18. http://charlatanes.blogspot.com.es/2012/08/antroposofia-la-secta-y-su-banco.html

que practican la agricultura ecológica transitan alegremente por esa alfombra de superchería. En los manuales de agricultura ecológica es frecuente encontrar referencias a prácticas pseudocientíficas como la homeopatía o la acupuntura para la ganadería; hasta se organizan cursos en universidades. La homeopatía consiste en diluir algo muchas veces, hasta que solo quede agua, meterlo en un azucarillo y dártelo. Te venden azúcar a precio de oro sin ningún principio activo. La acupuntura consiste en poner agujitas. Ninguna de estas prácticas ha superado los controles que avalen su eficiencia. ¿Alguien se imagina una granja de gallinas con un brote de gripe aviar y un tratamiento de acupuntura? Agroecólogos, grabad al chino persiguiendo a las gallinas (tienen que estar sueltas, si no no es ecológico) con las agujas en la mano y subidlo a YouTube. Seguro que triunfa. En estos casos, yo antes que utilizar estas técnicas prefiero ir a lo tradicional. Una novena a san Isidro Labrador, patrón de los agricultores. Tiene la misma efectividad y es más barato.

Añoranza de un pasado que no existió jamás

Hay gente que lleva al extremo esta querencia por lo antiguo, lo ecológico y lo natural, y propugna una vuelta al campo. Desde muchas organizaciones ecologistas no solo se defiende la agricultura ecológica, sino también un modelo basado en pequeñas explotaciones y en la vida rural. Defender esto es otra consecuencia del poco rigor científico de los postulados agroecológicos. La suerte que tenemos es que la mayoría de los que hacen apostolado de esto lo hacen de boquilla, desde una posición acomodada y un sueldo a fin de mes. En el año 1900, el 50 por ciento de la población española se dedicaba a la agricultura; hoy es menos del 5 por ciento. Y no era una vida regalada ni acomodada, era directamente una semiesclavitud.

A pesar de que en el entorno de la agricultura ecológica nos bombardeen con vídeos de familias felices cosechando, la vida en el campo siempre ha sido dura. Al que no se lo crea, le recomiendo que vea *Los santos inocentes* o que lea alguna novela de Blasco Ibáñez. Por lo demás, vivir en el campo tampoco es estar en contacto con la naturaleza, sino un derroche gratuito de recursos. En la ciudad vives en un edificio de apartamentos. En el campo, en una vivienda unifamiliar. ¿Alguna diferencia aparte de no tener que aguantar vecinos? El mayor consumo energético familiar es por climatización. La vida en el campo supone mayor factura de gas o de electricidad por persona, y, por lo tanto, más emisiones de CO_2 y mayor impacto ambiental.

Aquí no acaban las cuentas. Imaginemos a una familia que vive en el campo, tiene una pequeña explotación y trabaja en casa (que no tiene por qué ser el caso). Autoabastecerse es imposible, por lo tanto es necesario desplazarse, tanto para comprar lo indispensable para el aseo, limpieza y alimentación, como para llevar a los niños a la escuela. En una ciudad, las distancias para satisfacer las necesidades básicas son más razonables y se pueden realizar andando o con transporte público. La gente que vive en el campo depende del coche para casi todo. Ya tenemos otra fuente de impacto ambiental. Solo hay que ver la gente que se fue a vivir al extrarradio en tiempos de la burbuja inmobiliaria y cómo muchos volvieron por lo caro que es depender del coche para todo. Nos falta otro aspecto: el espacio vital o el trocito de planeta que necesitas para desarrollarte. Si vives en la ciudad, divide toda la gente que vive en tu edificio entre la superficie que ocupa. Haz el mismo cálculo con una familia viviendo en el campo en una vivienda unifamiliar; obviamente utiliza más superficie la familia campestre. Ahora calcula el espacio que tiene una persona que vive en el campo por el número total de habitantes del planeta. ¿Salen las cuentas? Parece que no hay espacio para todos.

Lo de la vida en el campo, por muy rural, bucólico y natural que parezca, es un privilegio, no un derecho o algo que beneficie al planeta. Lo mejor para el planeta es que el mayor número de población viva en núcleos urbanos y que, al campo o a la naturaleza, se vaya de visita y con mucho respeto. La verdad es que cuando oigo a organizaciones ecologistas propugnando la vuelta al campo y que cada uno tenga su pequeño huertecito y se cuide de su alimentación, pienso que con gente que lo defienda así el planeta ya no necesita enemigos. Por cierto, lo de la vuelta al campo tampoco es que sea muy nuevo como ideario político. Pol Pot ya lo puso en práctica en Camboya y Mao Zedong en China, pero no salió muy bien. De hecho, ahora con la crisis se ha planteado que muchos jóvenes en paro ocupen pueblos abandonados y vuelvan a la agricultura, aunque parece que los resultados están siendo discretos. Si se pensaban que iba a ser llegar, sentarse a la sombra de un algarrobo y ver cómo crecían las cosechas, se han desengañado pronto. La vida en el campo es dura, muy dura, y gracias a la política europea muy poco rentable. Yo, por mi parte, expreso mi amor por el planeta viviendo en un edificio de catorce pisos y además agradezco la suerte que tengo de poder ir al trabajo y al supermercado andando, minimizando así mi impacto ambiental. Aunque, eso sí, arriesgo a diario mi integridad física esquivando coches en los pasos de cebra y bicicletas en las aceras.

Queremos salvar el mundo comiendo ecológico: necesitamos un líder

Quizás estos argumentos sobre el pasado que no existe, el *pack* ideológico y los supuestos beneficios de la alimentación ecológica se deben a las ideas que propagan los cuatro o cinco gurús del movimiento. La verdad es que si uno los analiza en detalle se da cuenta de que si esos son líderes, necesitan urgentemente a gente mejor o replantearse muy en serio sus postulados. Si vemos quiénes son y qué dicen los que impulsan el movimiento de alimentación ecológica en todo el mundo, dan ganas de irse de bufet libre a un Telepizza.

A nivel global, una de las impulsoras de la alimentación ecológica es Vandana Shiva, apostol del ecofeminismo (signifique lo que signifique la palabreja) y representante del ecologismo de alto *standing* desde su ONG Navdanya. Su principal ocupación es dar conferencias por el mundo, cobrando unos treinta mil euros por cada una, más hoteles de lujo y vuelos en *business*. Es licenciada en física, hizo una tesis sobre filosofía de la mecánica cuántica y acabó siendo afín a las estafas pseudomédicas de Deepak Chopra. Entre sus «logros», tratar de impedir que se distribuyera una partida de ayuda humanitaria a los afectados de un tifón procedente de Estados Unidos por contener soja transgénica, es decir, lo que es bueno para los americanos es malo para los ciudadanos indios que lo habían perdido todo. Supongo que el aura pseudofeminista y el sari son suficientes para dar imagen de buen rollo a lo que es un acto de integrismo puro y duro. Habrá que avisar la próxima vez que en la ayuda humanitaria envíen tomates ecológicos o, ya puestos, caviar. Su último proyecto es conseguir que Bután se transforme en el único país cuya agricultura sea cien por cien ecológica. Es una gran idea y una solución para un país feudal que presume de estar anclado en la Edad Media. Por ejemplo, Bután, hasta el año 1980, no permitía la entrada de extranjeros. Para Bután puede funcionar, puesto que la principal fuente de ingresos del país es el turismo de lujo. Si alguien quiere visitar este Shangri-la agroecológico, el visado de entrada «solo» cuesta doscientos dólares por persona y día. Por lo tanto, esta estrategia tiene más de parque temático para ricos occidentales que de modelo para dar de comer al mundo.

Si vamos a Europa, el principal productor de agricultura ecológica es el príncipe Carlos de Inglaterra. Si alguien tiene la imagen de que la agricultura ecológica es el abuelo con la azada y el gorro de paja, que se la quite de la cabeza, porque no me lo veo con Camilla cavando surcos y el nieto jugando al lado. Aunque, eso sí, va dando conferencias sobre el decrecimiento y diciendo que tenemos que vivir con menos. Él solo tiene tres o cuatro residencias oficiales, tipo Balmoral, Windsor o Buckingham. Todo un ejemplo a seguir.

Sin salir de la Unión Europea tenemos a José Bové, otro agroecólogo y sindicalista agrario francés condenado repetidamente por actos violentos, sobre todo contra plantaciones experimentales de transgénicos y contra McDonald's, aunque en paralelo iba escalando posiciones en el Europarlamento y se hizo un chalecito muy mono y muy grande, pero, eso sí, fijándose en cómo pastaban las vacas para orientarlo según el biomagnetismo terrestre (aunque eso no exista). Un detalle no muy escondido de su biografía es que en su etapa de sindicalista, en los años ochenta, se dedicaba a volcar camiones españoles de verdura en Perpiñán. Esto no quita que en España sea invitado por organizaciones como Equo y el sindicato agrario COAG. A veces tenemos la sensación de que la Unión Europea nos trata de imbéciles, pero es que quizá lo seamos. No me imagino a ningún sindicato agrario francés invitando a alguien que boicoteara sus productos. Aquí lo hacemos. Somos así de chulos, o de imbéciles, no sabría qué decir.

Una directora de cine, Marie Monique Robin, ha publicado hace poco un libro que afirma que la comida ecológica salvará al planeta. Esta directora de cine tiene una curiosa biografía. Su primer éxito fue el documental *Ladrones de órganos*, en el que denunciaba una trama que se dedicaba a secuestrar niños en Sudamérica para robarles las córneas; de hecho, hizo la promoción del documental con un niño llamado Pedro Reggi, disminuido psíquico, que aseguraba que había sido víctima de la mencionada red. Cuando unos oftalmólogos lo examinaron certificaron que tenía las córneas en su sitio y que había perdido la visión por una infección, esto es, que la supuesta red era una leyenda urbana y no hay pruebas que respalden las afirmaciones. También hizo un documental titulado *La ciencia frente a lo paranormal*, y escribió un libro, *El sexto sentido: ciencia y espiritualidad*, en el que afirmaba que los fenómenos paranormales son ciertos y están demostrados, sin pruebas que lo avalen. En *El mundo según monsanto* difunde leyendas urbanas sobre los transgénicos, y en *Nuestro veneno cotidiano* sostiene que la comida nos está envenenando (aunque la esperanza de vida siga subiendo, un pequeño detalle que no menciona).

En España no nos libramos de la charlatanería pseudoecologista, y entre sus propagadores tenemos al ínclito Josep Pàmies. Este señor tiene un negocio familiar de invernaderos que se dedican a las *delicatessen* y a las verduras para restaurante fino; curiosamente, la producción ecológica es minoritaria en su empresa, como puede certificar cualquiera que visite su página web,[19] pero eso no impide que se haya autoerigido en el líder del movimiento para la agricultura ecológica y en la lucha contra los transgénicos, en la que no se ha cortado un pelo en utilizar acciones violentas contra campos experimentales, motivo por el cual ha sido detenido y condenado. Incluso lideró una marcha contra los transgénicos. No obstante, como el tema de ser antitransgénico no da demasiado dinero ha cambiado la estrategia y ha fundado un movimiento llamado «La Dulce Revolución», que propugna que la medicina oficial es un veneno y que todos podemos curarnos de todo con plantas medicinales. De hecho, en su blog se dedica a promocionar las pseudomedicinas más disparatadas, desde la curación con las manos o con las hierbas más extrañas, o a afirmar que con un blanqueador industrial se pueden curar todas las enfermedades. El problema es que la gente le cree, deja los tratamientos médicos y se pone a consumir sus plantas. Los comentarios de su blog son auténticos consultorios de pseudomedicina, ante la sorprendente pasividad de los colegios de médicos y farmacéuticos, puesto que dar consejos médicos profesionalmente sin tener la titulación está perseguido..., ¿o no?

Lo que no acabo de entender de este personaje es cómo tiene tanto predicamento entre diferentes sectores del ecologismo y de la izquierda; debe de ser que no se han parado a

19. http://www.pamieshorticoles.com/productes.html

pensar en lo que dice. En una entrevista en el *Diario de Mallorca*, después de promocionar unas plantas que vendía él y que según decía eran más efectivas que la quimioterapia y sin efectos secundarios, dijo: «Creemos que cada uno puede cultivar las plantas medicinales que necesita y debe aprender a ser el guardián de su propia salud».[20] Lo que no sé es cómo Ana Mato no lo fichó para el ministerio. O sea, que ahora que estamos todos en la calle defendiendo la sanidad pública este señor dice que no hace falta, que cada uno tiene que preocuparse de su propia salud. Podemos cerrar los hospitales, ¿no, Josep? Esto es el sueño húmedo de cualquier neoliberal, y encima le apoyan los ecologistas. Si es que los extremos se tocan.

En definitiva, ¿quiénes son las principales figuras que nos dicen que hay que consumir ecológico y volver a la tierra? Una física nuclear interesada en el misticismo y el turismo de alto *standing*, el príncipe heredero de Inglaterra, un europarlamentario, una directora de cine y un empresario de *delicatessen* agrícolas que se dedica a vender hierbas mágicas... ¿Alguien que se gane la vida con la agricultura ecológica o que viva del campo? Va a ser que no. La agricultura ecológica difícilmente puede alimentar a la humanidad si no es capaz ni siquiera de dar de comer a los que la defienden.

Y entonces ¿qué comemos?

La ciencia nos ha dejado bastante claro que a nivel nutricional o de impacto ambiental la alimentación ecológica es similar a la convencional. A nivel de sabor es más difícil de evaluar, puesto que es un parámetro muy subjetivo, pero se puede hacer mediante catas a ciegas. Los pocos estudios que se encuentran en la literatura científica nos muestran que es

20. http://www.diariodemallorca.es/mallorca/2012/10/20/gente-debe-desobediente-imposicion-farmacos/802270.html

similar. La carne criada en libertad puede acumular más grasas, que tienen más impacto en el sabor, pero da igual que paste ecológico o convencional, o que se le den suplementos minerales o no. También es verdad que si tú te compras unos tomates ecológicos que te cuestan el doble que los convencionales, ya procurarás tú convencerte de que están más buenos. Pero si te dan a probarlos sin saber cuál es cuál..., no notarás la diferencia.

Si miramos otros factores, como la seguridad alimentaria o el precio, el balance es claramente contrario al consumo de alimentos ecológicos. Se habría agradecido que el celo que han mostrado los organismos reguladores de la producción ecológica en las certificaciones, el logotipo y la nomenclatura unificada hubiera ido acompañado de una información efectiva al consumidor tratando de explicar todas las afirmaciones que se hacen sobre la agricultura ecológica sin ser ciertas.

Entre el consumidor medio hay una especie de asociación ecológico-bueno que crea bastantes confusiones, como que la comida ecológica es sinónimo de comida apta para intolerancias como la celiaquía, etcétera. Una confusión fomentada por bastantes vendedores, cuando no es cierto. Tampoco es sinónimo de calidad. Puede haber productos ecológicos muy buenos, pero también muy malos. También se agradecerían más esfuerzos para tratar de solventar los problemas, sobre todo de seguridad alimentaria y de caída de producción. No olvidemos que, aunque no consumamos alimentación ecológica, la estamos pagando entre todos, puesto que hay generosas líneas de subvenciones específicas para los que practican producción ecológica. Al margen de que tanto en el ministerio como en las comunidades autónomas existe un complejo entramado burocrático alrededor de la agricultura ecológica dedicado a regular y a otorgar las acreditaciones que también pagamos entre todos. Este esfuerzo presupuestario no está justificado, puesto que representa un porcentaje mínimo de la producción, apenas un 10 por ciento. Entre todos estamos pagando lo que consumen unos pocos. Y por si fuera poco, en algunas comunidades están tratando de impulsar que en colegios y hospitales solo se sirva alimentación ecológica, lo que no es más que dilapidar recursos pagando más por menos y vulnerar el más elemental principio de libre competencia.

En conclusión, detrás del mundo verde y de la alimentación ecológica hay una laberíntica legislación y un complejo entramado de intereses, pero de cara al consumidor no representa un aumento de calidad ni de beneficios nutricionales que justifique el sobreprecio. Es legítimo que cualquier padre o madre quiera dar la mejor alimentación a sus hijos o que cualquier persona quiera consumir la comida que sea mejor para su organismo. También es legítimo querer consumir la comida cuya producción sea lo más respetuosa con el medio ambiente. El bombardeo publicitario asocia la alimentación ecológica con estas cualidades, sin ser ello cierto. No caigas en el chantaje emocional. Consumir ecológico es una alternativa tan válida como no hacerlo, pero solo se justifica desde la elección personal, no porque sea mejor para la salud y el medio ambiente. En el fondo, el sello de producción ecológica no es más que un tranquilizaconciencias pagado a precio de oro. Si el sueldo no te llega para consumir ecológico no sientas remordimientos, dale a tus hijos comida convencional. La comida convencional es tan buena como la ecológica y mucho más segura, sin contar con el cariño con que lo haces, que eso también los alimenta. No siempre lo más caro es mejor. Come agricultura y ganadería convencional sin miedo. Es seguro, mucho más barato y respetuoso con el medio ambiente.

CAPÍTULO 4

COCINA TRADICIONAL: EL QUIMICEFA DE LA ABUELA

En el lenguaje cotidiano, decir que una comida tiene mucha «química» es el peor insulto que se le puede hacer a un alimento. Química es sinónimo de artificial, de malo. Esto no deja de ser una monumental incongruencia. En la naturaleza todo está formado por átomos y moléculas, y precisamente eso es lo que estudia la química; por tanto, en la naturaleza todo es química. La vida, en el fondo, no es más que un conjunto muy grande de reacciones químicas que tienen lugar en el interior de una célula. Concebir un niño o que un naranjo florezca se debe a millones de cambios químicos... ¿A que ya no suena tan feo esto de la química? Por supuesto, la comida no es una excepción, ya que también está formada por átomos y moléculas. Y todos estos átomos pueden reaccionar entre sí, combinarse y dar lugar a nuevas moléculas, respetando siempre las férreas reglas de conservación de materia y de energía, y de aumento de entropía que he explicado en el primer capítulo. La química es la ciencia que estudia, entre otras muchas cosas, estas reacciones. No obstante, el estudio y aplicación de estas reacciones químicas a los alimentos tiene otro nombre: cocina.

Cocinar un alimento no es más que aplicarle una serie de reacciones químicas para cambiar sus propiedades. La cocina empezó mucho antes que la civilización, que la ganadería y la agricultura. De hecho, ni siquiera es propia de nuestra especie, puesto que el hombre de Neandertal también cocinaba. Los primeros restos que sugieren el uso continuado del fuego para elaborar alimentos se han encontrado en yacimientos de hace entre 320.000 y 400.000 años, y hace 40.000 años ya se trabajaba la alfarería para usos culinarios. Algunos antropólogos como Richard Wrangham sostienen que cocinar es lo que nos hizo humanos. Para entender este hecho tenemos que pensar que nuestro cerebro actual es un órgano muy caro de mantener. Solo supone el 2 por ciento del peso corporal, pero consume el 15 por ciento del rendimiento cardíaco, el 20 por ciento del oxígeno y el 25 por ciento de la glucosa. Un alimento cocinado es más fácil de digerir que un alimento crudo y además muchos nutrientes son más aprovechables, por lo que con menos comida tenemos más nutrientes y unas digestiones más cortas. Esto permitió un aprovechamiento más eficiente de la energía, un acortamiento del intestino y que el cerebro pudiera desarrollarse aprovechando este superávit energético. Otros autores no le dan tanta importancia al hecho de cocinar como al consumo de carne. Pero para ver el efecto solo hay que darle a un perro carne cocinada. Luego rechazará la carne cruda.[1]

Otra manera de comprobar la intrínseca relación entre la cocina, la evolución y el uso de la química es que la naturaleza ha dotado a nuestro cuerpo y al de la mayoría de animales de un potente sensor químico que nos avisa de la presencia de determinadas moléculas en una mezcla compleja, aunque estén a concentraciones muy bajas, y que no tiene nada que envidiar a muchos de los sofisticados aparatos que se utilizan en un laboratorio de química analítica. Se llama lengua, y a la información sobre la composición de lo que ingerimos le llamamos sabor. Este fantástico órgano es capaz de decirnos si en lo que nos metemos en la boca hay una alta concentración de iones de sodio o potasio, y nos dirá que está salado. Si la concentración de protones es muy alta nos dirá que sabe ácido. Si el alimento es rico en hidratos de carbono reductores (con un grupo cetona o aldehído libre), la lengua nos

1. Schwarz, M. J., *Pensar en sentir*, edición propia, 2013.

dirá que el sabor es dulce. Por cierto, hay moléculas que sin ser azúcares pueden activar esta zona de sabor. Las llamamos edulcorantes, como la sacarina o el aspartamo; incluso algunas proteínas, como la miraculina o la monelina, son capaces de dar sabor dulce sin ser azúcares, y por lo tanto engordan menos. En la lengua también hay receptores que detectan el sabor amargo, que evolutivamente puede haber sido una forma de avisar de la presencia de venenos, puesto que la mayoría tienen ese sabor por la presencia de alcaloides. En el fondo de la lengua tenemos unos receptores especiales para el sabor a carne asada, llamado también «umami», que detecta al aminoácido glutamato; por eso, este aminoácido lo utiliza la industria como saborizante, sobre todo en las patatas fritas y en los *snacks*. En la comida oriental también es bastante frecuente utilizarlo como potenciador del sabor, de la misma forma que en Occidente utilizamos la sal. Por cierto, el glutamato ha sido diana de ataques alegando que puede causar adicción o diferentes trastornos. También se le ha culpabilizado de ser el causante del síndrome del restaurante chino, que alegan sufrir algunas personas después de comer en un restaurante chino y que se caracteriza por migraña, rubor, sudor y sensación de presión en la boca. Realmente ningún estudio ha conseguido relacionar el glutamato con estos síndromes, y no hay ninguna agencia oficial en todo el mundo que haya lanzado una advertencia o aviso de precaución en contra del glutamato, por lo que a pesar de la información que circula por internet, su uso es seguro, como podría esperarse de un aminoácido esencial, puesto que sin él no podríamos formar las proteínas y moriríamos sin remedio.

Por lo tanto, después de miles de años cocinando y experimentando nuevos sabores, hemos logrado convertir las cocinas de cualquier casa en unos impresionantes laboratorios químicos en los que nos metemos cada día para realizar complicadas reacciones. Entre que compras la comida del súper y la sirves en la mesa se producen transformaciones importantes. Obviamente, no tienen ni la misma textura, aspecto, olor y sabor el arroz en el paquete o en la paella, ni el pescado en la caja de hielo o a la plancha. Por ejemplo, ¿por qué la carne asada cambia de color, aspecto y textura? Cuando fríes o asas la carne de cerdo, cordero o ternera, esta pasa del color rojo al color marrón, y luego al típico aspecto tostado o churruscado. Esto se debe a una reacción química conocida como reacción de Maillard, que se da entre las proteínas y los azúcares, y que es responsable también de que la masa de pan sea blanca y después de hornearla, marrón. Según el grado de asado de la carne aparecerán diferentes moléculas que tendrán una incidencia en el sabor o en la textura. (Por cierto, no conviene asar la carne a mucha temperatura porque se desarrollan algunos compuestos como los benzopirenos, que son cancerígenos muy potentes.) La reacción de Maillard se inhibe a pH ácido. Si queremos evitar que algo se churrusque demasiado podemos hacerlo acidificando el pH con vinagre o zumo de limón.

De la misma manera, la mayonesa es una emulsión de microgotas de aceite encapsuladas en la proteína del huevo, y un merengue consiste en hacer que la proteína de la clara del huevo encapsule aire y azúcar. No obstante, hasta en el alimento más sencillo y aparentemente menos elaborado se están produciendo infinidad de reacciones químicas que explican todos los usos y propiedades. Sin ir más lejos, piensa en tres alimentos que difícilmente faltan en cualquier cocina. Sigue leyendo y verás que todo es química.

Huevos, leche y pan, todo con mucha química

Una de las consecuencias lógicas de la cocina, y de que todas las manipulaciones y procesados que realizamos con los alimentos no sean más que reacciones químicas, es que si lo miramos desde el punto de vista de la química es cuando entendemos todas las propiedades de estos alimentos. Algunas son fascinantes, por ejemplo, los huevos.

Lo primero que vemos del huevo es la cáscara, formada por proteínas, sobre la cual se deposita carbonato de calcio, responsable de que esta sea dura. Si pones los huevos en vinagre o con algún ácido, el carbonato cálcico se solubiliza y la cáscara se queda solo con las proteínas y se hace blanda. Así se preparan los huevos encurtidos, que en España no son demasiado conocidos pero sí en Estados Unidos. Los podemos ver en la típica imagen de un frasco grande de huevos donde los clientes del bar, de forma muy antihigiénica, se sirven ellos mismos (Homer Simpson es un habitual consumidor en el bar de Moe).

¿Nunca te has preguntado por qué en el súper los huevos están a temperatura ambiente y en casa los metes en la nevera? La respuesta también está en la cáscara. Si en el súper los tuvieran en la nevera tardarían más en caducar, pero el problema es que en cualquier supermercado, la gente abre y cierra la puerta del frigorífico continuamente, lo que produce que se condense líquido. Si este líquido se condensa sobre la cáscara de huevo favorece un medio de crecimiento ideal para bacterias tan indeseables como las de *salmonella* o *shigella*, que provocan muchos problemas, sobre todo en verano; por eso vale la pena acortar un poco la fecha de caducidad manteniéndolos sin refrigerar, para no acabar en el hospital cada dos por tres.

Otra peculiaridad es que el huevo originalmente no es un alimento para nosotros, sino para permitir que se desarrolle un pollito en su interior. Por eso la cáscara no es hermética: permite la respiración y el intercambio de gases. Aunque el huevo no esté fecundado sigue estando vivo. La abuela tenía un viejo truco para saber si el huevo era fresco o estaba pasadito, que consistía en meterlo en un vaso de agua. Los huevos frescos se van al fondo y los pasados flotan. ¿Por qué? La densidad de un huevo recién puesto es de 1,035 g/ml, esto es, un poco más de la densidad del agua, por eso se va al fondo. Mientras está almacenado, el huevo sigue respirando y desprende CO_2, por lo que la densidad va bajando hasta que se hace menor a 1 g/ml, que es la del agua; y entonces flota.

Esta emisión de CO_2 también comporta un cambio en el pH. A medida que envejecen, los huevos van subiendo el pH y esto también tiene un efecto sobre la albúmina, que es la principal proteína de la clara. Si fríes un huevo fresco, lo blanco se queda compacto alrededor de la yema. Si ha envejecido, el pH básico hará que la clara se extienda por toda la sartén y tenga una consistencia acuosa, y aquí las abuelas sabían sacarle partido, sobre todo las británicas. A los ingleses les encanta prepararse para desayunar *poached eggs*, que es como los huevos pasados por agua, pero hervidos sin la cáscara. Para que los huevos se queden compactos y no se deshagan el truco es poner vinagre en el agua hirviendo, porque esa acidez hace que la albúmina se contraiga y no se desparrame la clara por toda la cazuela. Otro uso de la albúmina de la clara de huevo es que se utiliza durante la elaboración del vino para hacer que las impurezas de las cubas de mosto vayan al fondo y se quede el líquido claro. Por eso, en las zonas donde elaboran vino son típicos los postres a base de yema de huevo. Algo hay que hacer con lo que sobra, y no existe mayor delito que tirar comida, que nuestras generaciones pretéritas han pasado por muchas épocas de hambre y escasez.

Y ya que estamos con la albúmina: es la responsable de un evidente cambio de propiedades debido a la cocina. Una clara de huevo cruda es transparente, pero una vez frita o hervida es blanca y opaca, un proceso que, aunque parezca mentira, está relacionado con hacerse la permanente u operarse de cataratas. La albúmina de la clara es rica en un aminoácido llamado cisteína que contiene azufre. El azufre de esta cisteína tiene, entre otras propiedades, la capacidad de unirse con el azufre de otras cisteínas para mantener la estructura de la proteína. Con el calor, estos enlaces entre dos azufres se rompen, la proteína pierde su estructura y cambia sus propiedades, entre ellas que ya no deja pasar la luz. Cuando te haces la permanente te ponen una solución que rompe estos puentes en la queratina del cabello de manera reversible. Con los rulos se obliga a que cuando se formen otra vez adopten la forma (rizada) que tú quieres. Cuando alguien tiene cataratas es porque con la edad la proteína del cristalino del ojo no se forma correctamente y las cisteínas no enlazan bien, por lo que al igual que la albúmina frita, la proteína ya no es transparente sino opaca. Todo es una simple cuestión de química de proteínas.

Las cisteínas también son responsables de otro aspecto conocido y desagradable de los huevos. A medida que el huevo envejece se va alcalinizando (es decir, sube el pH); en estas condiciones, el azufre de las cisteínas puede reducirse a ácido sulfhídrico, que es un gas que tiene un olor muy desagradable, concretamente huele a huevos podridos. Este gas también se produce en nuestro intestino como parte de la fermentación bacteriana y es responsable del mal olor de los pedos (a pesar de estar en un contenido mínimo), y no el metano, al que injustamente culpabilizamos. Un pedo normal está formado por un 60 por ciento de nitrógeno, un 20 por ciento de hidrógeno, un 10 por ciento de CO_2, un 6 por ciento de metano y un 4 por ciento de oxígeno. El metano, el oxígeno y el hidrógeno son inflamables pero inodoros.

La química de los huevos también sirve para hacer alguna que otra gamberrada. En cualquier tienda de minerales venden piedras de pirita, famosas porque tienen forma de cubo brillante. Estas piedras son sulfuro de hierro. Si pones una piedra de esas con salfumán, empezará a burbujear el famoso acido sulfhídrico y habrás preparado una bomba fétida instantánea con un olor nauseabundo, como a huevos podridos o a pedo concentrado. Saber química puede servirte para hacer gamberradas épicas.

En cuestiones de huevos, la sabiduría popular también echa mano de la física cuando le conviene. Un dilema que a todos se nos ha presentado alguna vez: hierves varios huevos, los dejas en la nevera —en el estante de los huevos— y luego no te acuerdas de cuáles son los frescos y cuáles los cocidos. Distinguirlos supone no tirar un huevo fresco cuando necesitabas uno cocido para la ensaladilla, que no estamos para gastos en estos tiempos de crisis. El truco es hacerlo girar como una peonza encima del banco de la cocina; si se frena es fresco, si sigue girando es duro. Cosas de las leyes de Newton. En el huevo fresco, el interior es fluido; si lo giras, la masa se desplaza hacia el exterior y eso frena el giro por una cuestión de inercia y conservación del momento angular. Es similar a una patinadora que para girar más despacio abre los brazos y para girar más rápido los cierra. En el huevo cocido, la masa no se puede mover por el interior, por eso no cambia el momento de inercia y sigue girando a la misma velocidad.

¿Y qué pasa con la leche? ¿Es importante la química? ¿La abuela la utilizaba? Obviamente. La leche, como la mayoría de alimentos, está formada por grasas, azúcares y proteínas. La leche es un alimento fundamental, puesto que tiene todos los nutrientes necesarios para el desarrollo de las crías de los mamíferos. El principal azúcar de la leche es la lactosa, una molécula formada por la unión de dos azúcares, uno llamado galactosa y otro glucosa. Los griegos llamaban *galakt* a la leche, y es la que ha dado nombre a la Vía Láctea, de la que decían que era la leche de la diosa Hera, esposa de Zeus, derramada cuando este le arrebató del pecho a Hércules. De ahí la palabra galaxia, para definir las agrupaciones de estrellas.

Por lo tanto, «La guerra de las galaxias» sería como decir «La guerra de las leches», que más bien parece una película de quinquis de los ochenta, de esas en las que salían el Torete, el Pirri y Antonio Flores. No entiendo cómo en su momento a ningún productor español se le ocurrió hacer una versión castiza de la película de George Lucas como hicieron en Turquía. Hubiera sido impagable ver a estos tres actores (por decir algo) en plan Jedi-macarra con navajas láser. Por cierto, lo de la versión turca de *La guerra de las galaxias* no es broma, se encuentra fácilmente por internet. Solo apta para estómagos a prueba de bomba.

La principal proteína de la leche es la caseína, constituida por tres piezas diferentes que encajan entre sí formando unas esferas microscópicas llamadas micelas. Estas tienen la particularidad de que las piezas que no son solubles en agua se quedan hacia dentro y las que sí lo son forman la capa exterior, para que las proteínas queden disueltas en la leche. Pero estás micelas, aun así, son muy inestables. Al pH normal de la leche (alrededor de 6) aguantan bien; en cambio, a pH más ácidos dejan de ser solubles y precipitan.

La leche, como otros muchos alimentos, presenta el problema de que puede contaminarse con bacterias, pero a veces hay que saber valorar las pequeñas ventajas de las grandes derrotas. Si estas bacterias son el *Streptococcus thermophilus* y *Lactobacillus bulgaricus*, lo que hacen es consumir el azúcar de la leche (la lactosa) y producir ácido fórmico. Como aumenta el ácido en la leche, el pH baja, las micelas de caseína dejan de ser estables y esta precipita, separándose del suero. Al precipitado resultante lo llamamos yogur, un producto que empezó a elaborarse en Bulgaria hace la tira de años. Por supuesto existen otras bacterias, hongos, insectos o gusanos que pueden contaminar la leche, pero tenemos la ventaja de que si se contamina por estas dos bacterias el producto es comestible, porque no son bacterias que produzcan enfermedades; y además permiten que se conserve más tiempo. Por eso, el truco para hacer yogur es coger un yogur ya hecho, disolverlo en leche fresca y ponerlo con calor, más o menos unos 35 °C. Lo que estamos haciendo es contaminar la leche, pero con bacterias «amigas». Esta contaminación controlada evita que la leche se eche a perder por otros bichos más indeseables. Por cierto, esa imagen tan típica de los documentales de la 2 de las mujeres africanas transportando la leche en calabazas vaciadas que apoyan sobre la cabeza tiene que ver con la química de la leche. Debido a las altas temperaturas, los ácidos de la calabaza y la contaminación de bacterias, cuando la leche llega a su destino ya está convertida en yogur, lo que hace que se conserve durante más días.

Las bacterias no son las únicas que pueden modificar las propiedades de la leche. Si en vez de con bacterias la leche se infecta con una mezcla de bacterias y levaduras como la cándida (pariente cercana de la que causa las infecciones vaginales), lo que se obtiene es kefir, una especie de yogur líquido típico de Turquía y de otros países árabes. Al digerir la lactosa, las levaduras producen una fermentación alcohólica similar a la levadura cuando consume el mosto del vino, por lo que el kefir puede llegar a tener hasta dos grados de alcohol, lo cual no es realmente una contradicción con el hecho de que sea una comida típica de países musulmanes: según la mayoría de escuelas coránicas, lo que es pecado no es consumir alcohol sino emborracharse. En Mongolia y en las zonas habitadas por los tártaros es típica una bebida parecida llamada kumis, obtenida al fermentar leche de yegua.

Hasta aquí hemos visto cómo podemos hacer yogur por la acción de bacterias u hongos, pero también hay otros métodos sin intervención de microbichitos. En la cocina india o en algunos países de Sudamérica es muy típico elaborar el yogur de forma «química», aunque, eso sí, de la de toda la vida. Es tan fácil como hervir la leche con vinagre o limón, lo que provoca la coagulación de la caseína. Este «yogur» instantáneo se utiliza para elaborar platos dulces o salados. Si pruebas a hacerlo con leche de tetrabrik no te saldrá, tienes que utilizar leche fresca o leche pasteurizada. Esta leche conserva mejor el sabor y las vitaminas porque se realiza un tratamiento térmico menos severo, pero su vida en la nevera es muy corta. La leche que consumimos es UHT, que ha sido sometida a un tratamiento térmico más largo y se conserva mejor, aunque pierda sabor y vitaminas. Durante este procesado, otra proteína, la lactoglobulina, se desnaturaliza y recubre a la caseína, lo que dificulta el cuajado.

La legislación de los lácteos también es la leche, como no podía ser menos. Solo se puede etiquetar yogur si está fermentado con las bacterias *Streptococcus thermophilus* y *Lactobacillus bulgaricus,* y estas tienen que estar vivas cuando te las comes. Si tienen algún tratamiento o las bacterias son diferentes, la ley impide que lo llames yogur. El grupo Pascual tuvo un problema hace unos años cuando quiso vender un producto llamado «yogur pasteurizado después de la fermentación». El asunto consistía en esterilizar por calor el yogur después de elaborarlo. Las ventajas eran que al haber matado a los bichos no hacía falta guardarlo en la nevera y duraba más, pero la férrea legislación obligó a cambiar el etiquetado. Por eso vemos tantos productos etiquetados como «preparado lácteo» o «producto de leche fermentada».

Conseguir seguridad alimentaria y que la gente cumpla las normas mínimas de higiene y manipulado de alimentos para evitar intoxicaciones nos ha costado mucho esfuerzo y educación. Que un ministro de agricultura diga que come yogures caducados, como hizo Miguel Arias Cañete en *El Hormiguero* el 12 de junio de 2013, me parece una frivolidad irresponsable. Es cierto que en la mayoría de casos se puede comer un yogur caducado y no pasa nada, pero el día que alguien se intoxique por culpa de un yogur caducado ¿se hará responsable Arias Cañete?

Ahora que la moda es comer todo natural, no puedo evitar referir la historia del yogur más natural que me he comido nunca. Estaba jugando al avioncito con mi hija de tres meses, sosteniéndola por encima de mi cabeza y riéndome. En ese momento regurgitó leche cuajada por los ácidos de su encantador estómago con tal puntería que pasó por mi boca a la velocidad del rayo dejando un rastro en mis labios, lengua, paladar y epiglotis hasta alojarse directamente en el esófago. Sabía a yogur y, como diría Punset, todo natural, nada artificial.

La caseína da mucho más juego en la comida tradicional. Bajar el pH del medio no es la única forma de precipitar la caseína. Existen unas enzimas llamadas proteasas que son capaces de cortar a otras proteínas. Si ponemos proteasas en la leche, estas digerirán la envoltura externa de la caseína, por lo que las partes del interior quedarán expuestas al medio; y por si fuera poco, estas proteínas tienen fosfato en su composición. El fosfato, al contacto con el calcio de la leche, precipitará y tendremos otra vez la caseína precipitada, pero esta vez no habremos cambiado el pH del medio. Al resultado no lo llamamos yogur, sino cuajada o requesón, y si lo maduramos será queso. ¿Y cómo se ponían estas proteasas en la leche? Pues el cuajo de toda la vida era un trozo de intestino de ternero lactante que se agregaba a la cuba de leche, rico en proteasas (a veces me pregunto quién sería el primero al que se le ocurrió tirar un trozo de vaca muerta a una cuba de leche y lo que le dijeron, supongo que como mínimo guarro). Una vez producido el cuajado de la leche por la acción de las proteasas, se puede consumir tal cual en forma de cuajada o requesón, o podemos fermentarlo con otros hongos o bacterias que pueden consumir este cuajo y darle las propiedades de textura, sabor, color y olor típicas de cada queso. Lo importante aquí es que, a diferencia del yogur, las bacterias no son necesarias para obtener el queso a partir de la leche, pero sí para darle el sabor típico de cada queso. Para hacer queso suizo con agujeros (el emmental que se hace en el cantón de Berna; no el gruyer del cantón de Friburgo), se infecta la leche con unas bacterias que convierten el ácido láctico producido por la fermentación de la lactosa en CO_2 (¡burbujas!) y ácido propiónico. Para obtener el roquefort se infecta la leche con un hongo llamado *Penicillium roqueforti*. El camembert y otros quesos de pasta blanda se infectan con *Penicillium caseicolum* o *Penicillium camemberti*, que le confieren el fuerte sabor característico.

En la leche también hay grasas, algunas de ellas esenciales. El porcentaje de grasa de cada leche varía en función del animal. La leche de vaca tiene un 3,5-4 por ciento de grasa, similar a la de mujer; la de cabra es un poco más grasa (4-4,5 por ciento). El récord de la naturaleza lo tiene la leche de mamíferos que viven en el Polo, como las focas, ya que necesitan alimentar a sus crías con leches con mucha grasa para obtener energía. La leche de foca llega a acumular un 45 por ciento de grasa. De las leches para consumo humano, la más grasa es la del yak, bovino que pastorea en el Himalaya, con un 8 por ciento de grasa, cuya leche es blanca y no rosa, como dice la leyenda urbana.

Hay dos formas de separar la grasa de la leche, que dan lugar a diferentes productos. Por una parte, en la leche recién ordeñada la grasa insoluble flota y se puede separar simplemente con una paleta. Si hervimos esta leche la separaremos más. A esta parte grasa la llamamos nata, y no hace falta mencionar los usos que tiene en cocina y repostería. Una estrategia típica de las industrias lácteas es vender la nata por un lado y por otro la leche desnatada. El problema es que la codicia es muy poderosa y a veces es más rentable la nata que la leche entera. Una forma de adulterar la leche es desnatarla, añadirle grasa de cerdo y venderla como leche entera. Obviamente la manteca de cerdo es mucho más barata que la nata de la leche. Esto, por supuesto, es fácil de detectar, y hoy en día sería impensable que alguien perpetrara un fraude tan burdo.

Podemos batir la nata obtenida y tendremos mantequilla; el líquido sobrante después de batir la mantequilla es el suero de mantequilla, o *buttermilk*, una bebida popular en Centroeuropa y en los países anglosajones, que por suerte para nuestra gastronomía no hemos importado. Seguro que en algún momento de tu vida te has deslomado transportando una bombona de butano. Este gas se llama así por tener cuatro átomos de carbono. De hecho, en química el prefijo but- indica que estamos ante una molécula con cuatro átomos de carbono. El prefijo viene de la palabra latina *butirum*, que significa mantequilla, y esto es así porque el ácido graso mayoritario en la mantequilla es el ácido butírico, que, efectivamente, tiene cuatro átomos de carbono. De la misma manera, moléculas con dos átomos de carbono utilizan el prefijo acet-, que viene de *acetum* (vinagre), porque el ácido acético diluido es exactamente eso, vinagre. No solo es imposible comer sin química, sino que gracias a la comida hemos aprendido química y hasta les ponemos nombre a las moléculas.

Y si ya tenemos la mantequilla y los huevos, solo nos falta el pan para mojar. Pero para hornear el pan antes necesitamos la harina, que no es más que un cereal triturado. La semilla de los cereales está formada por una cáscara externa, por una cáscara interna denominada salvado, por el germen o embrión, que es lo que sería la planta si la dejáramos germinar, y por la parte que nos interesa, el endospermo, formado principalmente por azúcares. Los azúcares en la harina componen cadenas largas que llamamos almidón. Históricamente se ha optado por utilizar solo el endospermo, lo que da lugar al pan blanco, mientras que el pan con salvado (pan negro o integral) estaba reservado a las clases bajas, ya que al incluir el salvado se aprovechaba más el grano y su elaboración era más barata. Curiosamente el salvado aumenta su contenido en fibra y en vitamina B, por lo que mejora sus cualidades nutricionales.

A veces las costumbres matan. Por ejemplo, los últimos de Filipinas, es decir, el contingente español que estuvo atrincherado durante casi un año en la iglesia de Baler, en la isla de Luzón, sufrió más bajas por el beriberi que por los insurgentes filipinos. Esta enfermedad se debe a un déficit de vitamina B1. Si se hubieran comido la cáscara del arroz no habrían tenido este problema, pero en aquella época la cáscara del cereal no se consideraba un alimento.

Además de azúcares (también llamados carbohidratos), en la harina también hay proteínas. La proporción entre proteína y azúcares determinará el tipo de harina y su uso. Las harinas integrales tienen alrededor del 13 por ciento de proteína, un 71 por ciento de carbohidratos, y dan lugar a masas más duras, mientras que una harina refinada para uso en pastelería tiene solo un 7,5 por ciento de proteína y un 79,4 por ciento de carbohidratos, dando lugar a masas muy blandas. El cereal más utilizado para hacer pan es el trigo. ¿Por qué preferimos el trigo a otros cereales? En este caso, el truco no está en el almidón, sino en las proteínas, sobre todo en el gluten. El gluten es una familia de proteínas que tiene la característica de que, al ser amasada, hace que la masa adopte una estructura compacta y flexible, como si fuera chicle. Una de las proteínas de esta familia, la gliadina, es capaz de disparar una respuesta autoinmune en determinadas personas, que se carga las vellosidades del intestino. A esta enfermedad se la conoce como celiaquía, y afecta a un alto porcentaje de la población. En las harinas viejas o maduradas, parte del gluten se ha degradado, por eso hacen masas más esponjosas. Un pan con una harina joven tendrá una masa densa y compacta, con pocas burbujas, y originará un pan con menos volumen. Estas burbujas no se hacen solas, hay que añadir levadura.

El pan con levadura es conocido desde el antiguo Egipto, pero durante mucho tiempo ha sido algo exótico debido a su difícil conservación y al hecho de que rápidamente se vuelve duro, por lo que hasta hace unos siglos la gente optaba por el pan sin levadura o pan ázimo. Relacionamos la palabra ázimo con la pascua judía, ya que es uno de los alimentos utilizados en su liturgia, pero realmente procede del griego y significa «sin levadura». El pan en la forma actual de barra empieza a elaborarse en París a finales del siglo XVII. La levadura se obtenía de los posos de las cubas de cerveza o de una masa anterior antes de cocerse. La levadura *Saccharomyces cerevisiae* es la misma que se utiliza para hacer pan, cerveza o vino; simplemente es un bicho que se come el azúcar del mosto o de la harina y produce etanol primero, y luego CO_2, es decir, burbujas. En una cuba de mosto, como hay abundancia de azúcar se puede elaborar alcohol; en cambio, en la harina hay poco azúcar libre, puesto que la mayoría está en el almidón, por lo que produce CO_2. Sabiendo esto, se puede trucar la masa. Si quieres que suba más, añade azúcar y déjala fermentar más tiempo, porque la levadura tendrá más alimento y se producirá más CO_2. Para que suba menos el truco es añadir sal, o que fermente menos tiempo, ya que inhibe el crecimiento de la levadura. Por cierto, la levadura es un bicho, pero en los supermercados venden unos sobres en los que pone «levadura química» o «gasificante». Cuando añadimos levadura química, lo que hacemos es mezclar bicarbonato con un ácido (normalmente tartárico o cítrico); en un medio ácido, el bicarbonato se descompone en CO_2 y agua, y ya tenemos las burbujas. Aquí da igual que la masa sea dulce o salada.

Cuando metemos el pan en el horno se siguen produciendo cambios químicos. Cuando la temperatura supera los 60-70 °C, la levadura muere y el almidón sufre un proceso llamado gelatinización, que permite que el agua penetre en su estructura. El gluten pierde su estructura de chicle debido a que se unía con otras moléculas de gluten y se adhiere a la superficie del almidón, formando una red que impide que se escapen las burbujas. Cuando la temperatura de la superficie alcanza los 200-220 °C, la superficie adquiere el color marrón típico, por la reacción de Maillard entre los azúcares y los aminoácidos.

Y una vez horneado, el pan, como todo en esta vida, también envejece. En una hogaza recién hecha, el almidón está desestructurado y rodeado de moléculas de agua, lo que le da la textura de pan fresco, pero a medida que pasan las horas el almidón tiende a recuperar su estructura y va expulsando las moléculas de agua, es decir, se va poniendo duro... Al contrario de lo que ocurre en otros productos, que a medida que pasa el tiempo se ablandan. Si añadimos grasa en la masa, este proceso se ralentiza; por eso la bollería suele aguantar un poco mejor. Almacenar el pan en una panera también frena esta pérdida de humedad, simplemente porque si no hay corriente de aire le cuesta más evaporarse. Un truco para ablandar el pan es calentarlo. Esto es debido a que parte del agua se ha quedado retenida en las estructuras del almidón y el gluten, y al calentarla la liberamos; el pan se queda con una estructura más aceptable, pero por muy poco tiempo, porque la cantidad total de agua es mucho menor que en el pan recién hecho. Y el horneado tiene que ser poco a poco, así que mejor en un horno. En el microondas, el agua se evapora de golpe y provoca que estas estructuras exploten, produciendo el típico pan flácido cual magdalena después de mojarse en café con leche. Al pan le pasa como al amor, segundas partes nunca fueron buenas. Tratar de recalentar una pasión antigua puede funcionar efímeramente, pero luego todo se hace aún más duro.

Platos tradicionales: ciencia, historia y economía

Hasta aquí hemos visto que solo podemos entender los alimentos más comunes, el pan, los huevos y la leche, si vamos a su composición química. Pero ¿qué pasa con los platos más tradicionales? ¿Hace falta química o física para entenderlos? Resulta que nuestros abuelos tenían presentes conceptos como presión atmosférica, química de lípidos y extracciones en dos fases, y de hecho, sin tener claro todo esto, sería imposible elaborar toda una serie de platos. Sería interminable hablar de todas las recetas tradicionales en una gastronomía tan rica como la española. La gastronomía también es un reflejo de la historia y de la economía, sobre todo de los malos tiempos. Aquí se cumple la máxima de que el hambre agudiza el ingenio, y los platos más populares y complejos o los ingredientes más infrecuentes suelen ser una herencia de épocas de carestía. En épocas de bonanza se mata a una vaca o a un cerdo y se come un filete o un asado sin darle demasiada importancia a la elaboración. Con ponerlo encima de unas brasas o freírlo en una sartén sobra. El problema es cuando no hay carne para todos. En los platos populares suele haber contadas piezas de carne convenientemente acompañadas de ingredientes más baratos como cereales y verduras, o aparecen partes del animal que no son las más demandadas, como los callos, la oreja o las manitas de cerdo. Un plato típico de la cocina marinera de la comarca de La Marina es el *suquet de peix*, un guiso hecho con pescado, patatas y tomate. El truco de este plato es que llena el estómago con la patata y el tomate, y un pescado se reparte entre dos o tres personas, una solución de emergencia para cuando no hay un pescado para cada uno. De la misma manera, la elaboración de caldos es una forma de aprovechar las partes del animal o el pescado que no se pueden consumir directamente y que en épocas de bonanza se desechaban.

Pero vayamos a la ciencia. Vamos a coger dos platos típicos que seguro que hemos comido alguna vez en casa de los abuelos, uno de invierno, el cocido, y uno de verano, la paella. ¿Alguna vez has pensado en la química que interviene en su elaboración?

El cocido de la abuela y las extracciones en dos fases

Marcel Proust recordaba su infancia con una magdalena. Debió de tener una infancia muy infeliz o una abuela muy tacaña. A mí no hay nada que me haga recordar la infancia como un día frío y un buen plato de cocido de los que me comía en casa de mi abuela. Es uno de los platos más extendidos en toda España, con las variaciones propias de cada localización, con sus respectivos nombres: olla, puchero, pote, caldo, cocido o mojo picón. La idea básica es la misma: una olla muy grande en la que se juntan alegremente carne de pollo, cerdo, ternera y huesos de jamón con col, garbanzos, zanahorias, patatas y un largo etcétera. Se añade sal, agua, especias y se deja hervir toda la mañana para conseguir un caldo espeso y consistente. Luego se consume el caldo acompañado de fideos, estrellitas, lluvia, *galets* en Cataluña o arroz en Valencia, de forma que ya cubre con creces todas las cantidades diarias recomendadas de lípidos e hidratos de carbono. Para complicarlo más, en la comarca leonesa de la Maragatería la sopa se toma al final.

Mi abuela, mi madre y yo mismo solemos hacerlo con arroz, aderezado con los garbanzos del cocido. Y al final, cuando ya parece que has comido suficiente, viene el festival de calorías que es toda la carne y la verdura, con *delicatessen* tales como hacerse una masa con la patata hervida y el tocino. Por supuesto la cocina de mi abuela era buenísima para el colesterol, lo ponía por las nubes. No obstante, un cocido, gracias a lo variado de sus ingredientes, es un plato brillante para observar toda la química que hay en la cocina popular.

Cuando hierves, lo que estás haciendo es una extracción acuosa. Las moléculas de los ingredientes que son solubles en agua pasan al líquido, y por eso el caldo coge el sabor. El aumento de temperatura reblandece y rompe las estructuras del tejido conjuntivo y muscular de la carne, favoreciendo la transferencia de moléculas al líquido. En un cocido, la carne se trata a bastante menos temperatura que en un asado, puesto que el agua hierve a algo más de 100 °C y mantiene esa temperatura. Digo algo más porque la sal y las especias disueltas hacen que suba la temperatura de ebullición. Si utilizamos una olla exprés, el aumento de la presión hará que la temperatura de ebullición aumente y, al revés, si tratamos de hacer un cocido en los Andes o en el Himalaya, la baja presión atmosférica hará que el agua hierva a muy baja temperatura. El cocido se quedará muy aguado y la carne dura. Mientras va hirviendo, los compuestos solubles en agua irán pasando al caldo, pero ¿qué pasa con los que no lo son? Es decir, ¿qué pasa con la grasa en un cocido?

La grasa se va soltando de la carne. Como es menos densa se va hacia la parte superior y, al no ser soluble en agua, esta capa está diferenciada del resto del caldo. Entre las moléculas que se escapan de la carne y la verdura hay algunas que no se disuelven en agua, pero sí en grasas o aceites, y se arrastrarán con la grasa. Por ejemplo, el principal colorante del pimentón es liposoluble (se disuelve en grasas), por lo que si la abuela le ha echado un poquito, dulce o picante, esta capa tendrá un color rojizo, y lo mismo si se ha puesto chorizo. Algunas vitaminas como la D y la E se encuentran en esta capa.

Vamos al plato. Cuando te sirven la sopa, en caliente, sobre la superficie se ven unas gotas transparentes, que cuando tratas de coger con la cuchara parece que huyan. Eso son los triglicéridos, componentes mayoritarios del tejido graso (vamos, lo blanco de la carne o el taco de tocino) y de nuestros michelines. Ahí es donde va el exceso de comida que no consumimos. Como son menos densos, flotan, y como no son solubles en agua, tratan de evitarla; por eso se organizan como las caravanas del oeste cuando les atacaban los indios, todos apretados para exponer la menor superficie posible, es decir, en círculos. Si por una de aquellas las grasas fueran más densas y más o menos como el agua, formarían esferas. Este es el mismo fundamento que tienen las lámparas de lava, tan famosas en las tiendas de objetos inútiles para acumular trastos, perdón, tiendas de hogar y decoración. Tenemos dos líquidos que no se pueden mezclar. La densidad del líquido coloreado es mayor que la del otro, por lo que se va al fondo, donde está la luz. Al calentarse, disminuye la densidad y flota. Cuando está en la superficie de la lámpara, se enfría y vuelve a bajar.

Otro pequeño fenómeno de las sopas es que mientras estás esperando a que se enfríe se forma una capa en la superficie, el tejuelo. Si metes la cuchara lo más probable es que te lo lleves todo de una. El mundo se divide entre la gente a la que le da mucho asco el tejuelo y la gente auténtica que nos lo comemos. Ese tejuelo son los fosfolípidos. Dentro de la célula, su función principal es formar la envoltura de las células. Los fosfolípidos son moléculas largas que tienen una parte soluble en agua y otra parte soluble en lípidos. Como también son menos densos se sitúan en la superficie, con una parte de la molécula encarando al agua y la cola lipídica huyendo de ella; por eso forman una capa que se extiende, y no los círculos de los triglicéridos. La ordenación vendría a ser como las piezas de un mosaico, solo que las partes solubles en agua miran hacia abajo y las partes no solubles se pegan entre ellas. Cuando metes la cuchara, la interacción entre las partes que no son solubles en agua hace que arrastres toda la capa.

Normalmente, todas las abuelas cocinan para un regimiento, por lo que siempre, después de un cocido, se pueden rellenar varias fiambreras. Aquí siguen pasando cosas. Los triglicéridos solidifican a una temperatura bastante baja, por lo que sobre el caldo de la nevera se formará una capa blanca (o roja si has puesto pimentón o chorizo). Ahí es donde está la mayoría del aporte calórico. Esto se puede quitar fácilmente con una cuchara, y así transformas el caldo que te ha dado la abuela en caldo *light*. Si la abuela pone huesos de ternera en abundancia, el caldo no se queda líquido sino que forma una gelatina. Esta gelatina se debe al colágeno, la proteína encargada de dar firmeza a la piel, presente también en huesos y cartílagos. De hecho, con la edad esta proteína empieza a fallar y es cuando nos salen arrugas. Al enfriarse el caldo en la nevera, el colágeno forma una estructura en forma de red que es la que le da la textura gelatinosa. Así que hemos visto que lo que parecía un plato sencillo encierra numerosas reacciones químicas, y solo podemos entender sus diferentes sabores y texturas si nos fijamos en la composición de ellos. La abuela sabía química, aunque nunca lo dijera. Cambiamos de estación, pasan los días fríos y llega la primavera. Vamos a complicar la cosa... Preparemos una paella.

La paella es una comida típica de primavera o verano y de salidas al campo con la familia. De hecho, se dice que las paellas y X se parecen en que siempre te las hacen mejor fuera de casa (sobre la identidad de X hay diferentes versiones). Tiene la particularidad de que son los hombres los que suelen prepararla, concretamente esos mismos machos alfa de posguerra salidos de un episodio de las primeras temporadas de *Cuéntame* que en casa eran incapaces de hacerse un huevo frito o fregar un plato. Para empezar, ¿cuáles son los ingredientes de una paella auténtica? Espinoso tema. En Valencia solo admitimos como acompañamiento del arroz pollo, conejo, judías planas, garrofones (alubias grandes) y caracoles. En determinadas localizaciones geográficas, como Benicarló, se puede llegar a admitir alcachofas, que le dan a la paella un peculiar tono entre verde oscuro y negro, costilla de cerdo o pato (alrededor de la Albufera). En tiempos de hambre, en la zona de la Albufera se hacían paellas con ratas de agua, y todavía recuerdo algunas de mi infancia con patas de gallina. Nada más. El resto de ingredientes son para turistas. El margen de las especias que se pueden utilizar también es muy estrecho: únicamente azafrán, romero, una cucharada de tomate triturado y, en algunos casos, ajo. Una paella con gambas, guisantes, espárragos, pimiento, chorizo, mejillones, guisantes, calamares, bacalao..., es como ponerse sandalias con calcetines: no está prohibido por ley, pero debería.

Hay una costumbre de toda la vida, pero que realmente es muy reciente: afirmar que la paella es un plato típico del mediodía. Hoy se hace extraño comerse una paella para cenar, pero hace menos de cien años, cuando la gente trabajaba en el campo de sol a sol, los platos de arroz o de caliente se hacían por la noche, puesto que la comida del mediodía era rápida y de fiambrera para seguir trabajando. Y una advertencia: en Valencia toleramos bromas con todo menos con la paella. No invitéis a un valenciano a una paella fuera de

Valencia, de esas con calamares, espárragos y el arroz pastoso...; pondréis en juego vuestra amistad. También dice la leyenda que las mejores paellas se hacen con leña de naranjo, aunque aquí se percibe una obvia optimización de recursos. En La Rioja dicen que las mejores chuletas se hacen con sarmientos de vid y en Jaén con leña de olivo. Es obvio que cada uno utiliza lo que tiene más a mano y luego se autoconvence de que es lo mejor, sin haber probado otras alternativas y haberlas comparado. Un método muy poco científico. La paella no está en contacto directo con el fuego y los aromas que recibe de la leña son bastante limitados. Por lo tanto, cocinar una paella con leña o con gas no supone tanta diferencia, y además con el gas te ahorras los desagradables tropezones de carbonilla, aunque esto que acabo de decir puede despertar las iras de alguno de mis paisanos.

El primer paso para la elaboración de una paella depende de la ley de la gravitación universal de Newton. Consiste en poner un poco de aceite en el centro de la paella y verificar que se queda inmóvil. Si el aceite se desplaza hacia un lado por efecto de la gravedad hay que mover el soporte hasta conseguir que se quede inmóvil en el centro, señal inequívoca de que la paella está nivelada. La primera conclusión es que con gravedad 0 no se puede cocinar una paella. Eso que se pierden los astronautas.

El siguiente paso es sofreír la carne para que actúe la reacción de Maillard entre los azúcares y las proteínas, y le dé el típico color dorado. Una vez sofrita la carne, se añade la judía plana y el garrofón, y por último el tomate, el ajo y el hígado de pollo y conejo. Aquí es cuando viene la auténtica manzana de la discordia. Un valenciano difícilmente comerá paella fuera de Valencia, pero dentro de la misma Valencia existen dos escuelas enfrentadas. La pregunta clave que ha provocado más discusiones y rupturas de matrimonios es: ¿hay que sofreír el arroz de la paella? Los defensores del sofrito hacen el caldo de la paella aparte, sofríen el arroz y luego lo añaden. En cambio, en la otra tradición, una vez sofrita la carne y las verduras, añaden agua y hacen el caldo en la misma paella. Estas dos escuelas tienen una clara delimitación geográfica. Existe una línea Maginot invisible que se extiende desde el sur de la Albufera hasta el interior, pasando por la hoya de Bunyol y acabando en Requena, al sur de la cual el arroz se sofríe y al norte se echa con el caldo hirviendo. Las posturas son irreconciliables. Queda así claro que una paella tiene que hacerla una sola persona: es posible que dos personas de diferentes localizaciones geográficas tratando de cocinar una misma paella lleguen a las manos.

Voy a traicionar mis orígenes australes y dianenses. Por trazar la explicación completa, asumiré que estamos en la zona norte. Después del sofrito, añadimos el agua y preparamos el caldo en la misma paella. Desde el punto de vista químico no es diferente de un cocido normal, con poca grasa, en el cual el agua hirviendo extrae las moléculas de la carne y las verduras, y por eso recoge el sabor. La gracia es que hierva al menos una hora, en el transcurso de la cual se añadirán el azafrán y una rama de romero, que se quitará una vez haya dado el sabor. Nada más. Llegamos al momento clave, el arroz. Por ley no escrita tiene que ser de grano corto, es decir, de tipo japónica. Tratar de hacer una paella con arroz de grano largo (tipo índica) es un sacrilegio mayor que el de poner espárragos. Las variedades de arroz útiles para la paella son senia, bahía, albufera y bomba. Encontrar el punto del arroz es el factor clave en la paella. El arroz, como todos los cereales, está formado principalmente por almidón (cadenas largas de azúcares), con una zona más compacta en el centro que es la denominada perla. El almidón puede tener dos formas: lineal (llamada amilosa) o ramificado (amilopectina). Una vez hervido, un arroz alto en amilopectina quedará pegajoso, pero absorberá el sabor del caldo. Un arroz alto en amilosa se quedará compacto y firme después de hervido, pero le costará más absorber el sabor.

El arroz ideal para la paella es el que tenga un porcentaje intermedio entre estos dos tipos de almidón. De aquí surge la principal complicación: al ser una mezcla de los dos tipos de almidón, si hierve poco tiempo, el arroz se quedará duro y sin sabor, pero si hierve demasiado perderá la estructura y se quedará como una cataplasma compacta, con una textura propia del *risotto* italiano, pero no de una paella. Por ley, la paella tiene que quedar con el grano suelto. En el *risotto* italiano se utiliza el arroz arborio, con un alto contenido en amilopectina, que al hervir suelta el almidón formando una pasta. El arroz pastoso es apreciado en diferentes platos y en diferentes cocinas, pero no en la paella. El almidón debe quedarse dentro del grano, y ello se nota porque los granos quedan sueltos. Una paella con el arroz hecho una masa va muy bien para cementar ladrillos y levantar un tabique, pero no para comer. Se considera que uno de los mejores arroces para la elaboración de la paella es el tipo bomba: tiene una estructura firme y es más rico en amilosa, lo que provoca que no se haga pastoso a pesar de hervir demasiado.

Siguiente cuestión: la diferencia entre que la paella se quede con la textura óptima o se quede incomible, ya sea porque el arroz está duro como un perdigón, ya sea porque está pastoso, depende de la relación entre el caldo y el arroz. La cuestión no es baladí, puesto que depende de muchos factores. La medida general aproximada es de dos tazas de caldo por taza de arroz, redondeando generalmente hacia arriba. Hay que considerar la dureza del agua, esto es, la concentración de calcio y magnesio. Las aguas duras hacen que cueste más gelatinizar el almidón, por lo que necesitaremos más caldo, pero el arroz se quedará más firme. Siendo puristas, también hay que considerar la previsión meteorológica. En días de buen tiempo, la presión atmosférica es más alta y el agua hierve a más temperatura, por lo que necesitaremos menos caldo. En días nublados hará falta un poco más de caldo, porque la menor presión atmosférica hace que el agua hierva a menos temperatura. También es importante que el fuego esté equilibrado y la paella arda por igual, algo que se ve fácilmente porque el arroz sirve para romper las burbujas de hervor, haciéndose estas pequeñas y dispersas, lo que nos sirve de termómetro. Si en alguna zona no hay burbujas conviene acercar el fuego, pues es señal inequívoca de que la temperatura es menor que en otras zonas de la paella.

Llegamos al momento cumbre, cuando el arroz está a punto de beberse todo el caldo: un error en los cálculos de la proporción arroz/caldo puede subsanarse con medidas desesperadas. Demasiado caldo obligará a subir el fuego para hacer que se evapore más rápido. Poco caldo al sur de la línea Maginot puede subsanarse añadiendo más caldo; no obstante, en el norte, añadir agua redundaría en un peor sabor, por lo que hay que bajar el fuego al mínimo o, en el peor de los casos, tapar la paella con papel de aluminio para que se concentre el calor y se gelatinice antes. A pesar de que el caldo de paella es bastante ligero y no tiene demasiada grasa, en la superficie también se forma el tejuelo de los fosfolípidos y se acumulan triglicéridos que arrastran moléculas solubles en lípidos, muchas de las cuales tienen relevancia en el sabor. Al comernos los granos de la superficie, esta capa se funde en la lengua, dando un sabor mucho más intenso que el resto de la paella. Truco para hacer una paella exquisita: la capa de arroz no debe sobrepasar un dedo de espesor. En las paellas con una gruesa capa de arroz se pierde la gracia de la capa superior.

Existe un segundo núcleo de sabor en la paella que está en el fondo, el *socarrat*, los granos de arroz más tostados. La reacción de Maillard les confiere un sabor especial y una textura crujiente peculiar y muy apreciada. No conviene dejar que la paella se queme en exceso, puesto que el *socarrat* puede empezar a desprender sabores desagradables. Existe un tercer foco de sabor, muy escondido. Si se hace el caldo en la paella (zona norte), en los bordes se queda una capa de caldo seco a medida que se va consumiendo. Un poco antes de que el arroz acabe de coger el punto conviene rascarla y añadirla al poco caldo que quede, puesto que dará un sabor ligeramente tostado muy agradable.

Esta es la representación de cómo tanto las comidas más básicas como los platos más populares y tradicionales no consisten más que en coger una serie de reactivos químicos (alimentos) y aplicar sobre ellos una serie de reacciones químicas (cocina), para obtener un producto (el plato en la mesa) con una utilidad práctica (zampárnoslo). Y ya que estamos, a veces no solo es química, sino que además también es bioquímica, es decir, la química que se da en los organismos vivos. A veces hay bichitos que transforman la comida.

Fermentaciones: Un bicho ha digerido mi comida

Cuando hablábamos de la leche mencioné que para elaborar yogur hace falta que dos bacterias diferentes se coman la lactosa y excreten ácido para hacer que precipite la caseína y darle el sabor característico. O, lo que es lo mismo, utilizamos un microbio para modificar nuestra comida. No obstante, los microbios y otros animales también han servido para modificar nuestros alimentos y hacerlos mejores. Generalmente, a estos alimentos los llamamos alimentos fermentados: en ellos, la acción de los microorganismos es la que se encarga de oxidarlos para producir alguna molécula como alcohol o cambiar alguna de sus propiedades de sabor o textura.

Cuando pensamos en fermentaciones nos vienen a la cabeza las bebidas alcohólicas fermentadas por la levadura *Saccharomyces cerevisiae*, aunque hay otras levaduras capaces de realizarla. La cerveza se elabora a partir de malta, que es un cereal germinado y tostado. Este detalle es muy importante. La levadura no puede digerir el almidón, que es el componente mayoritario de los cereales, pero cuando las enzimas de la cubierta del grano germinan rompen el almidón. Una vez germinado, se tuesta para frenar la germinación y se hierve para obtener el caldo, rico en azúcares simples, que será lo que se fermentará y convertirá en alcohol. Venimos haciendo esto desde la antigua Sumeria, donde la bebían directamente en la cuba sin separar el cereal utilizando pajitas... Una gran contribución de Sumeria a la civilización, además del código de Hammurabi. ¿Cómo, sin este invento babilónico, haríamos ruido y molestaríamos en el cine sorbiendo entre los hielos de un refresco? Por cierto, la cerveza admite cientos de variaciones en función del cereal y de la levadura. Tenemos cerveza de trigo, arroz, maíz, tostada, sin tostar, con diferentes levaduras, incluso alguna con bacterias. Una de mis preferidas es la cerveza de mijo africana, que fermenta con la levadura *Schizosaccharomyces pombe*, que en la naturaleza habita en la piel de los plátanos.

Otro alimento fermentado que nos acompaña desde hace milenios es el vino. Tradicionalmente se creía que el vino fue descubierto hace seis mil años en el monte Ararat, más que nada porque lo dice el capítulo 9 del Génesis a partir del versículo 20. Cuando embarrancó el arca, Noe plantó una viña, hizo vino, se emborrachó y, como sigue haciendo mucha gente borracha en la actualidad, se puso a bailar en pelotas. Su hijo Cam lo vio y avisó a sus dos hermanos Sem y Jafet. Noé, en vez de agradecer que Cam lo salvara del bochorno, le echó una maldición por haberle visto desnudo. Por cierto, la historia sagrada atribuye a Cam ser el padre de los cananeos, que según algunas interpretaciones serían los antepasados de los actuales africanos. Este fragmento de la Biblia, en vez de utilizarse para estudiar fermentaciones o agronomía de la vid, que es lo verdaderamente interesante, lo utilizan los movimientos racistas estadounidenses como justificación de sus delirantes ideas acerca de que los negros son una raza inferior. ¿Entendéis ahora por qué es importante enseñar más ciencia y menos religión en los colegios?

La arqueología le ha quitado la razón a la Biblia, ya que los chinos elaboraban vino antes que Noé. Los restos más antiguos que indican fabricación de vino datan de Jiahu, en la provincia de Henan, en China, y son de hace nueve mil años. Aunque este vino contenía además cera de abejas, arroz fermentado y bayas, lo que posiblemente aportaría las levaduras para la fermentación, no se hacía realmente a partir de uvas. Los primeros vinos se harían con uvas que estaban en la naturaleza, hasta que los primitivos enólogos aprendieron a guardar un poco de la cuba que les había dado el mejor vino para contaminar el mosto de la siguiente cosecha, seleccionando así de forma artificial las mejores cepas de levadura. Los chinos perfeccionaron la técnica, y durante la dinastía Shang el vino contenía resina de pino (como el vino blanco griego Retsina de la actualidad), alcanfor, aceitunas y, curiosamente, ajenjo. Muchos siglos después, el ajenjo se haría popular como ingrediente de la absenta, sobre todo entre los impresionistas, que usaron y abusaron de esta bebida como fuente de inspiración, bautizándola como «el hada verde». Su mitificación se debe a que aparece en la obra de artistas muy relevantes, como Picasso, que tiene un cuadro titulado *La bebedora de absenta*. No obstante, las propiedades alucinógenas y tóxicas de la absenta se han exagerado bastante. Su toxicidad se debe a su alta graduación de alcohol, y no tanto al ajenjo o a los alcaloides. Los chinos también utilizaban plomo para sellar los recipientes de vino, igual que los romanos de la época imperial. El plomo, en contacto con el vino, que tiene un pH ácido, se disuelve y es terriblemente tóxico, provocando una enfermedad llamada saturnismo a la que se le achaca parte de la responsabilidad de la caída del Imperio romano. Otra contribución fundamental del vino a la historia de la biología es que Pasteur fue el primero en descubrir las bacterias, en cubas de vino picado.

Hasta aquí no he revelado nada que no supieras diciendo que el vino, la cerveza o el yogur son alimentos fermentados, o, lo que es lo mismo, alimentos en los que ha crecido un microorganismo que ha cambiado sus propiedades. La cuestión es que hay otros alimentos de toda la vida, muy frecuentes y que también están fermentados. Por ejemplo, el café se fermenta con bacterias para degradar la pulpa. En el caso más extremo, el del café indonesio *Kopi Luwak*, los granos son ingeridos por civetas, unos mamíferos parecidos a los gatos. Las enzimas digestivas (proteasas) del animal se encargan de degradar la cubierta y, a su vez, rompen las proteínas que le dan mal gusto. Cuando siguen su camino natural, los granos se separan del resto de excrementos del animal y se procesan para hacer un café que se vende a cuatrocientos euros el kilo al distribuidor y por el que fácilmente te pueden cobrar por una taza alrededor de cien euros... Eso sí, natural a más no poder.

Una leyenda urbana muy extendida en España dice que el café molido sirve para desatascar cañerías, por lo que su destino suele ser el desagüe del fregadero. En realidad no hace nada. Si las cañerías están limpias pasará sin más, pero como estén obstruidas solo puede empeorar la situación. Te darás cuenta cuando trates de desatascarla y encuentres acumulado el café de los últimos meses, y ya aviso que esta fermentación no produce ningún aroma agradable.

El café de civeta no es el único alimento fermentado por un animal en vez de por un microorganismo. El queso Milbenkäse, propio de la localidad alemana de Würchwitz, se elabora poniendo el cuajo del queso en unas cajas llenas de ácaros, un insecto presente en el polvo y la pelusilla de casa. El ácaro se come el cuajo y sus excrementos son los que realizan la fermentación, o sea, que el queso famosísimo, supernatural y tradicional es caca de artrópodo, aunque si el café más caro del mundo se obtiene de las deposiciones de una especie de comadreja, ya cualquier cosa.

Si el café es un alimento fermentado, su competidor, el té, no va a ser menos. El té no solo es un producto fermentado, sino que, además, según la fermentación tendremos las diferentes variedades. Lo más o menos fermentado que está un té y los cambios químicos que ha experimentado se pueden trazar por el color, que se debe a la presencia de polifenoles. El té poco fermentado será verde y a medida que avanza la fermentación irá pasando a castaño rojizo, marrón oscuro, violeta y finalmente negro. Para elaborar té negro y té rojo, la fermentación se desarrolla durante más tiempo, mientras que en el té verde el proceso de oxidación se detiene al poco tiempo mediante un tratamiento térmico. El té menos fermentado es el té blanco, el oolong o el té amarillo, que se hace a partir de hojas jóvenes y solo permite una oxidación muy corta para que desarrolle el aroma. Muchas veces las fermentaciones son responsables de cualidades beneficiosas y de otras que no tanto. El té verde y el té blanco, al estar menos fermentados, son más ricos en antioxidantes, algunos de los cuales tienen propiedades beneficiosas para la salud.

Un caso similar es el de otro alimento fermentado, el chocolate. Durante el proceso de elaboración, el cacao sufre una fermentación en cuyo transcurso pierde la mayoría de antioxidantes y desarrolla el sabor característico. Otros alimentos fermentados son buena parte de los embutidos y el chucrut, alimento a base de col propio de Alemania y de otros países centroeuropeos. También para obtener vainilla tenemos que secar a la luz del sol la orquídea *Vanilla planifolia*. En este proceso, por acción de varias enzimas, se genera un glicósido llamado vainillina, principal responsable de su aroma. La cocina asiática tradicional tampoco escapa al encanto de los bichitos: alimentos como la salsa de soja o el miso proceden de fermentaciones.[2]

Por lo tanto, la cocina tradicional, la de toda la vida, la de la abuela, no es más que un elaborado protocolo de laboratorio que nos indica las transformaciones químicas que debemos provocar en la comida para que esta pueda ser ingerida o mejore su sabor. Cuando alguien te dice que come sin química, o que simplemente prefiere la comida antigua porque no tenía química, dile que igual el mundo no es como a él le gustaría que fuera.

2. Renneberg, R., *Biotecnología para principiantes*, Editorial Reverte, Barcelona, 2008.

Capítulo 5

ASUSTAR ES FÁCIL

Los números lo dicen alto y claro: nunca hemos tenido una seguridad alimentaria comparable a la que tenemos en la actualidad. Hoy podemos ir a cualquier hipermercado, supermercado, tienda de barrio, mercadillo, restaurante, bar o merendero playero y comer con la seguridad de que es muy poco probable que suframos alguna intoxicación debida a la comida en mal estado. Enfermedades relacionadas con la seguridad alimentaria o la falta de potabilización del agua como el botulismo, el tifus, el cólera, la disentería o la brucelosis prácticamente han desaparecido. No obstante, esto no evita que últimamente haya una creciente ola de quimiofobia naturofílica que pretende hacernos creer que por culpa de la industrialización nos estamos intoxicando todos. El problema es que cuando uno empieza a separar el grano de la paja y trata de comprobar la evidencia o los datos objetivos que apoyan estas afirmaciones es como tratar de coger arena con la mano abierta; se escurre entre los dedos y te quedas con nada.

Para empezar, los datos de esperanza de vida al nacer en España son demoledores. En el año 1900 era de 35,70 años para mujeres y de 33,85 para hombres. En 1998, de 82,16 y 75,25 para mujeres y hombres respectivamente.[1] Por lo

1. Goerlich Gisbert, F. J., Pinilla Pallejà, R., «Esperanza de vida en España a lo largo del siglo xx», Documentos de Trabajo, 11, Fundación BBVA, 2006.

tanto: ¿dónde está el problema con la industrialización? Yo diría que al contrario, hemos ganado calidad y esperanza de vida. No olvidemos que en 1900 el 50 por ciento de la gente se dedicaba a la agricultura y vivía en el campo, y no era una vida sana, ni regalada, y al que lo dude le vuelvo a remitir a *Los santos inocentes* y al inconmensurable Paco Rabal diciendo «Milana bonita, milana bonita». Lo más llamativo es que hoy en día una persona de sesenta años puede aspirar a vivir veinte más, mientras que hace cien años aspiraba a vivir unos pocos años. Para llegar a este estado han confluido muchos factores: sociales, sanitarios y también alimentarios. Las enfermedades pueden ser estacionales, endémicas o epidémicas, pero comer, comemos todos los días. Si no tuviéramos una seguridad y unas garantías higiénicas en la comida estaríamos jugando todos los días a la ruleta rusa y tendríamos bastantes posibilidades de coger alguna enfermedad que pudiera ser mortal. La nevera ha salvado más vidas que la penicilina. De hecho, la primera necesidad para países en vías de desarrollo es la potabilización de aguas y la alimentación segura.

A pesar de esta demoledora verdad estadística, la percepción general es que actualmente, por culpa de la industrialización, la alimentación cada vez es más tóxica y cada vez estamos expuestos a más peligros. No olvidemos que alarmar es periodísticamente muy rentable. Sostiene un viejo dicho que un perro que muerde a una persona no es noticia, pero que una persona que muerde a un perro sí. Decir que la comida es segura no da ningún titular, pero en cambio decir que tal alimento cotidiano es tóxico o que tal producto químico está contaminando la comida o el agua, permite un titular llamativo del tipo: la comida nos envenena. El problema es cuando pedimos información concreta, que nos digan qué es lo malo y qué es lo que nos intoxica. Aquí es cuando empiezan los problemas, sabemos que algo es muy malo pero exactamente no sabemos lo que es o por qué es tan malo. Como los pantalones de campana, las modas van y vienen, y lo que antes era muy malo de repente se olvida, y luego lo recordamos y luego lo volvemos a olvidar. Es curioso hacer un poco de memoria y visualizar todos los miedos alimentarios con perspectiva.

Toda la comida que podía habernos envenenado y que no lo hizo

Un sano ejercicio es explorar en las hemerotecas todas las alarmas alimentarias que hemos vivido y en qué han quedado después de unos años. En el año 1999 dejamos de comer pollo porque en Bélgica se detectó que había llegado al mercado carne contaminada con dioxinas, aunque las importaciones de pollo belga en España son bastante escasas. Cuando las vacas locas dejamos todos de consumir ternera..., dos o tres meses, y luego comimos normalmente. La crisis afectó principalmente a Gran Bretaña, puesto que fue un regalo envenenado de la política Thatcher de rebaja de costes. Para empezar, se utilizaron restos de reses muertas para hacer piensos animales, y lo segundo fue bajar la temperatura de procesado, con lo que el agente patógeno seguía intacto y podía seguir transmitiéndose. En España solo hubo cinco casos en el período de 2006 a 2008, mucho tiempo después de que dejáramos de comer ternera en el año 2001.

Para hacernos una idea, en España hay cada año entre mil y cuatro mil fallecidos por la gripe estacional, y no por ello nos encerramos en casa en invierno; es más, parece que la gripe sea una enfermedad inocua (que no lo es), a no ser que venga convenientemente adornada o emplumada. Mi epidemia informativa preferida fue la gripe aviar de 2006. En aquel año te encontrabas titulares de prensa tan llamativos como «Aparece un pato muerto en Turquía», y todos pendientes de los resultados de la autopsia por si había sido la gripe aviar. Al final resultaba que al pato le había dado un infarto, hasta la semana siguiente, en que informaban de que una gallina se había desmayado en una granja. No obstante se creó un plan de emergencia... que por suerte no hizo falta porque la gripe aviar acabó dejando un rastro de víctimas muy inferior a la gripe estacional de todos los años. Lo que no quita que ese plan fuera necesario por si hubiera sido virulenta. Sin embargo, la epidemia informativa no estuvo en ningún caso justificada. Que un anciano o un paciente hospitalizado se muera de gripe no es noticia, porque todos sabemos que son un grupo de riesgo y que todos los inviernos hay una epidemia de gripe. Les falta el *glamour* de contagiarse por una gallina o un ganso para ser noticia de portada.

Seguimos haciendo memoria. ¿Alguien se acuerda de la guerra del cloro? ¿De las declaraciones de ciudades libres de PVC? Pues fue a nivel europeo, y durante bastante tiempo acaparó los titulares de prensa. En su momento estuvo justificada la reivindicación de muchos grupos ecologistas que exigían el control del uso del cloro y sobre todo de los vertidos. El problema es que una vez logrado el objetivo se quedó clavado en el inconsciente colectivo que el cloro era muy malo. Claro, ¿cómo no aprovechar el tirón comercial y el *glamour* de la lucha contra el cloro? Por lo tanto, a pesar de que se hubieran conseguido las regulaciones y se hubiese puesto coto a los problemas no era suficiente, había que prohibir el cloro. Organizaciones ecologistas como Greenpeace se pusieron a hacer campañas en contra de la cloración de aguas para potabilizarlas. Lógicamente se alzaron voces, muchas desde el ámbito científico, diciendo que el cloro es indispensable para la potabilización de aguas, voces que fueron ridiculizadas diciendo que estaban a sueldo de la industria. La bola siguió rodando. Dado que lo de prohibir el cloro en la potabilización de aguas era inaplicable, giraron la estrategia contra los procesos industriales que utilizan cloro y los productos derivados. Ya teníamos otro malo de la película, el PVC, un plástico que contiene cloro en su composición.

El cloro es un gas que fue utilizado como arma química en la primera guerra mundial. Disuelto en agua tiene un gran poder desinfectante. Es un elemento clave para la potabilización de aguas, así como para la depuración o mantenimiento, por ejemplo, de una piscina. El cloro tiene el problema de dejar mal sabor en el agua, aunque este se evapora, por lo que el mal sabor es fácilmente evitable dejando la botella destapada. Además tiene numerosas aplicaciones industriales, principalmente como blanqueador para diversas industrias o en la fabricación de plásticos. Un detalle que se olvida es que es un elemento fundamental en la vida y un anión presente en todos los alimentos como la sal de mesa. Tiempo atrás, las leyes ambientales no eran tan estrictas como lo son ahora y muchas industrias, sobre todo textiles, papeleras y de fabricación de plásticos, hacían verdaderas barrabasadas vertiendo residuos ricos en cloro y cargándose ríos.

Greenpeace redactó un modelo de moción para declarar un municipio «libre de PVC», que llegó a ser aprobada por municipios como Carmona, Coca, Cornellà de Llobregat y Montcada i Reixac. El Parlamento balear también aprobó una moción similar. El Parlamento catalán y el Ayuntamiento de Barcelona, a propuesta del grupo político de Iniciativa per Catalunya-Els Verds —a quienes debemos también agradecer la construcción de una comisaría de Mossos d'Esquadra según los principios rectores del *feng shui*—, aprobaron también la moción de municipio libre de PVC. El problema es que Greenpeace, como suele ser habitual, les dio gato por liebre y no se pararon a leer lo que proponía, puesto que la moción incurría en gran cantidad de falsedades y datos técnicos equivocados. Al final la lucha llegó a un callejón sin salida. Era muy obvio que nunca se iba a conseguir una prohibición total del cloro, puesto que es un elemento fundamental para la vida y para la industria. Incluso pasó factura a organizaciones que habían promocionado la prohibición, como Greenpeace, que tuvo que ver cómo algún dirigente histórico como Patrick Moore dejaba la organización dando un portazo y denunciando la preocupante deriva pseudocientífica de la organización (que por desgracia sigue en la actualidad). Al final, como todas las alarmas, se olvidó y las ciudades libres de PVC ni se acuerdan de lo que un día votaron, y se sigue utilizando normalmente.

La guerra del cloro tiene un divertido epílogo. Ahora, Josep Pàmies y Teresa Forcades, dos defensores de la pseudomedicina y la alimentación ecológica, venden y promocionan un blanqueador industrial a base de dióxido de cloro ¡como medicina alternativa que cura todos los males![2] La situación es delirante. Los grupos ecologistas estuvieron años luchando contra los peligros (unos reales, otros inventados) del cloro y dos referentes del movimiento ecologista venden una solución de cloro como si fuera el bálsamo de Fierabrás. Parece ser que el cloro es bueno o malo en función de quién te lo venda. Este país está muy falto de memoria histórica.

Incidiendo en el tema de que la memoria es corta y los miedos efímeros, veamos una alarma reciente, de principios de 2013: la de la carne de caballo. Durante dos meses hemos estado leyendo titulares alarmistas que aseguraban que la carne de algunas hamburguesas, lasañas o pizzas no era de ternera, sino de caballo. De esta alarma se pueden sacar interesantes conclusiones. La primera es que tenemos unos mecanismos de seguridad alimentaria muy eficientes. La EFSA cuenta con un sistema de alerta rápida que a la que detecta algún tipo de problema traza toda la historia del alimento contaminado y frena el problema de raíz, como de hecho ha sucedido aquí; en el período de un mes, hemos pasado de detectar el problema a tener a los culpables detenidos.

La segunda es que todo esto ha ocurrido sin que tengamos que lamentar ninguna hospitalización ni víctima, y la tercera

2. http://naukas.com/2012/11/26/alerta-magufo-empresarios-que-leofrecen-beber-blanqueador-industrial

es que el hecho de que una alarma alimentaria nos asuste o no, realmente no depende de que pase algo más o menos serio, sino de que llegue a la prensa. Porque ¿qué pasó de verdad con la carne de caballo? Se han dado varias circunstancias. Por una parte, la crisis económica. Mucha gente que en tiempos de bonanza se compró un caballo, cuando han llegado los malos tiempos ha sido el primer gasto que ha eliminado. El destino para la mayoría de esas monturas ha sido el matadero. El segundo factor ha sido un cambio en la legislación vial en Rumanía prohibiendo la circulación por carreteras y autovías de vehículos de tracción animal, por lo que mucha gente que todavía tenía carros de caballos ha tenido que comprarse una furgoneta.

Se puede pensar que la carne de caballo es comestible, pero ojo: es comestible la que se cría con este fin. Para poder comerte un caballo que se ha destinado a monta o a arrastre se tienen que haber respetado los períodos de supresión de los medicamentos para que no queden residuos, y pasar los controles sanitarios que efectúan los veterinarios oficiales en los mataderos. El miedo es que esta carne no hubiera pasado los controles y tuviese restos de la medicación veterinaria, en concreto fenilbutazona, un antiinflamatorio que puede incorporarse a la cadena alimentaria.

Por lo tanto, llega un momento en el que tenemos una fila de caballos sin uso haciendo cola en el matadero y una carne para la que no hay demasiada demanda comercial. Aquí es cuando se juntan dos factores: uno la avaricia, otro la dejadez. La avaricia es la que ha hecho que, en algunos casos, la carne de ternera se adulterara con carne de caballo, pero hay que insistir: los datos indican claramente que esta actitud ha sido minoritaria. La alarma surge durante un análisis en Irlanda y los resultados fueron que de veintiuna hamburguesas diez contenían carne de caballo, pero solo una realmente relinchaba, ya que contenía un porcentaje del 29,1 por ciento, es decir, suponía una parte significativa de su composición. En las otras nueve, la cantidad de carne de caballo detectada fue en una del 0,3 por ciento; en cinco inferior al 0,1 por ciento, y en las tres restantes por debajo del límite de cuantificación del análisis.[3] Traduciendo: en un caso sí que se habían metido tacos de carne de caballo para venderla como carne de ternera, pero en los otros solo eran trazas, restos...

¿De dónde vienen? Normalmente, en un matadero se separan las piezas de calidad: lomo, pechugas, filete, bistec, entrecot, chuleta... Los restos, básicamente los huesos, que todavía tienen carne pegada, pasan por un aparato llamado Baader (en honor a su inventor), que es una especie de ralladora que se encarga de separar esa carne del hueso. La carne picada resultante se comercializa como carne para hamburguesas y rellenos. Insisto en que es carne perfectamente comestible y sanitariamente aceptable; simplemente, al estar muy pegada al hueso no ha podido formar parte de los cortes habituales. Ocurre que la Baader es una máquina muy complicada de limpiar. Si no se hace con eficiencia es bastante frecuente que queden restos de la anterior partida en la siguiente. Y aunque no queden restos visibles, a veces quedan restos de ADN (que es una molécula muy estable).

Actualmente, los métodos de análisis son muy sofisticados, capaces de detectar hasta una parte por millón. Cuando una noticia de estas salta a la prensa, crece el pánico entre los vendedores y distribuidores de carne y todos van como locos a analizar sus productos por si les han vendido caballo por vaca, y solo con que en la partida anterior se hubiera despiezado un caballo para utilizarlo de comida o de pienso para animales puede dar positivo en este análisis, aunque la cantidad sea irrisoria. Realmente en esta crisis se encontraron dos mayoristas con partidas que contenían un 80 por ciento de carne de caballo, que fueron distribuidos por determinadas marcas en forma de salsa boloñesa o lasaña congelada. Poco más. Nada grave, pero nos asustamos. Según los datos de

3. http://www.gominolasdepetroleo.com/2013/02/caballo-por-vaca-cronologia-de-un.html

una empresa encargada de hacer análisis de ADN, hasta el año 2013 ningún cliente les había solicitado analizar la presencia de carne de caballo; luego se desató la locura. Si analizamos el número de análisis que les solicitaron, la distribución es lo que los matemáticos llaman una campana de Gauss: en enero, diecisiete; en febrero, ochenta y tres; en marzo, cuatrocientas cincuenta y seis; en abril, doscientas treinta y nueve; en mayo, veintidós, y en junio, ninguna, es decir, que para el verano ya no nos preocupaba la carne de caballo. El número total de positivos fue de veinticuatro en algo más de ochocientos análisis. La posibilidad de haber comido carne de caballo ha sido más bien escasa. En general, esta crisis nos ha mostrado cómo se deben hacer las cosas, a diferencia de la ya mencionada crisis del pepino, que fue una chapuza completa de las autoridades alemanas. Por cierto, en las muestras antiguas congeladas que se utilizaron como control apareció carne de caballo. La prohibición de los caballos en Rumanía data de 2008, por lo que es más que probable que durante este tiempo hayamos comido carne de caballo sin que nos haya importado demasiado.

El problema de que la percepción del peligro no siempre se ajuste a la realidad es que cuando estamos ante una alerta alimentaria real no lo sabemos. El caso más dramático fue el del síndrome tóxico, o del aceite de colza. En 1981 se vendía en los mercadillos y de forma ambulante aceite de baja calidad, teñido con colorante y vendido como aceite de oliva. El aceite de colza es uno de los más utilizados en todo el mundo para alimentación por tener unas interesantes cualidades nutricionales y culinarias, al margen de ser bastante barato. En los tiempos previos al Mercado Común tenía limitada su importación a España por temas de protección del aceite de oliva. Los productores tenían miedo de que al ser más barato les reventara el mercado. No obstante, podía importarse desnaturalizado con productos químicos como anilinas, para uso industrial.

El término «desnaturalizado» tiene diferentes significados en función del contexto. Un aceite desnaturalizado hace referencia a que se le ha añadido algún aditivo químico que le dé un sabor desagradable e impida su uso alimentario. El alcohol que compramos en la farmacia también está desnaturalizado para que no pueda utilizarse en la industria de las bebidas y licores.

El problema fue que ese aceite, barato, llevaba años desviándose al mercado ambulante, donde los controles eran prácticamente inexistentes. Y cuando cambiaron el desnaturalizante por uno que era tremendamente tóxico, el aceite siguió desviándose para consumo. Por eso fue tan difícil trazar el origen del problema, ya que fueron diferentes partidas, con diferentes desnaturalizantes y que se distribuyeron de forma ambulante, a lo que hay que añadir que no todo el mundo que consumió el aceite desarrolló el síndrome tóxico, posiblemente por factores genéticos. También había un precedente similar: en los años cincuenta, en Marruecos, se desvió aceite de uso industrial para consumo humano y la sintomatología fue muy similar a la del síndrome tóxico,[4] lo que ayudó a los investigadores a centrar el problema. Las autoridades estuvieron dando palos de ciego o, directamente, haciendo el ridículo, como el ministro de Trabajo, Sanidad y Seguridad Social de la época, Jesús Sancho Rof, que dijo que el síndrome lo causaba un bichito que, si se caía de la mesa, se moría. Lo malo es que en estas circunstancias de confusión, cuando las autoridades, que son las que tienen que promover la calma y atajar el problema, parecen más asustadas y confusas que la población, las circunstancias se convierten en el vivero de toda una serie de rumores y falsas teorías, a cuál más disparatada.

4. Ibañes, L. G., «30 años con el síndrome del Aceite Tóxico», *Diario Médico*, 28/3/2011.

En aquellos días posteriores al golpe de Estado del 23-F, y en una dubitativa democracia española, se llegó a oír de todo: desde que era una conspiración de la extrema derecha o de la extrema izquierda para desestabilizar al Gobierno a que era culpa de los extraterrestres. También circuló una teoría según la cual todo era culpa de un pesticida de Bayer, el Nemacur, que treinta años después sigue vendiéndose y utilizándose sin que haya noticias de que provoque epidemias. Incluso uno de los Iker Jiménez de la época, Andreas Faber-Kaiser, escribió un libro sobre el tema, *Pacto de silencio*, presentando una estrambótica teoría. Su prematura muerte, poco tiempo después de la publicación, fue utilizada como argumento por los conspiranoicos, aunque realmente se debió a la epidemia, real, que azotó al mundo en los ochenta: el sida.

Como pasa con todas las teorías de la conspiración, cuando hay que presentar las pruebas ante el juez, los datos y nombres concretos, toda la teoría se diluye como un azucarillo en agua y se queda en lo que realmente es: nada. Y solo quedan los veinte mil afectados y las trescientas treinta personas fallecidas en su momento, que en 2011 ya eran 4.537 (aunque aquí hay que contar que muchas no han fallecido directamente por el síndrome sino por edad).

Por suerte, de los errores se aprende, y de catástrofes como la del aceite de colza y la de las vacas locas también. Y por eso las leyes son cada vez más estrictas, las inspecciones más rigurosas y los alimentos más seguros. Aunque asustar sigue siendo demasiado fácil.

Los peligros imaginarios y los reales

Dos de las preocupaciones más frecuentes del consumidor medio europeo son que en su comida haya restos de pesticidas o de transgénicos. De hecho, hacemos grandes esfuerzos para tranquilizar al consumidor. Gastamos millones de euros al año en análisis para que esto no suceda. No queremos transgénicos ni pesticidas en la comida. Los comerciantes lo saben. Por eso encontramos productos con llamativas etiquetas en las que nos dicen «Libres de organismos genéticamente modificados» o nos anuncian que ciertos productos, principalmente ecológicos, son mejores porque no contienen restos de pesticidas o antibióticos. Ante cualquier afirmación de este tipo, sobre todo hecha por alguien que te quiere vender algo, conviene no bajar la guardia y ver cuál es la verdadera magnitud del problema; y si los beneficios son tan buenos como anuncian..., o son reales.

Cuando cultivas un campo o crías animales estás rompiendo el equilibrio ecológico existente en la zona. Una preponderancia de un tipo de plantas o de animales puede ser muy atractiva para otros organismos como las bacterias, los hongos o los insectos, pero también para los nematodos o los roedores, que se encuentran con un bufet libre de comida cultivada y cuidada. Por lo tanto, para sacar adelante la cosecha hay que añadir algo al cultivo. Llamamos insumos a todo lo que echamos al cultivo, y aquí dentro estarían incluidos los pesticidas, que son los compuestos específicos para controlar plagas. Durante muchos años no ha habido demasiado control en este aspecto y se hacían verdaderas barbaridades. Si uno coge un libro de agroquímica de los años cincuenta o sesenta, se ve como lo más normal la utilización de derivados del arsénico o del mercurio, o productos como el malatión. Por suerte, desde hace bastante tiempo se consideran los aspectos de salud y medioambientales, y la normativa que regula la autorización, el uso y las cantidades mínimas de pesticidas que pueden aparecer es muy, muy estricta. Uno de los problemas de esta preocupación en el europeo medio por los residuos de pesticidas en su comida es que los políticos regulan, no pensando en los agricultores, sino en los ciudadanos. Cada año se prohíbe algún insecticida y pesticida, no ya por el hecho de que cause algún problema, sino simplemente por la sospecha de que pueda causarlo. Este año hemos visto cómo se ha prohibido un grupo de insecticidas por su presunto daño sobre las poblaciones de abejas, a pesar de la opinión en contra de muchos científicos. El problema de las abejas es multifactorial y la causa del declive son las infecciones de hongos, el cambio climático, las especies invasoras y los suplementos nutricionales que utilizan los apicultores, que se han revelado perjudiciales. El conflicto de legislar ante la posibilidad, y no ante la certeza, es que a veces es peor el remedio que la enfermedad, y hemos privado a los agricultores de la única herramienta efectiva contra plagas como la diabrótica, un coleóptero que ataca el maíz y que produce cuantiosos daños a las cosechas. Otro problema de este exceso de celo, tan propio de los políticos europeos, es que prohibimos a nuestros agricultores utilizarlos, pero en cambio importamos fruta y verdura de terceros países donde siguen utilizando impunemente pesticidas que aquí están prohibidos. Mientras no salgan en el análisis final, aquí paz y después gloria. Pero vayamos al meollo: ¿tenemos que preocuparnos por los residuos de pesticidas en nuestra comida?

Ante la creciente preocupación de los europeos por este tema, la EFSA publicó en 2013 los resultados de un estudio a gran escala en el que buscaban restos y residuos de pesticidas en la comida que llega a la mesa de los europeos. El resultado fue claro. La comida es segura y no hay motivo de preocupación. «*EFSA concluded that the long-term exposure of consumers did not raise health concerns*», fue la conclusion literal. Es decir, que no hay ningún problema de salud por una exposición a largo plazo a estas sustancias.[5] Los resultados indican que están muy por debajo del límite de peligrosidad. Por lo tanto, tratar de vender un producto alegando que los productos convencionales nos están envenenando es apelar al marketing del miedo. No serán tan malos esos productos cuando, pese a que el 90 por ciento de la población europea consume productos convencionales y solo el 10 por ciento ecológicos (que están por debajo en uso de pesticidas, pero

5. EFSA Journal; 11(3): 3130 [pp. 808], 2013.

también aparecen en las alarmas), la esperanza de vida sigue subiendo.

No obstante, a pesar de lo evidente de los datos y de los informes de la EFSA, de vez en cuando aparece un estudio científico hablando del riesgo de algún pesticida muy frecuente y tenemos titulares llamativos y apocalípticos sobre sus peligros y la solicitud de prohibición inmediata. Uno de los que acapara los titulares es un herbicida llamado glifosato. Los herbicidas utilizados anteriormente, como el paraquat, eran tóxicos para todo lo que pillaran por el camino. En su momento, la ventaja del glifosato fue que inhibía específicamente una enzima que solo está presente en las plantas y no en los animales, por lo que no influye en el metabolismo animal. Otra ventaja es que es muy inestable en el medio ambiente, lo que significa que se degrada en un período de quince a treinta días a partir de su uso, lo que evita que se acumule en acuíferos. El glifosato fue desarrollado por la empresa Monsanto, de la que hablaremos más adelante, y en su momento se vendía bajo la marca comercial de Round-up, pero en el año 2000 la patente caducó, con lo que el precio bajó espectacularmente, y contribuyó aún más si cabe a su popularización. Se juntaban especificidad, baja toxicidad y precio barato.

Sin embargo, ahora, cuando hace treinta años que se usa, parece que se ha convertido en el gran malo de la película. Los estudios sobre sus presuntos peligros, ampliamente difundidos por la prensa, rozan lo patético. En 2011 se publicó un estudio que demostraba que inyectado en la placenta de pollos y ranas producía malformaciones.[6] Obviamente, las embarazadas no se inyectan glifosato en la placenta, ni está pensado para este uso. También es malo inyectarse agua en la placenta y no lo publicamos. No cayeron en la cuenta de

6. Paganelli, A., Gnazzo, V., Acosta, H., López, S. L., Carrasco, A. E., «Glyphosate-based herbicides produce teratogenic effects on vertebrates by impairing retinoic acid signaling», Chem Res Toxicol, 23 (2010), pp. 1.586-1.595.

que otra de las ventajas del glifosato es que su toxicidad es bastante menor que la de la cafeína o la aspirina. Además, el artículo contenía importantes errores metodológicos, lo que hizo que la revista publicara tres correcciones (una de ellas, por cierto, firmada por un servidor de ustedes).[7]

De la misma forma, en 2012 se publicó otro artículo con unas impactantes fotos de ratones con tumores del tamaño de una pelota de pinpón que decía que la culpa era de consumir maíz transgénico con residuos de glifosato. La clave aquí es que ese maíz lleva más de quince años en el mercado y el herbicida más de treinta sin que se hayan detectado estos problemas. Los errores del artículo eran de estudiante de primaria, por lo que salieron numerosas refutaciones, pero, como pasa en estos casos, la prensa se interesa por el artículo, y no por los errores y refutaciones posteriores.

A veces ni siquiera hace falta que el estudio sea falso. Con un titular suficientemente ambiguo se crea la alarma. En 2012, un estudió indicaba que un pesticida llamado rotenona podía producir Parkinson.[8] Los titulares fueron del estilo: «Los pesticidas producen Parkinson», pero obviaban dos hechos. Primero: la rotenona está prohibida desde 2007 por su toxicidad. Y segundo, la rotenona realmente es un producto natural que se encuentra en las raíces de ciertas plantas. De hecho, los indígenas del Amazonas la utilizan para pescar (sufriendo intoxicaciones por ello), y se utilizaba en agricultura ecológica. Un titular más correcto hubiera sido: «Una sustancia natural prohibida en agricultura produce Parkinson en modelos animales, sin que se haya demostrado en humanos», pero, claro, resulta muy poco impactante. Ya puestos a preocuparnos por la comida convendría tener en cuenta un

7. Mulet, J. M., Carta al editor publicada a propósito del artículo de Paganelli y otros, Chem Res Toxicol, 24 (2011), pp. 609.

8. Pan-Montojo, F., *et al.*, «Environmental toxins trigger PD-like progression via increased alpha-synuclein release from enteric neurons in mice», Sci Rep. 2 (2012), pp. 898.

pequeño detalle: en cualquier alimento, por muy ecológico o natural que sea, existen cientos de moléculas diferentes, la mayoría de las cuales no sabemos ni que están ahí ni en qué concentración. Tampoco conocemos su toxicidad ni sus efectos cancerígenos. Cuando uno sale al campo y recoge una planta se está exponiendo a miles de compuestos químicos, algunos desconocidos, igual que cuando prueba una comida nueva. La mayoría de alergias e intoxicaciones son por compuestos naturales. También hay que tener en cuenta que las plantas se defienden de los ataques de las plagas produciendo compuestos químicos, muchos de ellos extremadamente tóxicos. Como dice un artículo clásico de Bruce Ames, uno de los padres de la toxicología moderna, el 99,99 por ciento de los pesticidas a los que estamos expuestos los producen las plantas de manera natural.[9] ¿Tú comerías quitaesmalte de uñas, limpiador de gafas o líquido para embalsamar cadáveres? Pues lo estás haciendo. La acetona, el isopropanol y el formaldehído se producen de forma natural en una planta y están presentes en la mayoría de las frutas.

Otro de los miedos alimentarios del europeo medio, aunque cada vez menos, es a los transgénicos. Un transgénico es un organismo en cuyo genoma se ha insertado un trozo de ADN de otro organismo. Actualmente se utilizan para la síntesis de fármacos, de productos industriales como limpiadores y colorantes, y, por supuesto, en agricultura. Pero en Europa, a diferencia del resto del mundo, no queremos transgénicos, a pesar de que nuestros billetes de euro están hechos con algodón transgénico. En Europa solo se permite sembrar un tipo de maíz transgénico y hay autorizados para importación maíz, soja, colza y algodón. Si un alimento contiene maíz o soja transgénica tiene que ir convenientemente etiquetado. Como los fabricantes saben que hay un rechazo, infundado, por parte del consumidor, se utilizan princi-

9. Ames, B. N., Profet, M., Gold, L. S., «Dietary pesticides (99,99 % all natural)», Proc Natl Acad Sci U S A, 87 (1990), pp. 7.777-7.781.

palmente para alimentación animal. El pequeño detalle es que en diecisiete años no ha habido ni un solo problema de intoxicación en ninguna parte del mundo por culpa de los transgénicos. No obstante, gastamos millones de euros cada año haciendo análisis para protegernos de un peligro que no sabemos cuál es.

De vez en cuando se producen repuntes de pánico. Por ejemplo, hace unos años saltó la alarma de que la miel de abejas tenía restos de productos transgénicos y que debería etiquetarse como transgénica, ya que la ley marca que si tiene más de un 0,9 por ciento se considera que es un alimento transgénico. Este hecho fue convenientemente exagerado por diferentes organizaciones ecologistas como forma de presión contra el cultivo de transgénicos. Por supuesto, hubo un frenesí de análisis... que volvió a durar dos o tres meses. Muchos productores perdieron la acreditación ecológica, pero pasa el día, pasa la romería. Las empresas de análisis llevan meses sin analizar mieles buscando restos de transgénicos... ¿Antes era un problema y ahora no? No. Antes estaba en la prensa y las organizaciones ecologistas presionaban y ahora no. La miel sigue siendo igual de buena, y que aparezcan restos de polen transgénico o no sigue siendo igual de irrelevante.

La fobia a los transgénicos tuvo su momento de gloria cuando Evo Morales dijo que la gente se estaba haciendo homosexual y quedándose calva por culpa de los transgénicos y las hormonas de los pollos. Puedo aportar mi modesta experiencia: he comido muchos transgénicos en mis charlas. A mis cuarenta años sigo teniendo una respetable mata de pelo, sigo siendo profundamente heterosexual, y no he notado ningún cambio en estos dos parámetros desde que empecé a consumir transgénicos.

Por suerte, esto del miedo a los transgénicos parece que ya va de retirada. En mayo de 2013 presentaron un libro de una exministra y eurodiputada francesa en la que de forma apocalíptica se denunciaban los peligros de los transgénicos. A la rueda de prensa acudió una periodista. La marca de helados Kalise, esos que publicita Iniesta, se anuncia con un discreto «No contiene transgénicos». En la publicidad de este año aparece en un sitio más disimulado que en la del año anterior, y es la única marca que ha optado por esa solución. Aunque la tontería es libre, y existen etiquetas de papel de fumar y sal «libre de transgénicos», lo cual es tan estúpido como etiquetar agua mineral como «0,0 alcohol». Yo por mi parte aplico mi propio principio de precaución cuando veo estas etiquetas de «libre de transgénicos» o «libre de productos OGM». Los ilusionistas saben que para hacerte el truco tienen que centrar tu atención en una mano y hacer la pirula con la otra.

A todo esto, ya he dicho que en general los europeos nos preocupamos por los restos de pesticidas y los transgénicos, aunque también hay quien le saca partido a esa preocupación, sobre todo entre los comerciantes. Existe un sistema de alerta rápida de la EFSA que realiza balances anuales y nos comunica todos los problemas de retiradas de alimentos y partidas de alimentos importadas que han sido devueltas por no cumplir con la legislación europea. Es una forma objetiva de decirnos qué problemas son los más frecuentes y por qué tenemos que preocuparnos. En este sistema, los problemas por residuos de pesticidas y por transgénicos son marginales. El principal problema de la alimentación europea son las micotoxinas, y a bastante distancia, la contaminación por metales pesados y la salmonela.[10] Por lo tanto, ¿qué tipo de alimentos son los problemáticos? Los cereales y sobre todo los frutos secos pueden contaminarse por hongos, algunos

10. http://ec.europa.eu/food/food/rapidalert/docs/rasff_annual_report_2012_en.pdf

de los cuales producen estas sustancias, que son tremendamente tóxicas. Curiosamente, antes existía un nivel mínimo permitido, que se tuvo que subir porque había un tipo de producción que sistemáticamente lo incumplía, lo que motivó que una legislación que cada vez es más estricta como la alimentaria se relajara en un punto concreto, que es el que más problemas crea. Los niveles de tolerancia se distendieron para que la producción ecológica se ajustara a la ley, ya que los niveles de micotoxinas superaban de forma habitual el umbral permitido. No es que nos preocupemos por lo que no tenemos motivo, es que encima abrimos la mano en lo que sí es un problema. Aunque las micotoxinas son muy naturales y ecológicas. Intoxican, pero de buen rollo. Dicho esto, sigo insistiendo en que en toda Europa en el año 2012 solo ha habido doscientas cincuenta y una notificaciones por micotoxinas en productos importados, un nivel muy bajo que no tiene que desviar el principal mensaje: en Europa la comida es segura.

Disruptores endocrinos, parabenes y quimiofobia en general

Hay muchas formas de asustarse. Podemos asustarnos por lo que se utiliza en la elaboración de alimentos, aunque ya hemos visto que no hay motivos objetivos. También podemos pensar que cada vez hay más contaminación, porque es cierto que hay una contaminación asociada a la actividad industrial y a la actividad humana. Es muy fácil caer en la generalización inadecuada de que la comida o el agua están cada vez más contaminadas. De vez en cuando tenemos titulares de prensa tan llamativos como que «El agua del grifo contiene cocaína» o «Encontrados restos de fármacos en tal río». Esta información no dice nada destacable. En toxicología lo relevante no es qué compuesto se encuentra, sino cuánto hay, porque todo está en la dosis. También se obvia otro detalle. Los métodos de análisis cada vez son más sensibles, y niveles de una sustancia que hasta hace poco tiempo diríamos inexistentes, porque estaban por debajo del umbral de detección, ahora podemos detectarlos. En estos casos, el resultado es que están, pero en cantidades ridículas. Por ejemplo, el titular de la cocaína en el agua del grifo es real,[11] en verdad se detecta, pero, haciendo cálculos, para una rayita de coca necesitarías beberte todo el embalse de Contreras. Por supuesto, a esas concentraciones los efectos en la salud y el medio ambiente son nulos. Y respecto al tema de la contaminación de los ríos y aguas, ahora las industrias y pueblos que antes vertían en los cauces están obligados a depurar las aguas, lo que ha redundado en la cada vez mejor salud de nuestros ríos. Por algún motivo, las buenas noticias siempre están escondidas en los «breves» del periódico; noticias como que en julio de 2013 se vieron nutrias en el Turia a solo treinta kilómetros de Valencia, algo inédito en los últimos cincuenta años, no mereció ni media página en un diario local.

A pesar de esto hay gente, algunos científicos incluidos, que siguen manteniendo que la contaminación derivada de la actividad industrial incide de forma negativa en nuestra salud debido a compuestos que incorporamos a través de nuestra alimentación. Pensemos un poco. Asumamos que nos estamos contaminando debido a la actividad industrial o a compuestos nuevos. Si esto fuera cierto, esperaríamos por ejemplo una incidencia en la esperanza de vida, incidencia que no se da. Sigue subiendo. Podemos pensar que esto no influye en la esperanza de vida porque la medicina también mejora, es decir, que hay una especie de carrera armamentística. La comida cada vez está más contaminada, pero la medicina cada vez es mejor. Veamos los datos. Según un informe del Instituto de Información Sanitaria, dependiente del Ministerio de Sanidad, la mitad de las defunciones en España se deben a cáncer, enfermedad isquémica del corazón, enfermedad cere-

11. http://www.diariovasco.com/20091029/al-dia-sociedad/cocaina-hasta-agua-grifo-20091029.html

brovascular y *diabetes mellitus*.[12] De esta lista, la enfermedad que puede achacarse a la contaminación es el cáncer, o, siendo muy generosos, la diabetes, con todas las objeciones habidas y por haber, puesto que ambas enfermedades tienen carácter genético y además influye mucho el estilo de vida del enfermo: si es fumador, si hace ejercicio, si es obeso... Los datos indican que desde los años noventa ha habido un descenso de mortalidad por cáncer[13] y que la de la diabetes (diez veces menor que la del cáncer) está estabilizada. En el caso del cáncer influyen dos factores fundamentales: la mejora en los tratamientos y también la mejora en el diagnóstico precoz. Y hay que tener en cuenta que si la edad de la población aumenta, aumentan a su vez las posibilidades de muchas personas de sufrir cáncer. Esto es como la lotería. Es difícil que te toque, pero es más fácil que te toque si juegas todas las semanas que si juegas una vez al año. Simple cálculo de probabilidades. Por lo tanto, no tenemos ningún dato epidemiológico que nos demuestre una correlación a nivel general entre contaminantes que puedan aparecer en la comida y alguna enfermedad.

Bueno, quizá sí. Algunos estudios apuntan a que en los últimos años hay un aumento de trastornos relacionados con el sistema reproductor masculino y un descenso de la calidad del esperma, al menos en determinadas zonas.[14] El problema es que se ha buscado un culpable y se ha encontrado demasiado rápido. Uno de los que más *glamour* y predicamento

12. «Mortalidad por cáncer, por enfermedad isquémica del corazón, por enfermedades cerebrovasculares y por *diabetes mellitus* en España», Instituto de Información Sanitaria, Agencia de Calidad del Sistema Nacional de Salud, Ministerio de Sanidad y Consumo, 2006.

13. Cabanes, A., Vidal, E., Aragonés, N., Pérez-Gómez, B., Pollán, M., Lope, V., López-Abente, G., «Cancer mortality trends in Spain: 1980-2007», *Annals of Oncology*, 21 (Supplement 3) (2010): iii14 ii20.

14. Nordkap, L., Joensen, U. N., Blomberg Jensen, M., Jørgensen, N., «Regional differences and temporal trends in male reproductive health disorders: semen quality may be a sensitive marker of environmental exposures», Mol Cell Endocrinol, 355 (2012), pp. 221-230.

tiene es el bisfenol A (BPA), que puede aparecer en la comida por estar en contacto con algunos plásticos, principalmente el policarbonato. A este tipo de compuestos se los llama popularmente disruptores endocrinos porque interfieren con el sistema endocrino, principalmente con las hormonas sexuales femeninas, a las que se parecen desde un punto de vista químico. Experimentos *in vitro* demuestran que el bisfenol A puede interferir en la señalización hormonal y producir problemas en el desarrollo sexual o incluso diabetes. Pero, claro, estamos poniendo directamente el producto en contacto con las células o inyectándoselo a ratones, que viene a ser como lo de inyectar glifosato en la placenta de pollos, al margen de que con este compuesto tenemos el problema de que su metabolismo en ratones es diferente que en humanos, lo que complica la extrapolacón de los resultados. Otro de los problemas que apuntan es que su efecto no sería a altas dosis, sino que, por activar el sistema hormonal, sería más peligroso a dosis bajas que altas, un concepto conocido como hormesis.

¿Realmente estamos expuestos a este compuesto? ¿Está produciendo algún efecto nocivo en nuestra salud? ¿Hay que asustarse? ¿Es el culpable de los problemas observados? Para empezar, sería incorrecto llamarlo disruptor endocrino; en todo caso, interruptor, que es la acepción aprobada por la Real Academia de la Lengua. Luego hay que tener en cuenta que los niveles medidos en la comida son mínimos, por no decir irrelevantes. En 2002 ya se publicaron las conclusiones de un estudio sobre estos interruptores endocrinos que venía a decir que existe evidencia de que ciertos contaminantes ambientales pueden interferir en el desarrollo hormonal y que puede haber sucedido en alguna especie animal como consecuencia de la contaminación, pero no tenemos ninguna evidencia que indique que ha habido efectos sobre la salud humana,[15] entre otras cosas porque son unos compuestos que

15. WHO/IPCS Global Assessment of the State-of-the-Science on Endocrine Disrupters in 2002 (WHO 2002).

eliminamos rápidamente por la orina. En el año 2013 se publicó un estudio firmado por algunos expertos de la IOMC que apuntaba hacia esa posibilidad.[16] Algunos lo vieron como la confirmación definitiva de que era un problema para la salud, prueba inequívoca de que no se habían leído el estudio, puesto que no llegaba a ninguna conclusión. En el citado texto se leían perlas como:

— Que no encontraba asociación entre interruptores endocrinos ambientales y el criptorquidismo (una enfermedad que puede estar provocada por estas moléculas).
— Que los estrógenos pueden producir cáncer, pero no tienen evidencias de que la exposición ambiental a compuestos estrogénicos cause algún problema.
— Que en la última generación ha habido una caída drástica en la tasa de fertilidad y un aumento del uso de la reproducción asistida.

En este último punto, el estudio parece ignorar factores como que la mujer se ha incorporado al mundo del trabajo y que a la gente joven le cuesta más tiempo que a la generación anterior encontrar estabilidad económica, por lo que muchas parejas han decidido retrasar la decisión de tener hijos, en algunos casos hasta el borde de la edad fértil. Hace una generación, ¿existían servicios de reproducción asistida? Digo yo que pocos y a precios exorbitantes. Por lo tanto, hay muchos factores que justifican este dato, independientemente de una presunta contaminación de los alimentos.

Al final del estudio se dejan abiertas una serie de preguntas, lo que deja claro que no se sabe ni cuántos interruptores endocrinos hay, ni de dónde vienen, ni cuál es la exposición humana y de la vida salvaje, ni cuáles son sus efectos, sus

16. Bergman, Å, Heindel, J. J., Jobling, S., Kidd, K. A., Zoeller, R. T., «State of the Science of Endocrine Disrupting Chemicals 2012», Interorganization programme for the sound management of chemicals, 2013.

mecanismos de acción o cómo pueden mejorarse los estudios. Es decir, según sus palabras, quedan bastantes preguntas que deben contestarse. Por lo tanto, no hay ningún dato fidedigno que corrobore que estamos en riesgo por estar expuestos a estos compuestos.

El problema de este tipo de informes es que realmente no dicen nada y generan un miedo, impreciso y vago, y, sobre todo, mucho ruido. Ese ruido es malo porque cuando surja una alerta de verdad o un riesgo concreto, quizá no le hagamos todo el caso que deberíamos hacerle. Cuando uno lee los avisos y los informes sobre interruptores endocrinos siempre hablan de plásticos y de envases, y se les olvida un pequeño detalle: hay moléculas que actúan sobre las hormonas reproductivas, que son naturales y a las que estamos expuestos con frecuencia. Por ejemplo, los aromas naturales de lavanda que se utilizan en jabones y perfumes se han relacionado con ginecomastia en adolescentes. Los brotes de alfalfa son capaces de favorecer el crecimiento de células de cáncer de mama de forma más eficiente que el estradiol. Cuando bebes un vaso de leche estás expuesto a más estrógenos que todo el BPA al que puedas haber estado expuesto en varios años, y por encima de todos la soja, que está cargada de isoflavonas. Estas moléculas mimetizan el efecto de los estrógenos (hormonas femeninas), por lo que diferentes estudios han alertado que podrían alterar la capacidad reproductora masculina y que su uso debería limitarse en la alimentación infantil.[17] Cuando te comes una ensalada de brotes de soja estás expuesto a compuestos que pueden alterar tu sistema endocrino. Sorprendentemente nadie se preocupa por que le crezcan las tetas por comerse una ensalada de brotes de soja, cuando ciertamente aquí sí que hay unos niveles reales, y no los niveles ambientales o por los envases de plástico, que son mínimos.

17. Cederroth, C. R., Auger, J., Zimmermann, C., Eustache, F., Nef, S., «Soy, phyto-oestrogens and male reproductive function: a review», *International Journal of Andrology*, 33 (2010), pp. 304-316.

Esto no ha impedido que los plásticos que pueden desprender bisfenol A hayan sido prohibidos en Francia como compuesto de biberones y tetinas. Entretanto, la soja se sigue vendiendo alegremente. Aquí se crea un interesante círculo vicioso. No tenemos evidencia de que un compuesto esté creando problemas. Determinadas organizaciones, por ignorancia o por intereses (por ejemplo, una generosa subvención del fabricante de un producto alternativo), empiezan a hacer campaña en contra de un compuesto, hasta que consiguen que en algún país se ponga algún tipo de limitación apelando a un abstracto «principio de precaución». Esta prohibición se utiliza como argumento de la peligrosidad de ese compuesto para hacer campañas por la prohibición en otros países con argumentos del tipo: «¿Ves? En Francia se ha prohibido porque es malo, tenemos que prohibirlo en España». El pequeño detalle es que en ningún momento existe la evidencia científica que nos diga qué peligros tiene y en qué concentración es peligrosa. No legislamos en función de la ciencia, sino de las presiones de diferentes grupos. Es decir, no hacemos leyes por que tengamos una necesidad objetiva, sino por una campaña de marketing eficiente. Yo, por mi parte, cuando oigo a alguien decir que tenemos que prohibir algo porque tal país lo ha prohibido me pregunto si deberíamos prohibir que las mujeres conduzcan, como pasa en Arabia Saudí, o condenar a los homosexuales, como sucede en Irán o en Rusia.

Hay otro problema más serio. Analizando todos los datos es cierto que hay un aumento en los problemas relacionados con la fertilidad masculina, junto con otros problemas como criptorquidismo y un incremento de la incidencia de tumores testiculares. No hay evidencia sólida de que el bisfenol A sea el responsable directo, pero seguimos culpabilizándolo. Quizás haya otro culpable del problema que sigue suelto y no tengamos ni idea de quién es. Estamos haciendo un montón de leyes inútiles que no frenarán el problema y subvencionando investigaciones que seguirán llevando a datos no concluyentes o diciendo lo que ya sabemos, que la exposición ambiental a bisfenol A es irrelevante. Los falsos culpables tranquilizan la conciencia, pero el verdadero sigue en la calle. Solo en este contexto se entiende que en julio de 2013 un grupo de científicos expertos en toxicología le enviaran una carta a Anne Glover, la principal consejera científica de la Unión Europea, alertando de que la regulación europea sobre productos químicos con actividad endocrina no está basada en evidencias científicas, y los riesgos que puede conllevar.[18]

Otro compuesto que cotiza al alza en el mercado de la quimiofobia son los parabenes, que se utilizan como conservantes en la industria de los cosméticos. Cualquier dermatólogo te dirá que es cierto que determinadas personas pueden presentar dermatitis o alergia por estos compuestos, pero no son ni mucho menos los peores ni los que más problemas causan. Da igual, esto es cuestión de manías. En cualquier súper encontrarás champús con la llamativa etiqueta de 0 por cien parabenes, pero en los que pueden aparecer compuestos que provoquen otros problemas.

De todas formas hay que distinguir el grano de la paja. Es cierto que determinados compuestos pueden entrar en la cadena alimentaria y crear algún conflicto. Por ejemplo, en ciertos tipos de peces, sobre todo los grandes y que se pescan a mayor edad, pueden aparecer niveles significativos de mercurio, ya que lo acumulan en el tejido adiposo. En 2013 se publicó un estudio de la Universidad de Granada en el que se analizaban 485 muestras de las 43 especies marinas más consumidas en Andalucía; demostró que los niveles más altos de mercurio se daban en el emperador, el atún, el cazón (también llamado pintarroja) y en la tintorera, pero esos niveles estaban por debajo del nivel máximo admitido, que está más de cien veces por debajo del nivel que representa un peligro

18. http://www.openmarket.org/2013/07/11/scientists-warn-of-dangers-of-precautionary-science/

para la salud.[19] La conclusión es que el pescado es seguro, pero comer todos los días estas especies puede que no sea una buena elección por la mala costumbre del mercurio de ir acumulándose en el tejido graso. En general, el precio que tienen ya ayuda a no hacer esta elección.

Por lo tanto, a veces asustarse es cuestión del *glamour* o del nombre de ciertos compuestos, más que de la evidencia científica. Compuestos más o menos problemáticos no nos preocupan, y tenemos leyes que prohíben compuestos que no han creado ningún problema. Es la puñetera manía que tienen los políticos de legislar de cara a la galería, y no a partir de lo que dice la ciencia.

Leyendas urbanas alimentarias

A veces ni siquiera hace falta la prensa, los medios de comunicación o incluso algún científico que diga cosas raras. Simplemente el boca a boca o los foros de internet son suficientes para demonizar o para difundir información raruna sobre algún alimento. La página web *Snopes*, que se dedica a recopilar leyendas urbanas, tiene una sección especial dedicada a alimentación. Recoge mitos como que en alguna cadena de hamburgueserías han encontrado un hueso de rata y han tenido que pagar indemnizaciones millonarias, que otra cadena de comida rápida tiene pollos de seis patas y no puede llamar pollo a su comida porque es sintética o que hay una combinación de dos elementos frecuentes que es tóxica de necesidad.

Entre las leyendas urbanas destacan las relacionadas con la leche, posiblemente por ser uno de los alimentos más populares y por estar con nosotros desde que nacemos. La prin-

19. Olmedo, P., Pla, A., Hernández, A. F., Barbier, F., Ayouni, L., Gil, F., «Determination of toxic elements (mercury, cadmium, lead, tin and arsenic) in fish and shellfish samples. Risk assessment for the consumers», Environ Int. 59C (2013), pp. 63-72.

cipal leyenda urbana serían los presuntos dietistas o pseudointelectuales que dicen que beber leche es el origen de todos los males y produce no sé cuántas enfermedades. Los argumentos que utilizan a veces son tan contundentes como que «ningún animal bebe leche en su etapa adulta» o que «hay gente que no puede beberla». Tampoco ningún animal es capaz de cocinar un bacalao al pilpil y eso no es argumento para decir que el bacalao es malo. Cuando oigo tonterías sobre el consumo de leche, me dan ganas de amorrarme a la ubre de una vaca y empezar a succionar, y eso que yo particularmente no soy muy de beber leche.

La leche es un alimento fundamental en el desarrollo infantil de todos los mamíferos. El hombre, a diferencia de los animales, puede consumirla durante toda su vida debido a que conserva la capacidad de digerir la lactosa (el azúcar presente en la leche), y además ha desarrollado la ganadería con el fin de obtener este alimento. En la naturaleza los recursos son muy limitados, y que una hembra produzca leche requiere una fuerte inversión energética que no puede desaprovecharse alegremente. Las hembras de muchos mamíferos se apartan de la manada en los períodos de lactancia y así evitan que los machos devoren a las crías. También hay que considerar que muchas especies animales en la edad adulta desarrollan una dentadura o una mandíbula que impide la succión. Ponle un plato de leche a cualquier animal adulto y verás qué feliz se pone y con qué alegría se la bebe. Es decir, si en la naturaleza no beben leche es porque no pueden.

Por cierto, las personas que dicen que beber leche no es natural nunca van desnudas por la calle ni viven en cuevas, demostrando una absoluta falta de coherencia. Es cierto que hay algunas personas, incluso algunas poblaciones, principalmente las asiáticas, que presentan intolerancia a la lactosa por haber perdido la capacidad de digerir este disacárido. Pues este tipo de personas no pueden consumir leche y ya está, pero ello no implica que la leche sea mala. ¿El marisco, los cacahuetes, las gramíneas o los melocotones son malos?

Porque hay gente que tiene alergias a esos alimentos que pueden ser fulminantes y no por eso decimos que el alimento sea malo: es tu metabolismo o tu sistema inmune el que falla. Por lo tanto no hay ningún problema en consumir leche durante la edad adulta, si te gusta (que no es mi caso; no tomo más que la del cortado de la mañana).

Otras leyendas urbanas lácteas hablan de que la leche que no se vende se vuelve a esterilizar y sale al mercado otra vez, y que hay que mirar el número que tienen los tetrabriks debajo de la solapa (que va del uno al cinco) porque indica las veces que la leche ha sido esterilizada. Mentira. A veces me pregunto si la gente que difunde estas historias no se ha parado a pensar un poco. Suponiendo que se pudiera reutilizar la leche (algo que explícitamente prohíbe la normativa europea para cualquier alimento), es más barato tirar la leche pasada que hacer una cadena de retorno, apertura de tetrabriks y vuelta a empezar. El número hace referencia a la bobina de cartón que se utiliza para fabricar los envases y no aporta ninguna información sobre el contenido.[20]

Ya que estamos con leyendas urbanas lechosas no puedo olvidar una que triunfaba en mi época de juventud: si pedías Baileys con coca-cola, el camarero te regañaba porque decía que podías morirte. Realmente si te tomas un Baileys con coca-cola te puedes morir, aunque de asco. Al ser la coca-cola ácida y tener el Baileys nata en su composición, la bebida resultante de la mezcla de ambas se corta, pero poco más. De hecho, es curioso porque otra bebida típica de entonces era el «cerebrito de canario», que consistía en poner Baileys en jarabe de granadina y licor de melocotón, lo que convertía el Baileys en un brebaje con textura de cerebro. Pero no he visto que esa porquería creara ninguna leyenda urbana.

Otra información chunga, difundida por un catedrático de genética (para mayor vergüenza de su universidad), decía

20. Ortí, A., Bernacer, R., Palencia, A., *Comer o no comer*, Editorial Planeta, Barcelona, 2013.

que Pepsi utilizaba fetos abortados en la composición de su bebida de cola. A ver. Para hacer cualquier tipo de investigación se utilizan modelos. Unos son organismos animales como los ratones o los cobayas, pero, claro, no son humanos. Obviamente, si queremos probar la toxicidad de un producto no podemos utilizar humanos para ver si se envenenan. Los modelos animales sirven, aunque tienen sus limitaciones. Una aproximación es utilizar células humanas en cultivo, esto es, células que pueden crecer *in vitro* independientemente del ser humano. Hay diferentes líneas, con diferentes orígenes, que se utilizan en todos los laboratorios del mundo para evaluar la toxicidad de un compuesto, o cáncer, o diabetes, o desarrollo neuronal o cualquier cosa. El trabajo con líneas celulares es el pan nuestro de cada día en un laboratorio de ciencia básica, aplicada o industrial que trabaje en algún tema relacionado con salud o biología molecular o celular. Hay una línea de células, la HEK 293, que es de las más usadas. Una empresa que realizó estudios para Pepsi la utilizó entre otros reactivos. Esas células realmente se obtuvieron de un feto humano, a principios de los años setenta. Desde entonces se han venido utilizando en todo el mundo, creciendo de matraz en matraz. Por lo tanto, decir que para la Pepsi se utilizan fetos abortados es una burrada, puesto que se podría decir que para investigar cualquier medicamento posiblemente también se hayan utilizado, y no veo a los grupos cristianos haciendo campaña delante de los hospitales católicos para que no utilicen medicamentos evaluados con esta línea celular, que los hay y muchos.

Ya puestos a hacerla gorda, otra línea celular muy popular es la línea HeLa, que viene de un cáncer de cuello de útero de Henrietta Lacks, fallecida por este motivo en 1951. No entiendo por qué nadie dice que un producto evaluado en estas células se ha hecho a partir del útero de una señora (afroamericana para más datos) muerta hace sesenta años.

También hay muchas leyendas urbanas con caradura, como las que afirman que determinados alimentos no pueden tomarse con agua sino con vino u otras bebidas. Yo lo he oído decir del pulpo y de la *fondue* de queso, pero seguro que hay más versiones. Leyendas muy interesantes para los hosteleros, dicho sea de paso. Y ahora que me acuerdo, poner una cucharilla en una botella de cava abierta no hará que se mantenga el gas; este seguirá escapándose, mejor la tapas con un tapón de plástico reutilizable.

Si la leche está la primera en la lista de leyendas urbanas, la segunda serían los edulcorantes artificiales. En este caso, la leyenda sí que tiene una base real, aunque incorrecta. Un edulcorante artificial es una sustancia que se utiliza para dar sabor dulce a la comida sin ser un azúcar. Tiene la ventaja de que al no ser azúcar la aportación calórica es mucho menor y no afecta a los niveles de azúcar ni de triglicéridos en sangre. Además tiene otras ventajas, como que no provoca caries. Es curioso estudiar la evolución de estos productos con una perspectiva histórica. La sacarina fue descubierta en 1880 por Constantine Fahlberg e Ira Ramsen. Desde su nacimiento se vio envuelta en polémica. En 1883, el doctor H. W. Wiley, del Departamento de Agricultura, lanzó una campaña en su contra por ser artificial y derivada del alquitrán. La historia es singular. Si en aquel momento los esfuerzos de Wiley hubieran prosperado, la sacarina habría caído en el olvido hace más de un siglo, pero el presidente de Estados Unidos en ese tiempo, Theodore Roosevelt, era diabético y consumidor de sacarina por consejo de su médico, por lo que creó un comité científico que, acertadamente, decidió que la sacarina era segura y que podía seguir en el mercado. Por cierto, con el tiempo, la oficina de Wiley se convirtió en la poderosísima Food and Drug Administration (FDA), que se encarga de la autorización de alimentos y medicinas en Estados Unidos.

Las curiosidades no acaban aquí. En 1902, John Francis Queeny montó una empresa en San Luis (Misuri) para comercializar este producto. La empresa surgió con un capital inicial de mil quinientos dólares y dos empleados, él y su mujer. Bautizó a la empresa con el nombre de soltera de su esposa, de origen español, Monsanto, empresa que en el mundillo ecologista viene a ser como la madrastra de Blancanieves. A veces me pregunto cómo salvarán el planeta el día que desaparezca; habrá que inventarse a otro malo de la película. Durante las dos guerras mundiales, y a causa de las restricciones del azúcar, se utilizó como sustitutivo la sacarina. Pero acabada la guerra y las restricciones, los diferentes fabricantes competían por ver quién ponía más azúcar en sus productos. En las etiquetas de cereales de los años cincuenta veíamos etiquetas ahora impensables haciendo referencia a la gran cantidad de azúcar que llevaban, hasta que poco a poco la gente empezó a preocuparse por el peso. Además, la sacarina era más barata que el azúcar, por lo que muchos fabricantes empezaron a añadirla en sus productos de forma habitual. En los años setenta, unos estudios indicaron que el uso de sacarina inducía cáncer de vejiga en ratones, por lo que algunas agencias emitieron alertas y se prohibió en muchos países. En España cundió la alarma y muchas casas comerciales publicaron notas de prensa asegurando que en sus productos solo utilizaban azúcar, y todo el que hiciera falta. Nuevas investigaciones señalaron un importante error metodológico en el estudio. Las prohibiciones se fueron levantando. No obstante, en Estados Unidos la sacarina se siguió vendiendo hasta el año 2000 con una etiqueta que ponía que causaba cáncer en animales.

Como pasa con todas las leyendas urbanas, estas a veces cambian, y alguien dijo en algún momento que los edulcorantes son cancerígenos. Ahora volvemos a la moda de las etiquetas de sin azúcar y seguimos utilizando edulcorantes. La situación es tan surrealista que el hecho de que una molécula produzca cáncer o no parece que no depende de la ciencia, sino de en qué país estás. Por ejemplo, el ciclamato de sodio es cancerígeno y está prohibido en Estados Unidos, pero no lo está en Canadá y en otros cincuenta y cinco países del mundo. ¿Cómo se llega a una situación tan absurda? Pues datos que no son concluyentes (en unos casos se ve algo, en otros no) y diferente presión de las industrias nacionales (¿os acordáis de lo de Monsanto y la sacarina? Pues sí, Monsanto es estadounidense). La realidad es que ni la sacarina, ni los ciclamatos, ni el aspartamo, ni el acesulfamo-k son cancerígenos, ni consumir productos que los utilicen puede suponer un problema para la salud. Tampoco hay evidencia de que el consumo de estos productos estimule el apetito y que sean contraproducentes en una dieta. Últimamente ha salido un estudio que dice que el consumo de edulcorantes, a largo plazo, puede despistar al organismo y producir sobrepeso o hipertensión, pero no hay una evidencia sólida que lo respalde, y muchos medios que reflejaron la noticia no mencionaron que no era un estudio científico, sino un artículo de opinión.[21] Son estudios en ratones y que solo se han observado en un laboratorio. Por lo tanto, no hay ningún problema con los edulcorantes y, es cierto, engordan menos que si pones azúcar, pero no olvides que el alimento en el que lo pones también engorda.

A veces la difusión de información que no es del todo cierta, o directamente falsa, tiene un interés detrás. Son muy famosos los dimes y diretes entre la industria de la cerveza y la del vino, de forma que si algún estudio habla de la propiedad beneficiosa de una bebida, al poco sale un estudio de las propiedades beneficiosas de la otra. Este claro interés comercial hace que algunas propiedades se exageren interesadamente. Hay evidencia científica de que un consumo muy moderado de alcohol puede tener efectos beneficiosos para la salud, aunque tampoco sea ninguna maravilla. La industria del vino ha intentado arrimar el ascua hablando de factores como la paradoja francesa. Esta paradoja es una observación de 1819 del irlandés Samuel Black, que dijo que la

21. Swithers, S.E., «Artificial sweeteners produce the counterintuitive effect of inducing metabolic derangements», *Trends in Endocrinology and Metabolism In Press* (2013).

dieta francesa era muy rica en grasas saturadas y de origen lácteo, como la mantequilla y el queso, y que sin embargo la incidencia de enfermedades cardiovasculares es más baja que en otros países. Hábilmente, la potente industria vinícola francesa se apuntó el tanto obviando el hecho de que no hay ninguna evidencia sólida que muestre una relación causa efecto entre estos factores. Por la misma regla de tres se podía haber dicho que lo que ayudaba a prevenir los infartos era comer caracoles, cantar *La Marsellesa* o volcar camiones de fruta españoles en Perpiñán, actividades todas propiamente francesas. La cuestión es que, más por influencia de la industria que por los datos científicos, se ha dado por bueno que el vino previene el riesgo de infarto, sin saber por qué. Dado que el vino tinto es rico en antioxidantes, era lógico empezar por ahí. En una época fueron los taninos y ahora parece que la molécula mágica presente en el vino es el resveratrol, aunque todo sea dicho, el resveratrol aparece en unas cantidades ínfimas en el vino, por lo que no puede ser el responsable de los efectos que le achacan.

En todo este tiempo, el vino francés ha vendido millones de botellas en todo el mundo; en parte por su calidad y en parte por sus muy publicitados efectos beneficiosos para la salud. Hay un pequeño pero. El método científico funciona por una observación, sobre la cual se formula una hipótesis que la explique, y luego se diseñan experimentos para probarla. Si se confirma experimentalmente, la hipótesis se convierte en una ley, y, si no, se descarta. ¿La observación inicial de la baja incidencia de enfermedades cardiovasculares en Francia es correcta? Hay algo que no cuadra, como que la esperanza de vida en Francia es similar a la de Estados Unidos e inferior a la de España, es decir, quizá cambie la forma de morir, pero, a efectos globales sobre años de vida, la dieta francesa no supone una ventaja notable frente a otros países desarrollados. Incluso se ha llegado a sugerir que ni siquiera el nivel de accidentes cardiovasculares sería menor que el de otros países, dado que en diferentes países pueden cambiar las definiciones y la forma de contabilizarlos. Probablemente en Francia no se considere accidente cardiovascular lo que en otros países sí que se considera.[22]

Mientras el vino trataba de buscar por qué era mejor para la salud, la cerveza se ha encargado de publicitar sus grandes propiedades nutritivas por el hecho de estar elaborada a partir de cereales y su alto contenido en minerales y vitaminas... Y a esconder su altísima aportación calórica, responsable de la conocida barriga cervecera. Últimamente también se ha oído que la cerveza es rica en polifenoles, aunque en esta no son muy biodisponibles. Solo hay un pequeño detalle que los publicistas de cerveza y vino olvidan mencionar: ambas bebidas son ricas en una molécula neurotóxica, probadamente carcinógena, que puede llegar a producir coma, y que además provoca adicción y miles de víctimas cada año: el alcohol. Por lo tanto, cualquier publicidad sobre los beneficios de una bebida alcohólica no debería hacernos olvidar el detalle de que el alcohol es tóxico, y mucho.

Por lo demás, recordemos que asustar a la gente es fácil y da titulares llamativos. La información sobre los peligros de según qué alimentos que emiten determinados programas o medios de comunicación, que sostienen chefs famosísimos, que te comenta algún amigo o que te llega por internet no necesariamente es cierta. Si quieres información fiable y contrastada sobre si hay riesgo con algún alimento, tienes a tu disposición las páginas web de la Agencia Española de Seguridad Alimentaria (AESAN) y de la EFSA, que regularmente emiten alertas sobre si algún alimento está dando problemas o incluso publican informes para decirte si es cierta o no la información que circula sobre determinado alimento. Si te han dicho que algo es muy peligroso y ninguno de los dos organismos dice nada, no pierdas el tiempo. Demasiados motivos hay para asustarse y alarmarse como para encima tener

22. Schwarcz, J., *An Apple A Day: The Myths, Misconceptions, and Truths About the Foods We Eat*, Other Press, 2009.

que asustarse por lo que no supone ningún peligro. En la vida las complicaciones ya vienen solas, no hace falta que las busques ni que las imagines. La comida es segura, por muchas leyendas urbanas que circulen. Y recuerda, tenemos la inmensa suerte de vivir en una sociedad donde podemos permitirnos el lujo de preocuparnos por el bisfenol A o la sacarina. Ya querrían en muchos rincones del planeta poder preocuparse por esto. Pero cuando no puedes comer, no estás para leyendas urbanas.

Capítulo 6

QUE YO SIGA UNA DIETA SÍ QUE ES UN MILAGRO

Una de las mayores paradojas de la sociedad actual es que vivimos en un mundo en el que mil millones de personas pasan hambre y otros mil millones tienen sobrepeso. Conviene dejar algo claro de entrada: estamos ganando la guerra contra el hambre. Ahora mismo, gracias a los avances en la agricultura, al uso de fertilizantes y al diseño de nuevas variedades, está comiendo más gente que en cualquier momento anterior de la historia. El problema es que el alimento que todavía falta en algunas regiones del mundo sobra en otras, por eso no conviene bajar la guardia. La guerra todavía no está ganada.

En el mundo occidental, enfermedades como la diabetes, los accidentes cardiovasculares o algunos tipos de cáncer están relacionados con la obesidad y el sobrepeso. Esto provoca que perder peso, junto con aprender inglés y dejar de fumar, sea el principal objetivo de muchísima gente. La ley del mercado marca que lo que para unos es una necesidad para otros es una oportunidad de negocio. Lo malo es que cuando hay tanta demanda, no siempre el que vende es el más capacitado, el más acertado o el más honrado. En las librerías, en internet o en los programas de televisión proliferan supuestas dietas milagro que te prometen perder mucho peso en poco tiempo y sin esfuerzo. Primer fallo: perder peso de forma rápida es un peligro. Otra cosa que hay que tener en cuenta es que cualquier dieta para perder peso debe asegurarte que recibes todos los nutrientes que necesitas, si no las consecuencias pueden ser fatales. En 2005 irrumpió en la prensa el caso de Terry Schiavo; se planteaba el debate ético entre su marido y sus padres por desconectarla o no de la máquina que la mantenía con vida (vegetativa) desde hacía quince años. Lo que poca gente recuerda es que llegó a ese estado debido a una falta de potasio (o hipokalemia) provocada por una aberrante dieta que seguía, motivada por su bulimia. Haber comido plátanos le hubiera evitado el fatal desenlace. No es un caso aislado, cientos de personas mueren cada año por trastornos alimentarios como la anorexia o la bulimia, derivados de una enfermiza obsesión por perder peso.

En el mundo desarrollado, la obesidad empieza a ser considerada una epidemia. De hecho, muchos países han puesto en marcha proyectos para luchar contra la obesidad, sobre todo la infantil. En España, la Agencia Española de Seguridad Alimentaria (AESAN), con la financiación del Ministerio de Sanidad y Consumo, puso en marcha en el año 2005 la estrategia NAOS (Nutrición, Actividad física y prevención de la Obesidad) para luchar contra la obesidad infantil. Dentro de esa estrategia se encuadraba el código de corregulación de la publicidad de alimentos y bebidas dirigida a menores, prevención de la obesidad y salud (PAOS), encaminado a evitar la preocupante obesidad infantil en España.

Sin ir a casos tan graves, una dieta desequilibrada puede tener nefastas consecuencias para la salud, entre las que se encuentran la diabetes, problemas cardíacos, ataques de gota o enfermedades renales. Por lo tanto, antes de empezar a seguir una dieta hay que estar muy seguro de que, primero, no vaya a perjudicarte la salud y, segundo, que realmente sirva para perder peso. Quizá yo no sea la persona más adecuada para dar consejos para perder peso. Yo soy de los que todos los años triunfa con la operación biquini. Cuando llega julio puedo ponerme la parte de arriba, que relleno tengo de sobra; vamos, que estoy como para sustituir a Falete en *Splash*, pero en versión hetero, entre otros motivos porque ahora estoy sentado delante del ordenador escribiendo estas líneas en vez de estar haciendo ejercicio. A mí con las dietas me pasa como con el carnet de conducir, que tengo la teoría clarísima pero la práctica la saqué a la sexta. En este capítulo analizaremos algunas de las dietas o mitos más famosos. Ya de paso, como me ha tocado bucear en toda la literatura científica, he seleccionado algunos consejos contrastados y avalados por estudios que pueden ayudar de verdad a adelgazar.

La obesidad como privilegio

La preocupación por perder peso es algo muy reciente y un efecto no deseado del estado del bienestar y de la clase media que surgió de la revolución industrial. Las Venus prehistóricas como la de Willendorf, relacionadas con la fertilidad, eran estatuas de mujeres orondas con exagerados genitales. En muchas épocas el canon de belleza se basaba en la gordura, y en este sentido solo hay que recordar a las Gracias de Rubens. En cambio, ahora queremos estar flacos, cuanto más mejor. Obviamente, la obesidad se correlaciona con problemas de salud y no es deseable, pero no lo hacemos por eso. Una delgadez extrema tampoco es garantía de buena salud, y muchas personas, sobre todo mujeres, mueren cada año por querer estar exageradamente delgadas.

El canon de belleza actual no tolera transitar por el límite superior del peso ideal; hay que estar cerca del umbral inferior y si puede ser por debajo. Nos hemos acostumbrado a que muchas modelos publicitarias tengan tallas aberrantemente delgadas. No obstante, durante gran parte del siglo xx, hasta los años setenta y la llegada de modelos como Twiggy o actrices como Audrey Hepburn o Mia Farrow, el canon de belleza era estar de buen ver. Solo hay que fijarse en Marilyn Monroe, a la que hoy le costaría encontrar ropa en muchas tiendas o enviarían directamente a tallas especiales. En cambio, ahora, cuando un escritor quiere pintar a un joven solitario, atormentado o víctima, o a un adulto malvado, solo tiene que hacerlo gordo... ¿Acaso no recuerdas al Bastian Baltasar Bux de *La historia interminable*, al Piggy de *El Señor de las Moscas* o a la pandilla de *Cuenta conmigo* de Stephen King? Encontramos malos gordos en cualquier cacique ganadero o propietario del *saloon* de una película de vaqueros.

Los de mi generación recordamos las pantagruélicas comidas en casa de abuelas y tías abuelas solteronas, que siempre estaban preocupadas por lo poco que comías. ¿A qué se debe este cambio? ¿Nos preocupamos por la salud de golpe? ¿Por qué de un día para otro empezamos a odiar estar gordos? Pues esto es un reflejo de cómo ha cambiado la sociedad. No ha pasado solo con el peso; fijémonos en el color de la piel. Durante muchos años, la moda era tener la piel cuanto más blanca mejor; se exageraba todo lo posible, utilizando maquillajes blanqueadores a base de metales pesados que eran tremendamente tóxicos y dañinos para la piel. Como con los michelines, de repente la cosa cambió y ahora todos queremos estar morenos para estar guapos. ¿Por qué?

La moda no es más que el intento de las clases medias y bajas por parecerse a la clase alta. Durante la mayor parte de la historia, los pobres trabajaban en el campo y los ricos, que no tenían que trabajar, se encerraban en palacio para celebrar banquetes y bailes. Estar moreno era señal inequívoca de ser pobre. Por eso la nobleza era la sangre azul, porque su palidez hacía que las venas pareciesen azules. Que la moda cree problemas de salud no es nuevo. Esta heliofobia era responsable de la gran mortalidad que había entre las clases altas por raquitismo, es decir, por falta de vitamina D, que precisa luz solar para formarse a partir del precursor. Pero llegó la revolución industrial y las clases bajas pasaron a estar todo el día encerradas en fábricas sin que les llegara un rayo de sol. En cambio, los ricos, como seguían sin tener que trabajar, podían jugar al golf, al polo o navegar con el yate y de paso broncearse. Y la piel morena se convirtió en un símbolo de estatus social. Por eso la gente pobre quería tomar el sol, para hacerse la ilusión de ser ricos.

Ahora pasa lo mismo con la obesidad. En Occidente, durante la mayor parte de la historia, la gente pobre estaba escuálida por no tener qué comer. Los ricos, en cambio, podían hacer ostentación de riqueza enseñando una oronda tripa, que significaba que podían comprar muchas cosas, entre ellas comida. Con la segunda revolución verde, en los países desarrollados hemos conseguido comida en abundancia y barata. Ahora los pobres pueden comer, pero comida basura llena de grasa. Además tienen trabajos sedentarios que les hacen acumular más barriga todavía. En estos momentos, la mejor forma de que el mundo sepa que tú no perteneces a esa clase baja es estar delgado. Un cuerpo Danone, una tableta de chocolate en el vientre y unos buenos bíceps son el mejor modo de decirles a todos que puedes permitirte evitar la comida basura, apuntarte a un gimnasio y acudir a él. Por lo tanto, realmente no adelgazamos por salud, sino por estética. Ahí radica el peligro. En anteponer estética a salud. Solo se justifica estar delgado y seguir una dieta por motivos de salud. Si te decides a seguir una, que sea porque el sobrepeso te causa problemas o aumenta el riesgo de sufrir alguna enfermedad, y siempre siguiendo criterios nutricionales, no haciendo caso a tonterías de internet o leyendas urbanas.

Si te preocupa la estética querrás adelgazar mucho en primavera para lucir tipito en la playa y confiarás en el que te prometa perder más peso en menos tiempo y, ya puestos, si es sin esfuerzo, mejor. Un calvo quiere tener pelo por estética, por eso toda la vida ha habido alguien dispuesto a vender crecepelo, aunque por el momento no existe ningún producto capaz de hacer resucitar a los folículos pilosos. Siempre han sido un timo, aunque lleven siglos vendiéndose. Por lo tanto, antes de empezar cualquier dieta la clave es saber en qué nos metemos y qué efectos puede tener en nuestra salud. La dieta que más libros vende o que más sale por la tele no tiene por qué ser la mejor.

Si ahora hay una dieta o libro de nutrición que está arrasando en las librerías es sin duda *La enzima prodigiosa*.[1] Ese libro se escribió en 2005, se tradujo en 2008 en México con discreto éxito y triunfa ahora con una traducción que abusa del *spanglish*.

Gran parte del éxito se debe a la entusiasta defensa que hizo de él en televisión Mercedes Milá, desde el atril de ese programa ejemplar y edificante llamado *Gran Hermano*. El autor, Hiromi Shinya, es un tipo peculiar, un colonoscopista reconocido que ha diseñado aparatos que le han hecho famoso y que tiene un montón de años de práctica profesional. También se dice que es profesor en la Escuela de Medicina Albert Einstein de Nueva York y vicepresidente de la Asociación de Médicos Japoneses en Estados Unidos aunque cuando la periodista de *El Mundo* María Valero se documentó para un artículo constató que no ejerce en la mencionada escuela de medicina ni su nombre figura en dicha asociación.[2] Hiromi Shinya afirma haber examinado los estómagos e intestinos de más de trescientas mil personas en sus cuarenta y cinco años de ejercicio profesional en Japón y Estados Unidos. Suponiendo que trabaje trescientos días al año, sale a diecinueve pacientes por día; desde luego, o es muy trabajador, o es muy exagerado. Cuenta en el libro que él cuida la salud de sus pacientes de forma holística (palabra que utilizan con demasiada alegría los pseudomédicos), y que por eso, además de hacerles una colonoscopia, examina sus pechos, cuello de útero y próstata. Una praxis médica realmente particular. No sé qué tendrá que ver ser especialista en digestivo con tocarle las tetas a una paciente. También afirma Shinya que prueba en sí mismo todos los medicamentos que receta a

1. Shinya, H., *La enzima prodigiosa*, Aguilar, Madrid, 2013.
2. Valero, M., «La Ciencia contra la Enzima Prodigiosa», *El Mundo* (7/6/2013).

sus pacientes por interés científico, lo cual vulnera todas las reglas médicas.

Pero vayamos al libro: *La enzima prodigiosa*. El título parece de divulgación bioquímica. Una enzima es una proteína (o un ARN) que puede catalizar (acelerar) una reacción química. Hay enzimas con capacidades sorprendentes, como las que se utilizan en los detergentes para quitar manchas o en la industria cárnica para hacer filetes a partir de retales de carne; pero prodigiosas, en el sentido de milagrosas, que yo sepa no hay ninguna. Todas siguen inexorablemente las leyes de la termodinámica y de conservación de la masa y energía que explicaba en el primer capítulo. No obstante, la información en la solapa del libro ya te dice que siguiendo la dieta que propone el autor no enfermarás ni cogerás cáncer ni diabetes, lo cual es raro, puesto que ya no le veo la relación con la enzima. ¿Cuántos medicamentos son enzimas? Muy pocos.

Uno espera encontrar las anécdotas derivadas de sus muchos años haciendo colonoscopias, pero no. Habla de enzimas, dietas y metabolismo. No me imagino a Linus Pauling o a Watson y Crick escribiendo un libro de colonoscopias. La teoría que sostiene el autor es que, según sus observaciones, todos tenemos una cantidad de enzimas madre que a lo largo de la vida va dando lugar a todas las enzimas que necesita el cuerpo. Hay varios factores que hacen que se agoten las enzimas. Por ejemplo, si bebemos mucho alcohol, el hígado necesitará muchas enzimas que lo descompongan, y desplazará las enzimas desde otras partes del cuerpo al hígado. Una forma de compensarlo, se dice en el libro, es comer alimentos con muchas enzimas. Esto no es posible, no es cierto. Así, sin atenuantes. No tiene nada que ver con la realidad. Las enzimas no son algo abstracto, sino proteínas o ARN codificadas en el genoma de nuestras células. La mayoría de enzimas se sintetizan y funcionan en la misma célula, aunque siempre hay algunas que son excretadas al medio, como las enzimas digestivas. Pero no son nada etéreo; de hecho, la enzimología fue de las primeras áreas que se desarrollaron en la bioquímica y donde hay más trabajo acumulado, tanto que hasta tenemos a todas las enzimas clasificadas y sistematizadas. Es algo tan frecuente que hasta un servidor caracterizó la enzima EC 2.3.1.30 de remolacha, lo que significa que lo puede hacer cualquiera.[3]

También se afirma que a través de la alimentación se adquieren enzimas. Pero, para empezar, las enzimas son una fracción ínfima del peso total de la comida, que se inactiva por calor, oxidación, frío, salinidad..., por lo que solo podemos aspirar a comer enzimas funcionales si ingerimos una fruta en el mismo árbol, lo cual es absurdo. Las enzimas, una vez masticadas y llegadas al estómago, se rompen en cachitos como cualquier otra proteína, y son absorbidas en el intestino como aminoácidos o nucleótidos (las piezas que forman las proteínas o el ARN). Imaginémonos que tú te comes algo y las enzimas siguen funcionando. ¿Si comes levadura te emborrachas? Tiene las enzimas necesarias para convertir el azúcar en alcohol, que tú no tienes. ¿Si comes un filete de vaca luego puedes comer papel o paja? Porque los rumiantes son capaces de descomponer la celulosa, algo que nosotros no podemos hacer... ¿Conocéis a alguien a quien le haya pasado algo parecido? Pues toda la teoría que expone el libro es falsa y queda rebatida por este sencillo razonamiento: las enzimas se degradan al comerse, por tanto es irrelevante que estén más o menos presentes en la dieta.

Aún mejor es buscar cuál ha sido su investigación, en qué revistas la ha publicado o en qué basa sus afirmaciones. El principal argumento que sustenta sus teorías es que él es un prestigioso médico (lo repite constantemente como argumento de autoridad) y que todo se basa en sus observaciones. No

3. Mulet, J. M., Alemany, B., Ros, R., Calvete, J. J., Serrano, R., «Expression of a plant serine O-acetyltransferase in Saccharomyces cerevisiae confers osmotic tolerance and creates an alternative pathway for cysteine biosynthesis», *Yeast*, 21 (2004), pp. 303-312.

hay experimentos, no hay datos, como cabría esperarse de un texto científico, solamente un «esto es así porque te lo digo yo». Esta es la lógica y el rigor en que se mueve el libro. El autor va repitiendo argumentos peregrinos de forma desordenada, inconexa y repetitiva. Uno de ellos afirma que la distribución de los dientes en la mandíbula es una señal de que la dieta ideal se compone de un 85 por ciento de verdura y un 15 por ciento de carne. Por el camino va dando crédito a todas las leyendas urbanas sobre alimentación que hemos sufrido en los últimos años, como los prejuicios a la hora de beber leche, y da pábulo a conceptos como la energía vital, propios de la pseudomedicina. También dice que él come ecológico y sin ningún aditivo químico (no menciona que el E-300 es la vitamina C, que ha defendido antes), que el comportamiento y las emociones pueden cambiar el ADN, dando validez a una teoría científica obsoleta como el lamarckianismo —que afirma erróneamente que los caracteres adquiridos se heredan—, y así un largo etcétera. Para terminar, recomienda algunos tratamientos realmente singulares y sorprendentes, como los «enemas de café» (no, no es un anuncio por palabras en la sección «relax»), que no tienen ninguna utilidad terapéutica demostrada.

El autor exhibe su ignorancia en la química y biología más elementales cuando dice que varios antioxidantes juntos se convierten en un tanino, que el agua con cloro está oxidada y que hay que beber agua pura reductora (pese a que si es pura no es reductora, y viceversa), o que las plantas se nutren de los insectos (no las carnívoras, ¡todas!), por lo que no hay que tratar las plagas. También dice que los huevos y la leche producen alergia, y que por eso hay que comer verduras, olvidando que los frutos secos y la piel del melocotón son potentes alérgenos, que los antiácidos producen esterilidad y un larguísimo etcétera. Y aquí no ha llegado, pero en Estados Unidos además del libro se vendían unos suplementos en plan píldora mágica. Lo dicho. Ciencia, concretamente enzimología, nivel Gran Hermano.

Al final, todo el mensaje del libro es que hay que comer más verduras y menos carne. Algo que no deja de ser un consejo bastante lógico. No hace falta que nos lo diga un colonoscopista japonés que parece haber visto la luz al fondo de un endoscopio.

La guerra de las dietas: pocos carbohidratos frente a pocas calorías

Siendo un poco conspiranoico, uno puede llegar a pensar que el lanzamiento de *La enzima prodigiosa* se retrasó tanto porque hasta hace nada la moda en España eran las dietas disociativas, con Atkins a la cabeza. Estas dietas prometen perder peso comiendo buenas dosis de proteínas y/o grasa, y eliminando azúcares (hidratos de carbono). Las dietas también se rigen por modas, y de la misma manera que las hombreras van y vuelven, con las dietas pasa lo mismo. Parece que ahora las dietas disociativas han pasado un poco de moda y es cuando la editorial ha visto la oportunidad para sacar un libro como *La enzima prodigiosa*, que en el fondo no hace más que recomendar una dieta (o algo así) baja en calorías. ¿Realmente funcionan? ¿Cuáles son los pros y los contras de cada tipo de dieta? ¿Qué dice la ciencia de cada una?

Tradicionalmente, la forma de hacer una dieta es fijarse en el balance energético. Nosotros ingerimos una cantidad de calorías y gastamos otra. Si lo que ingerimos es superior a lo que gastamos va todo al michelín. Solución: ingerir menos y gastar más, y así quemamos el michelín. Consumir menos alimentos o alimentos menos calóricos y hacer más ejercicio debe ser la base de cualquier dieta. Pero no es tan fácil. Decía Gregorio Marañón (citado por José Enrique Campillo en *Comer sano para vivir más y mejor*) que «no hay parte de la medicina más mudable ni asentada sobre cimientos más movedizos que la dietética; no pasa año en que no cambie algo fundamental». Por eso, en algún momento se han demonizado el pescado azul, el aceite de oliva o los frutos secos, y ahora sabemos que estábamos equivocados. No hay que olvidar que el avance de la ciencia también consiste en admitir los errores.

Hasta hace muy poco, el estudio de la dieta consideraba al individuo como una caja negra. Entraba tanta comida, es decir, una masa y una energía, y salía tanta masa y se consumía tanta energía. No prestábamos atención a lo que pasaba dentro, entre otras cosas porque no lo sabíamos ni teníamos forma de estudiarlo. Con los avances en fisiología animal al principio, y en bioquímica, biología molecular y genética después, hemos visto que todo no es tan fácil. Para empezar, la evolución darwiniana no ha moldeado nuestro metabolismo para vivir al lado de una nevera llena sino para correr por la sabana. Hace unos diez mil años andábamos entre unos veinte a cuarenta kilómetros al día buscando comida. Era frecuente que jornadas de mucho fueran vísperas de poco, por lo que la estrategia era comer todo lo posible cuando hubiera y almacenarlo para los días malos. El ejemplo más dramático es el de los nativos americanos, que en su momento pasaron de la vida nómada al sedentarismo en una reserva india en una sola generación, lo que les supuso numerosos problemas de salud como obesidad, diabetes o problemas renales, además del alcoholismo. Otro de los problemas de no estar diseñado para la vida moderna es que la sensación saciante no está ajustada en muchos individuos. Cuando respiramos, nuestro cuerpo se autorregula en función de la necesidad de oxígeno, por eso jadeamos después de un ejercicio intenso y respiramos suavemente mientras dormimos. ¿Por qué el apetito de muchos de nosotros no lo hace? ¿Por qué hay gente que con medio plato tiene bastante y otros que tienen que comerse tres y aun así tienen hambre?

En 1994 se descubrió una hormona, la leptina, que segregan los adipocitos (las células que almacenan grasa) y que en principio es la responsable de decir que los depósitos ya están llenos y cortar el apetito. Esta hormona vendría a ser la contraria de la ghrelina, que segrega el estómago y estimula el apetito. Pero por lo que sea, el mecanismo falla en mucha gente. Ratones y personas que tienen mutadas las dos copias del gen que codifica la leptina presentan una obesidad severa y un apetito desmedido.

Bueno, ya lo tenemos. Con píldoras de esta hormona, cortamos el apetito y ya tenemos la solución. Pues no, en cuestiones de metabolismo siempre es algo más complicado. No hay un factor, sino muchos que actúan coordinadamente. Si tienes una persona que no produce leptinas por un defecto genético, una inyección de hormona funcionará, pero en otra puede que el problema no sea la síntesis, sino el transporte, la regulación o el receptor, es decir, la proteína que se encarga de recibir la señal de la leptina en la célula de destino. Es un mecanismo complejo con muchos pasos, y un mismo síntoma (el apetito desmedido) puede deberse a diferentes causas y tener diferentes soluciones.

Aquí hay que introducir otro concepto importante, que es el del factor limitante. Cuando tienes un proceso complicado, como es el metabolismo, en el que intervienen muchos elementos, cada uno de los cuales se regula de una manera, el que marca el ritmo global es el que peor funciona. Solo conseguirás una mejora global del sistema si mejoras ese factor limitante. Por ejemplo, tú quieres conseguir que un coche vaya muy rápido. Lo arrancas y no se mueve. Descubres que no tiene gasolina. Le pones gasolina y funciona. Si quieres que vaya muy rápido, ¿le haces el depósito más grande y lo llenas? ¿Cuanta más gasolina tenga más rápido correrá? Obviamente no. Si el depósito está vacío, ese será el factor limitante, pero una vez que tenga el depósito con gasolina el factor limitante será otro. Para que corra más, tendrás que mejorar la potencia del motor o el diseño, pero ponerle más gasolina en el depósito será irrelevante. Otro ejemplo: tienes escorbuto, enfermedad producida por la carencia de vitamina C. ¿Serviría un suplemento de aminoácidos, vitamina D o hierro? Son nutrientes esenciales, pero lo que te falta es vitamina C, por lo tanto ya puedes tener lo que quieras, que si no llega vitamina C a tiempo, te mueres.

Muchas soluciones prometedoras para la obesidad se han dado de bruces con el hecho de que no estaba afectando al factor limitante, entre otras cosas porque si este tiene una base genética puede ser diferente para cada persona. Otro ejemplo: en cualquier tienda de suplementos para deportistas o de dietética encontrarás pastillas de L-carnitina. En las células, la L-carnitina participa en la oxidación de los ácidos grasos para producir energía. La relación parece lógica: más L-carnitina, más degradación de ácidos grasos, más energía, más rendimiento físico y menos michelín. Pero no, error. Si no es el factor limitante puedes poner toda la L-carnitina que quieras, que será como echarle un cubo de agua al mar. La L-carnitina es muy abundante en alimentos tan frecuentes como la carne o la leche. La dieta normal te provee de toda la L-carnitina que quieras, por lo que añadir más en forma de pastillas es innecesario, ya que el paso de la oxidación de los ácidos grasos en el que interviene la L-carnitina no es el limitante. La diferencia entre tomarte la L-carnitina y no tomártela seguirá siendo cero para ti, pero muy rentable para el que te vende unas pastillas que no sirven para nada y que, por cierto, tampoco te harán adelgazar.

Otro factor determinante para la obesidad es una herencia darwiniana, el gen PPAR-gamma. Este gen es el que se encarga de regular el metabolismo del azúcar y la acumulación de ácidos grasos en el tejido adiposo. Es uno de los genes que sigue pensando que vivimos en la sabana y que tenemos que acumular por si mañana no cazamos. De hecho, la gente que tiene mutadas las dos copias de este gen es incapaz de acumular tejido graso. Fallos en este gen también se han relacionado con diferentes tipos de cáncer. Por lo tanto, las dietas bajas en calorías tienen que lidiar con la compleja regulación del apetito y la acumulación de grasas, y otro problema serio: la horrible sensación de hambre que siente mucha gente que las practica y que induce a saltárselas.

Frente a estas dietas hipocalóricas surgieron otras que eliminan del todo los hidratos de carbono. Una alimentación normal es más o menos equilibrada, con tres tipos fundamentales de nutrientes: hidratos de carbono, proteínas y grasas. Los hidratos de carbono son la principal fuente energética, los que utilizamos de primera mano, y si sobran los almacenamos en forma de grasa. Si eliminamos los hidratos de carbono de la alimentación y nos alimentamos de proteína y de grasa, despistamos a nuestro cuerpo, que no encuentra una fuente de energía rápida por una parte y además necesita más energía para procesar el alimento que entra, por lo que tiene que movilizar las reservas. Estas dietas son famosas por las pérdidas muy rápidas de peso al principio, hasta que el cuerpo se adapta a este cambio radical y a la falta de hidratos de carbono. Además producen algunos síntomas. El cambio tan radical obliga a que se active un metabolismo alternativo. La primera consecuencia es eliminar todas las reservas de glucógeno del cuerpo, que viene a ser como el calcetín con billetes que tenía la abuela debajo del colchón de los hidratos de carbono. Estas reservas, en músculo e hígado, duran bastante poco. Así que lo primero que se pierde es masa muscular y también se pierde bastante líquido. Luego empieza la movilización de ácidos grasos.

¿Qué pasa si quitamos todo el azúcar de la dieta? En situaciones excepcionales, para suministrar energía al corazón y al cerebro (los dos principales consumidores, que se alimentan sobre todo de glucosa) se utilizan cuerpos cetónicos, fabricados en el hígado a partir de la grasa. El producto de desecho es la acetona, que se exhala al respirar, provocando un peculiar olor a quitaesmalte en el aliento. Este cambio de metabolismo también puede producir problemas de descalcificación y carga de trabajo a los riñones. Cuando se popularizaron estas dietas, con la de Atkins al frente, los médicos y nutricionistas se echaron las manos a la cabeza. En el fondo lo que estábamos haciendo era simular una diabetes tipo I, es decir, una patología que consiste en que el cuerpo no puede utilizar los hidratos de carbono porque no tiene insulina que ordena a sus células que los tomen. De hecho, la pérdida rápida de peso y el aliento con acetona son síntomas propios de esta enfermedad. Algunas de estas dietas se publicitan diciendo que, siguiéndola, puedes comer toda la carne y grasa que quieras, puesto que solo tienes que eliminar los hidratos de carbono. Esto supone un problema, a pesar de los cambios en el metabolismo: si estás ingiriendo muchísimas calorías, al final acabas engordando. El metabolismo B es menos eficiente que cuando consumes hidratos de carbono, pero al final lo que ingieres también son calorías y, si ingieres muchas, engordas. La cuestión que juega a favor de este tipo de dietas es que las grasas, y sobre todo las proteínas, tienen un efecto saciante mucho mayor que los azúcares. Es decir, te llenas antes y de verdad, a pesar de tener la sensación de comer todo lo que quieres, y el aporte calórico total no es tan alto.

Sin embargo, el efecto saciante de las dietas hiperproteicas, al que se le achaca el éxito de las dietas disociativas, también está bajo sospecha. Los estudios científicos dan resultados dispares y poco claros. Ante esta falta de evidencia sólida, la EFSA dice que no hay ninguna base científica para sostener que una dieta hiperproteica tenga efecto saciante.[4] Conviene tener presente que en estas dietas estás cargándote el equilibrio y simulando una enfermedad. No todo puede ser bueno.

Se alertó de que podía haber diferentes problemas asociados a este tipo de dietas, como aumento de colesterol, pérdida de calcio o incremento de niveles de homocisteína en la sangre, que puede ser tóxica. Preparando este libro he tenido

4. «Scientific Opinion on the substantiation of health claims related to protein and increase in satiety leading to a reduction in energy intake (ID 414, 616, 730), contribution to the maintenance or achievement of a normal body weight (ID 414, 616, 730), maintenance of normal bone (ID 416) and growth or maintenance of muscle mass (ID 415, 417, 593, 594, 595, 715) pursuant to Article 13(1) of Regulation (EC) No 1924/20061», *EFSA Journal*, 8 (2010), pp. 811.

que revisar la literatura científica sobre el tema y es curioso comparar los artículos de hace diez años con los recientes. Hace diez años, la mayoría de los estudios observaban a los pacientes en períodos cortos de tiempo, y eran principalmente negativos frente a este tipo de dietas. En los últimos tiempos han aparecido estudios que evalúan períodos de un año y, sorprendentemente, los resultados no son tan desfavorables a estas dietas, aunque siguen teniendo sus riesgos. Por ejemplo: en un estudio de la revista *Archives of Internal Medicine*, se presentaban cinco ensayos clínicos en que se había comparado a 447 pacientes obesos, unos con una dieta baja en grasas y otros con una dieta baja en carbohidratos. A los seis meses, los de la dieta baja en carbohidratos habían perdido más peso, pero a los doce meses no había apenas diferencias entre los que habían seguido las diferentes dietas. El nivel de triglicéridos bajó de forma más favorable en los que tenían la dieta baja en carbohidratos, pero el nivel de colesterol malo (el LDL) también estaba peor.[5] En otro estudio, realizado en 2009, el *American Journal of Clinical Nutrition* llega a las mismas conclusiones. Pérdidas de peso similar en las dos dietas, pero aumento del colesterol en la de bajo aporte de carbohidratos, con una puntualización importante: compara dietas con el mismo número de calorías, por lo que eso de comer todo lo que quieras con las dietas bajas en carbohidratos, nada de nada.[6] Por lo tanto, la principal objeción a estas dietas sería el aumento del LDL y los problemas de descalcificación y renales. Fuera de esto, y con supervisión médica, pueden ser aceptables, pero siempre teniendo en cuenta que,

5. Nordmann, A. J., Nordmann, A., Briel, M., Keller, U., Yancy Jr. W. S., Brehm, B. J., Bucher, H. C., «Effects of low-carbohydrate vs low-fat diets on weight loss and cardiovascular risk factors: a meta-analysis of randomized controlled trials», *Arch Intern Med*, 166 (2006), pp. 285-293.

6. Brinkworth, G. D., Noakes, M., Buckley, J. D., Keogh, J. B., Clifton, P. M., «Long-term effects of a very-low-carbohydrate weight loss diet compared with an isocaloric low-fat diet after 12 mo», *Am J Clin Nutr*, 90 (2009), pp. 23-32.

al cambiar drásticamente el metabolismo, una persona que tenga algún tipo de problema puede verse afectada. Otras objeciones que se les podrían hacer a las dietas de reducción de carbohidratos es que al suprimir frutas y verduras pueden producirse déficits de vitaminas, y que las cantidades de proteínas o de grasa recomendadas en muchos casos exceden las cantidades diarias aconsejables.

Y hasta aquí lo que dice la ciencia. En general, optar por una dieta baja en calorías o por otra baja en hidratos de carbono son opciones viables, aunque yo me inclino por la primera, por la radicalidad y efectos secundarios de las dietas bajas en carbohidratos. El problema es que las dietas son un mercado y hay que vender, que esto es la selva. La competencia es feroz. Por eso, la misma idea básica puede estar en diferentes dietas, adornada y maquillada para hacerla más atractiva y para separarse de los competidores. Aquí es cuando entramos en territorio comanche y hay que activar todas las alertas. Por ejemplo, las dietas Atkins, Dukan, y otras menos conocidas en España como la South Beach o la Sugar Busters, pivotan básicamente sobre la misma idea: ¿cómo conseguir que el cliente siga tu método y no el de la competencia? ¿Cómo sacarle el máximo dinero posible? Aquí es donde está el peligro. Cuando no se conforman con venderte el libro y los vídeos, y empiezan a atiborrarte con pastillas, suplementos, programas de ordenador y recetarios, o cuando empiezan a hacer afirmaciones como que con esta dieta te curarás el cáncer o las enfermedades infecciosas.

Una de las últimas dietas bajas en hidratos de carbono es la paleodieta, que se publicita diciendo que el cuerpo humano está todavía adaptado para el Paleolítico. Hombre, está lo del gen PPAR-gamma, pero la comida que hay ahora no tiene nada que ver con la del Paleolítico, cuando la esperanza de vida no llegaba a los treinta años, así que no le veo la ventaja. Otras dietas son estrambóticas, como la dieta nasal, que consiste en restringir las calorías haciendo que te alimentes por una sonda nasogástrica. Esta dieta hace furor en Estados

Unidos entre la gente que quiere perder peso en poco tiempo de cara a que le quepa el traje o el vestido en un evento, de ahí que popularmente se le llame la dieta de las bodas.

Otras son ya pseudomedicina pura, como la dieta anticáncer. Una buena alimentación elimina factores de riesgo para desarrollar algunos tipos de cáncer, pero no cura ni evita otros factores como los genéticos o ambientales. A pesar de eso, hay médicos o nutricionistas que envían este mensaje tan confuso y peligroso de que con la alimentación se puede curar el cáncer, algo que no es cierto. Por ejemplo, Odile Fernández, una de las impulsoras de las dietas anticáncer en España, tiene esta frase en su blog: «Cuando la alimentación es mala, la medicina no funciona. Cuando la alimentación es buena, la medicina no es necesaria».[7] No es cierto. A una persona en coma, con alimentación intravenosa, ¿no le va a funcionar ninguna medicina? A una persona con una dieta equilibrada y una alimentación perfecta que coja una infección por una herida, ¿no le van a hacer falta antibióticos? Si se da un golpe, ¿no puede ponerse un antiinflamatorio? Cuando una dieta se publicita argumentando unos efectos para la salud inmediatos, o directamente dice que cura enfermedades como el cáncer o el sida, hay que activar todas las alarmas. Uno de los casos más radicales es el del alemán Andreas Moritz. Este señor se anunciaba como médico, aunque realmente no lo era, algo muy típico, y propugnaba un tratamiento basado en una dieta a base de zumo de manzana y limón, y la aplicación de lavativas que aseguraba que conseguían expulsar las piedras del hígado y la vesícula. Realmente las piedras se formaban en el intestino por la acción de las sales que utilizaba en la lavativa. Moritz se forró vendiendo libros que aseguraban que sus dietas curaban todas las enfermedades y, por supuesto, hacían adelgazar, sin preocuparse de buscar ninguna evidencia científica que apoyara sus afirmaciones. Entre sus libros destaca uno, *El cáncer no es*

7. http://www.misrecetasanticancer.com/

una enfermedad, publicado en 2008. Creo que descubrió su equivocación de la forma más cruel posible: Andreas Moritz falleció en octubre de 2012 por una causa que su familia no ha hecho pública, aunque es más que posible que fuera por alguna de las enfermedades que según él no existían o para las que tenía un remedio sencillo. Tenía cincuenta y ocho años. Como suele pasar con este tipo de personajes, sus seguidores han empezado a extender la teoría de que su fallecimiento fue debido a una conspiración de las farmacéuticas por miedo a que sus métodos les quitaran el negocio. Sus libros siguen vendiéndose.

Tampoco existen alimentos quemagrasa. Quizá te haya llegado una cadena de internet de una receta de una sopa que hacen en los hospitales alemanes para los pacientes que tienen que perder peso antes de una operación urgente. Este mito surge del libro de Neal D. Barnard, *Foods that cause you to lose weight* (Comidas que te hacen perder peso). Según este autor, hay alimentos que consumen más energía en su digestión que la que aportan; por lo tanto, comer estos alimentos te hace perder peso. No hay ninguna evidencia que corrobore esto, partiendo de la base de que no se puede hacer un cálculo exacto de las calorías que consume digerir cada alimento en particular, puesto que en el estómago se digiere todo junto. Todos los alimentos aportan calorías, unos más que otros, pero todos. También si pones la teletienda o la TDT de madrugada te venderán infusiones con propiedades quemagrasa, desde el té chino de un doctor ídem, al café verde; básicamente, todas tienen en común su precio aberrante. Lo único que queman estas infusiones o extractos vegetales son tu cartera.

Otros alimentos que en algún momento han tenido fama de quemagrasas han sido la pimienta, los cítricos, el vinagre, el alga espirulina, la papaya, la piña, el café, la canela, el jengibre, las alcachofas... En los años setenta, entre muchos grupos vegetarianos vinculados al movimiento *hippy* o *New Age* se popularizó la dieta del pomelo, a la que le suponían unas propiedades casi mágicas. No es casualidad que este movimiento coincidiera con un importante excedente de pomelos en el mercado americano que algún hábil estratega de marketing supo relacionar con el movimiento de moda para librarse de él y obtener beneficios, de la misma forma que aquí comemos uvas en Nochevieja debido a una vendimia que dejó un importante excedente. Al final todo es dinero. Lo dicho, ningún alimento adelgaza ni quema la grasa. Unos aportan más calorías o más nutrientes, pero magia no hace ninguno.

Tampoco hay dietas que rejuvenezcan. Envejecer es un proceso irreversible; como mucho se puede retardar. Solo hay dos factores que frenan el envejecimiento en los que hay un consenso científico: por una parte, el factor genético (es decir, que tus padres sean longevos) y por otra, comer poco, esto es, no seguir una dieta en concreto sino pasar hambre, pasar mucha hambre, una restricción calórica severa. Aunque quizá ni eso. Los estudios son claros en ratones, en primates los resultados son controvertidos y en humanos los pocos que hay no lo dejan claro.

Y ya si nos vamos a las dietas frikis, o engañabobos totales, tenemos la dieta del grupo sanguíneo, una astracanada inventada por un tal James D'Adamo y convenientemente comercializada por su hijo Peter, que pretende hacer una dieta en función de tu sangre. Así, según tu grupo sanguíneo, eras cazador (O), agricultor (A) o pastor (B). Por cierto, en general no vale que les digas cuál es tu grupo sanguíneo, sino que te tienen que hacer ellos un análisis especial, y casualmente resulta muy caro. El grupo sanguíneo de cada persona hace referencia a unas proteínas que aparecen (grupos A, B, RH+) en la cubierta de los glóbulos rojos o que no aparecen (grupos 0, RH–), pero esto es una característica genética igual que el color de ojos, el color de pelo o tener el segundo dedo del pie más corto o más largo que el primero. No tiene ninguna relación con el metabolismo.

Y entre las dietas más peligrosas que están últimamente de moda tendríamos la dieta alcalina. Esta dieta se basa, aparentemente, en las observaciones del premio Nobel en Fisiología o Medicina del año 1931, Otto Warburg. El metabolismo de las células tumorales es diferente de las normales ya que consumen más glucosa, pero utilizan menos oxígeno, puesto que la degradan por una ruta alternativa anaerobia que produce un aumento de la acidez. A partir de esta base, la aplicación se hace delirante. El primero que propuso la teoría de alcalinizar el cuerpo fue K. Brewer, un físico sin formación médica que en 1984 propuso dar cesio (un análogo del potasio) como forma de alcalinizar las células y matar a las cancerosas; como es normal en estos casos, sin ningún ensayo clínico ni experimento serio que avalara sus espectaculares afirmaciones.

Según los seguidores de la dieta alcalina, hay que evitar los alimentos que acidifican el cuerpo (carne, café, pescado) y comer alimentos alcalinos (frutas y verduras). En principio, la dieta vendría a ser una dieta baja en calorías normal y corriente, pero el problema es la parafernalia. Para empezar, al igual que en *La enzima prodigiosa*, la base científica es nula, por decirlo de un modo suave. El pH del cuerpo está estrictamente regulado igual que la temperatura, porque si no las enzimas (prodigiosas o no) no funcionarían y te morirías. Cuando comes todo va al estómago, donde el pH es tremendamente ácido y se deshace todo. El pH de nuestro medio interno tiene poco margen. Por debajo de 7,35 tenemos una acidosis, y por encima de 7,45 una alcalosis. Ambos estados son patológicos y pueden ser mortales. Hay pocas formas de cambiar estos parámetros, como no sea empezar a comer bicarbonato a cucharadas, hiperventilar o estar en altura. Por lo tanto, con la dieta, aunque se llame del pH, no vas a cambiarlo. Realmente, lo único que puedes cambiar con esta dieta es el pH de la orina. Es cierto que muchas verduras alcalinizan la orina, y la carne y el pescado la acidifican, pero esto es irrelevante para el pH de tu medio interno y para tu salud. ¿Quién es el gurú de este despropósito? ¿Un médico famoso? ¿Un científico de renombre? Pues el interfecto es

Robert O. Young, antiguo misionero mormón, titulado en medicina alternativa, pero no en medicina de verdad, que ha sido acusado de hacerse pasar por médico sin tener la licencia.[8] En principio puede parecer que seguir una dieta baja en calorías, aunque la base científica sea deficiente, no le puede hacer daño a nadie, pero no es el caso. El autor sostiene que siguiendo sus teorías se pueden curar el cáncer y otras enfermedades, y recomienda dejar la quimioterapia. Robert O. Young tiene un lucrativo negocio con su dieta Alkalinecare, puesto que vende sus suplementos a precios de oro.

No es el único. Otro iluminado, el exdoctor italiano Tullio Simoncini, sostenía que el cáncer lo causaba un hongo y que se curaba con bicarbonato, hasta que fue acusado por estafa y por llevar a algún paciente a la tumba.[9] Otro médico, seguidor de la doctrina de Brewer, H. Sartori, también ha pasado alguna temporada en la cárcel y ha llevado a la tumba a varios pacientes por sus inyecciones de cesio y ozono para alcalinizar el cuerpo y supuestamente vencer el cáncer (sin éxito, obviamente).[10]

Las pastillas solo adelgazan tu cartera

Como parte del *pack* completo de muchas dietas, no solo la alcalina, nos venden pastillas o suplementos que son indispensables para que la susodicha dieta cumpla sus objetivos. Esto es la primera señal de que nos están tomando el pelo. Si una dieta es completa y correcta no hace falta ninguna pastilla ni suplemento. A todos nos gustaría encontrar al-

8. http://www.deseretnews.com/article/469857/HERBALIST-IN-ALPINE-PLEADS-GUILTY-TO-REDUCED-CHARGE.html

9. http://www.elmundo.es/elmundosalud/2009/05/06/oncodudasypreguntas/1241631427.html

10. http://www.watoday.com.au/wa-news/doctor-admits-lying-to-practise-in-australia-20101119-180sk.html

guna pastilla que nos permitiera comer lo que nos diera la gana y mantenernos esbeltos, delgados y, ya puestos, guapos. Muchas se han vendido con este fin. La mayoría de los suplementos que venden con las dietas son simplemente una excusa para sacarte el dinero y no hacen nada. El peso lo perderás por la dieta y el deporte que hagas, pero si te cobran una pasta por un suplemento no te gustará sentirte timado y pensarás que es gracias a que ese suplemento tan caro cumple su función.

En algún momento se han vendido pastillas que prometían adelgazar, siendo en el mejor de los casos un timo y en el peor un veneno. Una de las pastillas que se vendió con este fin fue el dinitrofenol, o DNP; este compuesto, que es un subproducto de la industria de los explosivos, llamó la atención porque provocaba pérdidas de peso a los trabajadores que estaban en contacto con él. Realmente este compuesto adelgaza, hasta que te conviertes en un cuerpo esbelto, pero cadáver. Lo que hace el DNP es inhibir la función de las mitocondrias, que son la central energética de la célula. El funcionamiento vendría a ser como acelerar el coche en punto muerto: quemas gasolina, pero no te mueves. El organismo ve que no produce energía, consume todo el azúcar y luego se pone a quemar grasa. Problema: necesitamos energía, no solo para movernos, sino para respirar, hacer latir el corazón, etcétera, por lo que pasarse con la dosis es caminar hacia una muerte segura, porque el compuesto te deja sin energía suficiente para las funciones esenciales. En los años treinta se autorizó como píldora adelgazante, y cinco años y numerosas víctimas después se prohibió. Actualmente se utiliza de forma ilegal en los foros de anoréxicos y de culturismo, y siguen registrándose muertes por su uso.

Otro componente típico de las pastillas de adelgazamiento son las anfetaminas, que tienen el efecto secundario de cortar el apetito. Pero son una droga que te altera, te excita y anula la sensación de cansancio, con todo lo que ello conlleva. Recientemente se ha visto que algunos medicamentos para los diabéticos también cortan el apetito; no obstante, son medicamentos, y su uso en pacientes sanos para adelgazar es una barbaridad. De hecho, a Dukan le ha caído una multa por recetar un antidiabético a pacientes no diabéticos.[11]

El mercado de las píldoras mágicas sigue siendo muy jugoso, y si no te hacen adelgazar también te pueden decir que sirven para que tu corazón vaya muy bien. A veces hasta te lo dice alguien muy prestigioso. En 1998 el premio Nobel de Medicina o Fisiología cayó en L. Ignarro, compartido con Ferid Murad y Robert F. Furchgott por sus descubrimientos sobre el óxido nítrico (NO), molécula con importantes propiedades en la fisiología animal y vegetal. Entre otras, es un potente vasodilatador, que explica por qué en caso de angina de pecho una pastilla de nitroglicerina debajo de la lengua es útil, o por qué la Viagra (que en un principio iba a ser un medicamento para los infartos y ha acabado funcionando un poco más abajo) hace lo que hace. Una vez ganado el premio, Ignarro decidió sacarle rendimiento por una vía poco ortodoxa. Al poco tiempo diseñó Niteworks, un suplemento nutricional, y publicó un libro —más cercano a la pseudomedicina que a la divulgación científica— según el cual el NO era la panacea para prevenir y revertir cualquier tipo de enfermedad cardiovascular. La patente del suplemento se la vendió a la multinacional de la herboristería Herbalife, y el mismo Ignarro entró a formar parte de la compañía como presidente del consejo asesor científico. Huelga decir que el prestigio de Ignarro y de su premio Nobel fue convenientemente publicitado por Herbalife para vender todos sus productos, en especial el Niteworks, que se comercializa con su firma en el envase y la foto de la medalla Nobel. El problema es que a pesar de su prestigio no hay ninguna evidencia científica de que el suplemento funcione. De hecho, cuando ya estaba a la venta publicó un artículo que corroboraba

11. http://www.abc.es/sociedad/20130709/abci-dukan-dieta-mala-condenado-201307091543.html

las supuestas propiedades,[12] pero, claro, era un artículo suyo de algo que vendía él. Aquí tenemos un claro conflicto de intereses que obligó a la revista a publicar una corrección.[13]

Herbalife ya fue multada en el pasado por hacer afirmaciones engañosas sobre las propiedades de sus productos, por la estructura de venta piramidal, y en España, por contaminación con plomo. Curiosamente, el otro premiado en el Nobel, Ferid Murad, viendo el éxito de Ignarro, trató de seguir sus pasos, y en diciembre de 2004 avaló la salida al mercado del suplemento Cardio Discovery, a imagen y semejanza de Niteworks. Parece que ya se ha bajado del carro y ha decidido retirar su nombre de la publicidad, aunque ahora estas se publicitan como «las antiguas pastillas del doctor Murad». En España no tenemos premios nobeles en ciencia vivos (para nuestra vergüenza), pero tenemos al actor porno Nacho Vidal, que también vende pastillas mágicas para el vigor sexual; eso sí, todo natural. Y para que no falte de nada tuvimos el caso de un catedrático de Bioquímica de la Universidad de La Laguna, Enrique Meléndez-Hevia, que se puso a vender un remedio para diferentes enfermedades, entre ellas la obesidad, a partir de su prestigio académico, aunque no hay ningún estudio que avale que sus píldoras funcionaran de verdad. Lo dicho, con una buena dieta y una alimentación equilibrada sobran las pastillas.

El agua no adelgaza

Muchos de los mitos relacionados con el adelgazamiento tienen que ver con el consumo del agua, en ocasiones convenientemente difundidos por empresas de agua mineral. Font

12. Napoli, C., *et al.*, «Long-term combined beneficial effects of physical training and metabolic treatment on atherosclerosis in hypercholesterolemic mice», PNAS, 101 (2004), pp. 8.797-8.802.

13. http://www.pnas.org/content/101/52/18262.2.full

Vella lleva décadas jugando con las palabras ligera, kilos y dietas en su publicidad, sugiriendo de forma más o menos indirecta que su agua ayuda a adelgazar. Recuerdo un anuncio muy gráfico de la marca Bonafont: en un vaso con aceite empezaban a tirar agua de esa marca, hasta que el aceite rebosaba y en el vaso quedaba solo el agua, dando a entender que esta eliminaba la grasa, algo que no es cierto. Una vez, un cocinero hiperfamoso de la tele estaba cocinando una receta de canelones con sesos y *foie-gras*. A media receta saca la botella de agua mineral, luciendo la marca, se echa un trago a morro y dice que esa agua es buena para el colesterol. Realmente hay unos estudios del grupo de Pilar Vaquero que indican que el consumo de agua mineral alta en sodio puede reducir el colesterol.[14] Pero frente a unos canelones con sesos ya puedes beberte diez garrafas de agua (suponiendo que fuera la del estudio y no otra) para compensar.

El agua solo es buena para la sed. Nada más. Necesitamos estar convenientemente hidratados y tener la cantidad de agua necesaria. En ambientes secos y cálidos, perderemos más agua y habrá que beber más. Pero no adelgaza, ni ayuda a quemar grasas ni nada por el estilo. En su momento se presentaron dietas consistentes en beber mucha agua, o en hacer ayunos para eliminar toxinas. Nuestro cuerpo filtra y elimina todo lo que le molesta principalmente por el riñón y el hígado, en flujo continuo. Ayunar no supone ninguna ventaja en esta eliminación. Al contrario: al tener que movilizar el glucógeno del hígado, lo que hacemos es sobrecargarlo de trabajo. Hacer circular estos mensajes falsos sobre el agua tiene sus riesgos. Beber demasiada agua en poco tiempo puede producir patologías fatales. Las británicas Jacqueline Henson y Dawn Page fallecieron por un edema cerebral produci-

14. Pérez-Granados, A. M., Navas-Carretero, S., Schoppen, S., Vaquero, M. P., «Reduction in cardiovascular risk by sodium-bicarbonated mineral water in moderately hypercholesterolemic young adults», *J Nutr Biochem*, 21 (2010), pp. 948-953.

do por beber excesivas cantidades de agua en poco tiempo. De hecho hasta existe una patología, la potomanía, que es propia de gente que consume cantidades exageradas de agua con la intención de adelgazar. Además de los edemas cerebrales, otro problema asociado es que al sobrecargar de trabajo los riñones estos pueden acabar fallando. El actor británico Anthony Andrews estuvo a punto de morir por esta causa y se sospecha que el artista Andy Warhol sufría esta patología.

Otro mito asegura que es mejor pasarse al agua mineral, sobre todo a las bajas en sodio, cuando tienes hipertensión. Una dieta rica en sal hace que suba la tensión arterial. Por lo tanto, si sufrimos de hipertensión, sería el primer factor que reducir. Si el agua mineral tiene menos sal que la del grifo, pasándonos al agua embotellada ayudamos a reducir la hipertensión, ¿no? Pues no, fallan las matemáticas. En España tenemos un problema con la sal, puesto que consumimos una media de diez gramos por día cuando la recomendación es de cinco, pero ¿de dónde procede esa sal? De los alimentos, sobre todo de los procesados, en un 75 por ciento. Concretamente, el 14,2 por ciento del sodio total ingerido proviene del pan, seguido del jamón curado (11,7 por ciento del sodio total) y otros embutidos (5,6 por ciento del sodio total). En la población infantil es muy importante el que procede de las patatas fritas y los aperitivos embolsados.[15] Por lo tanto, la cantidad de sodio que lleve el agua es el chocolate del loro y no depende de la marca de agua mineral. Pásate al pan sin sal y eso que te ahorrarás.

A veces esta necesidad de publicitarse llega a lo ridículo. De acuerdo con que nos bombardeen con imágenes de pureza, de montañas nevadas y de manantiales, pero Bezoya directamente puso la imagen de su marca en manos de un charlatán japonés, Masaru Emoto. Digo lo de charlatán porque este señor dice que hablarle al agua cambia su forma de

15. Varela Moreiras *et al.*, Libro Blanco de la Nutrición en España, Fundación Española de la Nutrición, 2013.

cristalizar, algo que por supuesto nadie ha contrastado y que a él le sirve para vender libros y remedios mágicos. Y una última barbaridad es decir que el agua de mar se puede beber y cura las enfermedades. Este mito tiene su origen hace más de cien años en las elucubraciones de René Quinton, que aseguraba que fue capaz de cambiar toda la sangre de un perro por agua de mar y que este sobrevivió, algo que nadie vio ni se ha vuelto a repetir. Algunos de sus discípulos, como el colombiano Laureano Domínguez, van más allá y proponen que puede ser una cura para el hambre en el mundo. Según ellos, la percepción que tenemos de que beber agua de mar es malo se debe a los sospechosos habituales, conspiración de las farmacéuticas, envidia...

Importante: el agua de mar no se puede beber, es tóxica. ¿Qué pasa cuando bebemos o nos inyectamos agua de mar? Dentro de nuestras células, la concentración de sales debe estar absolutamente controlada, puesto que, igual que ocurre con el pH, todas las reacciones enzimáticas que tienen lugar necesitan una concentración de sal determinada para llevarse a cabo. No solo eso, algunos procesos vitales como el impulso nervioso se producen por el flujo de iones a través de la membrana de las neuronas. Este medio salino interno se consigue principalmente regulando la concentración de sodio, que es el ion mayoritario, y de potasio. Si bebemos agua salada, esta arrastrará el agua del interior de las células, provocando una deshidratación y una diarrea segura; por tanto, más sed. Si la situación se alarga, se produce un aumento de la concentración salina en el interior de la célula que puede resultar fatal. Por lo tanto, el agua de mar, siempre por fuera. Y para beber, mejor una caña en el chiringuito.

Algunos consejos

Hasta aquí los mitos relacionados con las dietas. Pero ya que he aprovechado para empollarme todo lo que he podido sobre metabolismo y dietas, puedo compartir algún truco o pauta para ayudarte a perder peso. En general, la información sobre metabolismo y nutrición puede cambiar, pero lo que te comento lo he visto referenciado en más de un sitio y con estudios detrás que lo avalan. Y antes que nada, un consejo: ten en cuenta que no hay ninguna dieta que haga milagros. Solo tu esfuerzo y tus ganas harán que pierdas peso, y todo cuesta. La mejor dieta es la del cucurucho: comer poco y correr mucho. ¿O no era «correr»? Adelgazar no es tanto demonizar un alimento o comer solo de otro, sino una suma de pequeños gestos. Mira a ver si puedes cumplir alguno de los que siguen:

— Sal a correr, a saltar, a hacer lo que quieras, pero muévete y haz deporte. El sedentarismo es una de las principales causas de obesidad, así que deja de leer y muévete un poco.
— Limita las bebidas refrescantes o pásate a las *light*. No tiene sentido que pidas sacarina para el café si antes te has tomado dos vasos de coca-cola. ¿Has mirado la composición que viene en las latas? Una lata de coca-cola tiene el contenido de seis sobres de azúcar (36 gramos). Por lo tanto, dos coca-colas en una comida equivalen a doce sobres de azúcar. Tómate la coca-cola *light* y el café con azúcar, y te ahorrarás once sobres de azúcar (66 gramos).
— No caigas en la autocomplacencia. Las causas genéticas en la obesidad son muy raras y seguro que no es tu caso. ¿Te has fijado si cuando comes con gente eres el único que repite? ¿O si eres el que en el menú de la cafetería pide escalope milanesa o albóndigas en salsa en vez de emperador a la plancha? Ese es el motivo por el que engordas, y no por tu metabolismo o tus genes. No eres ningún enfermo, solo tienes que cambiar algunos hábitos.
— En las bebidas *light* realmente se elimina todo el azúcar (ante la duda consulta la etiqueta), pero para el resto de productos *light* es suficiente con un 30 por ciento menos de calorías o sal que el convencional para que se conside-

re como tal. Si compras embutido *light* y comes el doble porque es *light*, ingieres un 40 por ciento más de calorías y vas a engordar mucho. Una mayonesa *light* sigue siendo lo que más engorda de la ensalada, aunque en la propaganda salgan dos chicos con un tipazo que no veas. Mejor si en vez de a lo *light* te pasas a la fruta, a la verdura y a la ensalada sin mayonesa. Aunque las lechugas no sean *light* engordan menos que el chorizo ídem.

— Limita los *snacks* y patatas fritas embolsadas. Aproximadamente el 30 por ciento del peso de una patata frita es aceite y grasas. Son de los alimentos que más calorías tienen. Cambia de aperitivo. ¿Por qué no frutos secos? Contienen ácidos grasos esenciales y su consumo se ha demostrado beneficioso para la salud, sobre todo las nueces.

— Huye de los alimentos en cuya composición aparezcan grasas vegetales o aceites vegetales sin definir cuál es el aceite. Suelen llevar aceite de palma o coco, ricos en grasa saturadas y por tanto no recomendables.

— Haz deporte, que ya te lo he dicho antes. Yo no puedo porque estoy escribiendo, pero haz deporte, levántate del sofá y hazlo.

— No bajes la guardia ante los primeros resultados positivos, no pienses que es fácil y vuelvas a las viejas costumbres. Mucha gente que ha recurrido a técnicas radicales para perder peso como la cirugía, después de perderlo lo ha vuelto a ganar. Insisto: no es una batalla de unas semanas o unos pocos meses, sino que hay que seguir unas pautas diarias durante mucho tiempo. Ni siquiera tiene por qué ser un esfuerzo; una vez que te acostumbres ni te darás cuenta.

— Pásate al pan y la harina integrales. Uno de los problemas de nuestra dieta es el exceso de azúcares rápidos (técnicamente, que tienen el índice glucémico muy alto), como el azúcar de mesa o la harina blanca. El problema de estos azúcares es que se asimilan con celeridad y disparan la insulina, se consumen muy rápido y van directos a los michelines. Abusar de este tipo de azúcares es fatal para el páncreas y para la obesidad, sobre todo a medida que te haces mayor. Hay fuentes de hidratos de carbono, como las frutas y las verduras, para las que esta digestión es más lenta, lo cual es mejor para tu metabolismo. Además, uno de los problemas de la dieta es que comemos menos fibra de la que deberíamos. La fibra contribuye a disminuir el apetito, a aumentar la masa fecal y además tiene efecto prebiótico (es bueno para tu flora intestinal). Así que con el pan integral matas dos pájaros de un tiro; aunque ten en cuenta que tiene prácticamente las mismas calorías que el blanco, así que tampoco te atiborres.

— Lee las etiquetas de los alimentos procesados. No me gusta demonizar un alimento por el simple hecho de que esté procesado, pero sí que es cierto que los fabricantes, para hacer más apetecible un alimento, suelen abusar de la sal, el azúcar o las grasas saturadas, productos que debes evitar. Las grasas saturadas te suben el colesterol y engordan. La sal es mala para la hipertensión y en España comemos demasiada, de modo que plantéate rebajarla. El azúcar a veces aparece como tal, o como glucosa, dextrosa, almidón, fécula o como jarabe de maíz. Tiene el índice glucémico muy alto y no conviene abusar por lo que ya he dicho en el punto anterior. Otros alimentos procesados, en cambio, mejoran a los frescos. Por ejemplo, la verdura congelada, como las espinacas, las acelgas o los guisantes, se congela a pie de huerta y si no se rompe la cadena del frío conserva todas sus propiedades; en cambio, la versión fresca va decayendo mientras va del campo al supermercado y del supermercado a tu mesa.

— Aumenta el consumo de fruta, verdura y pescado en la dieta, y baja el de carnes grasas y embutido.

— No hay alimentos mágicos ni alimentos que adelgacen, pero sí que hay alimentos que tienen mejores propiedades que otros. Las moras y frutas del bosque tienen fama de contener muchos antioxidantes con múltiples propiedades beneficiosas, aunque el efecto a veces se exagera. ¿Y qué tal las semillas de lino? Tienen fibra, secuestran el colesterol y son ricas en ácidos grasos esenciales. Diríamos que aúnan varios caracteres positivos en un solo alimento. No estaría mal que te tomaras una cucharadita de vez en cuando, o mejor todos los días. Eso sí, mira a ver si las encuentras en algún supermercado, porque como vayas a una herboristería o tienda de productos ecológicos, la clavada te puede dejar tieso.

— Dicho esto, consumir alimentos con propiedades interesantes no es una carta de invulnerabilidad de un juego de rol que te permite hacer lo que quieras. No vale tomar semillas de lino y luego hincharse a pan con mantequilla. Los alimentos saludables se toman «en vez de», no «además de».
— Huye de las barritas energéticas, las bebidas isotónicas y los alimentos para deportistas. Están pensados para gente que tiene mucho desgaste y sufre pérdidas específicas por practicar deporte de forma regular. Si los consumes sin hacer mucho deporte, no te aportan nada, solo calorías. Tomarse una barrita de esas no te convierte en deportista ni te da el cuerpo de un atleta.
— ¿Pero qué demonios haces que todavía estás leyendo y no estás haciendo deporte? ¿Quieres mover tu hermoso trasero de una vez?

Capítulo 7

DIETAS FILOSÓFICAS O RELIGIOSAS

Se pueden seguir una dieta o unas normas alimentarias para estar más delgado, por tener determinadas intolerancias alimentarias o por motivos de salud como sobrellevar una diabetes. Pero no son los únicos motivos. Por ejemplo, hay gente que elige vivir su vida según los preceptos de determinada religión o determinada filosofía. Un aspecto fundamental de la vida de cualquier persona es su alimentación, por lo que si se supone que sigue unas reglas que rigen su vida, es muy frecuente que esas normas afecten también a su modo de alimentarse. A veces estas normas son más o menos lógicas, o más o menos incompatibles con llevar una alimentación equilibrada. Lo que ocurre demasiadas veces es que los partidarios de esas filosofías o religiones tratan de justificar a posteriori la bondad de esa dieta y argumentar que está avalada por motivos de salud o dietéticos, es decir, que tiene base científica. No nos engañemos, cuando alguien sigue una dieta por su filosofía o su religión y trata de justificarlo por otros motivos, se basa siempre en argumentaciones muy sesgadas y partidistas, de la misma forma que un católico siempre argumenta que para no coger el sida es mejor la abstinencia que un preservativo, o un musulmán o un judío insisten en que la carne de cerdo es mala para la salud. Están primando los motivos religiosos sobre los científicos. Esto no quita que estas dietas, como todas, tengan sus aspectos positivos y sus aspectos negativos... ¿Los vemos juntos?

Existen diferentes religiones y filosofías que defienden el vegetarianismo. Tampoco conviene olvidar que históricamente una de las muchas modas surgidas a partir del *New Age* fue la de hacerse vegetariano. Ese mensaje, que ya practicaban algunas religiones, caló en determinados movimientos políticos, ecologistas o de protección de los animales. Este vegetarianismo ideológico favorece que la información que encuentras sobre él tienda a mezclar conceptos ideológicos con científicos y nutricionales. No hay ninguna objeción científica a un vegetarianismo ovolácteo, pero tenemos que hilar más fino cuando se trata de algunos grupos más radicales, como los veganos estrictos (nada de origen animal), los crudívoros (ni animal, ni cocinado: todo crudo) o las diferentes religiones que propugnan una dieta vegetariana más o menos estricta. Entre estas religiones encontraríamos el jainismo, el hinduismo, diferentes corrientes del budismo e incluso algunas iglesias cristianas.

Entre las corrientes filosóficas estaría la de aquellos que son vegetarianos por respeto y defensa de los animales. Piensan que si comen vegetales no matan animales. ¿Están en lo cierto? Nosotros, como animales, tenemos el problema de ser heterótrofos, es decir, que a diferencia de las plantas solo podemos alimentarnos de algo que antes ha estado vivo (o que continúa estándolo, como las bacterias de las frutas o el pulpo en un restaurante coreano). Así que, a diferencia de una planta, nosotros no podemos alimentarnos de aire y de tierra. Nos tienen que dar el carbono, nitrógeno y azufre que necesitamos ya incorporado a la materia orgánica. No comer carne por no matar animales es una postura bastante acomodaticia y poco real, más bien autocomplaciente. No es que quiera hacer una defensa de las plantas, de cuya depredación nadie parece apenarse... Pero ¿por qué ningún vegetariano se acuerda de ellas, pobrecitas mías? Hay varios detalles que los vegetarianos que no quieren matar animales no tienen en cuenta. Cultivar un campo significa luchar contra las plagas. Para que una verdura llegue a tu mesa han tenido que utilizar insecticidas y fitosanitarios que matan bichos, por lo tanto por el camino has ido dejando cadáveres animales.

Pero no es el único problema. Un terreno destinado a la agricultura antes ha sido un terreno salvaje, por lo tanto cuando se ha roturado un trozo de bosque para sembrarlo se ha tenido que eliminar buena parte del ecosistema. Eliminar el ecosistema implica quitar espacio para que se desarrolle la vida salvaje. El problema es más evidente en las zonas tropicales, donde el terreno agrícola se gana quemando parcelas de selva y abrasando a todo animal que viva allí; por lo tanto, si te comes una fruta o verdura procedente de alguno de estos países, ya sabes lo que hay detrás.

Además, la cercanía a la jungla supone otro problema añadido: el impacto que la fauna salvaje puede tener sobre los cultivos. Es bastante frecuente que un tigre ataque a un agricultor, o que una manada de elefantes arrase la parcela, lo que implica que los agricultores se defiendan. En los últimos años, la mortalidad de especies protegidas se debe más a la actividad agrícola que a la caza furtiva. Por lo tanto, cada vez que abres la boca, aunque te comas un vegetal, algún animal se ha muerto. Es lo que tiene ser heterótrofo.

Muchos vegetarianos argumentan en cambio que su postura no es tanto por proteger a los animales como por cuidar la salud. En general es cierto que una dieta rica en grasas animales se asocia con enfermedades cardiovasculares. La dieta vegetariana evita el colesterol y las grasas saturadas, de modo que adoptarla disminuye notablemente el riesgo de accidente cardiovascular. El contenido calórico medio también es menor, por lo que una dieta vegetariana ayuda a controlar el sobrepeso y la tensión arterial, aunque no olvidemos que siendo vegetariano también se puede estar gordo si comes mucho, sobre todo alimentos como azúcar, patatas fritas de bolsa o legumbres a cubos.

En general, un vegetariano se suele ahorrar el sermón del médico diciéndole que, o baja el colesterol, o no llega a los cincuenta por un infarto. Pero también hay problemas en la dieta vegetariana. Existen ciertas carencias asociadas al vegetarianismo más estricto, sobre todo entre los poco cuidadosos en su dieta. La más conocida es la carencia de aminoácidos esenciales. Un buen filete tiene una distribución de aminoácidos en la que están representados todos los esenciales; de modo que si en nuestra dieta hay algún cadáver de animal, no hay carencias de aminoácidos esenciales. El problema son las plantas. Las legumbres son deficientes en cisteína y metionina, y los cereales en lisina, por lo que una dieta exclusiva en uno de estos dos alimentos puede acabar en carencias de aminoácidos esenciales que pueden ser fatales. Entre los pocos vegetales que tienen una proporción de aminoácidos óptima se halla la soja, por eso es tan apreciada en piensos y en suplementos nutricionales. El riesgo existe, pero es fácilmente evitable si incluimos cereales y legumbres en el menú, soja o con una dieta ovoláctea.

Algo similar ocurre con la vitamina D, que es muy infrecuente en plantas, pero abundante en la leche y en los huevos. Un vegetariano también puede tener problemas relacionados con los micronutrientes como el hierro o el zinc. Muchas verduras son ricas en estos dos elementos, pero el problema es que muchas veces el hierro queda secuestrado por la fibra o por otros componentes como el fitato, el oxalato o el citrato, por lo que a pesar de que la concentración (cantidad total) es alta, la biodisponibilidad (cantidad que podemos asimilar) es muy baja. Por eso las anemias pueden ser frecuentes entre vegetarianos. Y no acaban aquí los problemas. Estos secuestrantes tienen la mala costumbre de formar piedras en el riñón. En condiciones normales, el riñón va eliminándolas, pero con una dieta vegetariana estricta el riñón puede saturarse y aparecer los temidos cálculos renales.

Una dieta que excluya completamente alimentos de origen animal también puede presentar un déficit en ácidos grasos esenciales, y aquí está la paradoja. Un déficit severo en un tipo de ácido graso (los n-3 poliinsaturados), junto con un déficit en vitamina B12, que también se puede dar en vegetarianos, puede conducir a que las plaquetas no funcionen como deben, lo que llevaría a un riesgo elevado de trombosis y a aumentar el riesgo de accidente cardiovascular. Por lo tanto acabamos de cerrar el bucle. Una dieta rica en carne aumenta el riesgo de infarto, pero también existe un riesgo de infarto asociado a las dietas vegetarianas estrictas si se dan estas dos carencias. Llegado el caso, creo que lo peor no sería el infarto en sí, sino la cara que pondría la gente cuando le contaras que no es por ponerte morado de hamburguesas en el McDonald's y de cocido con tocino y oreja, sino por comer mucha lechuga. La conclusión sería que se puede llevar una dieta equilibrada siendo vegetariano, pero sigo insistiendo en que es aconsejable incluir leche y huevos, que eliminan la mayoría de problemas relacionados con el vegetarianismo estricto.[1]

Quizás el argumento más favorable a favor del vegetarianismo no sea el beneficio para la salud, o el hecho de no matar animales, sino el beneficio para el medio ambiente. La carne es más cara que las verduras, y esto es así porque las verduras las cultivamos y nos las comemos, con un impacto ambiental por el uso de suelo, fertilizantes, pesticidas y demás limitado. En cambio, los seres vivos somos muy poco eficientes energéticamente y desaprovechamos mucha energía. Si esa cosecha la utilizamos para alimentar animales, perderemos por el camino gran parte de la energía acumulada en las plantas más la necesidad de energía en forma de comida, agua potable y climatización de las granjas. Por lo tanto, sumamos el impacto ambiental o la huella ecológica de criar a los animales al de cultivar las plantas con las que los hemos alimentado. Ello puede llevar a concluir que el impacto ambiental de la producción de carne es mucho mayor que el de la verdura. Sin embargo, es de justicia decir que

1. Li, D., «Chemistry behind Vegetarianism», *J Agric Food Chem*, 59 (2011), pp. 777-784.

muchos de los cálculos que hacen los grupos ecologistas o vegetarianos están sesgados porque no tienen en cuenta un factor: a menudo el ganado come forraje o pasto, es decir, comida que no se ha cultivado y que es inaprovechable. Pero, por otro lado, es verdad que gran parte de las emisiones de efecto invernadero, sobre todo las de metano, se deben a la ganadería. Por cierto, la ganadería en pasto o la ecológica tienen unas emisiones de gases de efecto invernadero muy superiores a la convencional en establos.

Vegetarianismo religioso

Dentro del vegetarianismo hay diferentes clases, más allá de los que esgrimen motivos ambientales, para la salud o por respeto animal. Muchos vegetarianos no tienen problema en consumir productos de origen animal si no se ha matado a los animales en su elaboración. En cambio, los veganos estrictos no comen absolutamente nada de origen animal, ni leche, ni huevos, ni miel. Algunos, como los ligados a organizaciones animalistas radicales, tipo el Animal Liberation Front, frecuentemente acompañan sus reivindicaciones de actos violentos. Otros como PETA (People for Ethical Treatment of Animals) directamente tienen un mal gusto rayano en la crueldad. PETA es conocida más que por el calado de su mensaje por la costumbre de despelotar a chicas jóvenes de muy buen ver en sus reivindicaciones. Al alcalde de Nueva York Rudolph Giuliani le diagnosticaron cáncer de próstata pocos años después de participar en una campaña a favor del consumo de leche. PETA puso paneles en Nueva York con la frase «*Got prostate cancer? Drinking milk contributes to prostate cancer*». Y haciéndolo se aprovecharon de un drama personal para dar un mensaje sin base científica. El consumo de leche en adultos no se ha relacionado con ningún tipo de cáncer y sí con una menor incidencia de infartos. Por cierto, PETA no está para dar lecciones a nadie, ya que ha sido denunciada porque sus presuntos hogares de acogida de animales, para los que recaudaba generosas contribuciones, han sido reiteradamente denunciados por exterminar a los animales sobrantes.[2] En el veganismo más estricto encontramos el crudivorismo, que no tolera la cocción de alimentos. Esta opción es muy reciente y está muy relacionada con filosofías tipo *New Age*, pero sin ninguna lógica antropológica, filosófica o científica. Antes de ser *Homo sapiens sapiens*, nuestros antepasados evolutivos ya cocinaban los alimentos, porque mejora su asimilación. Ninguna religión ni civilización en la historia de la humanidad ha defendido la ingesta de alimentos crudos. No olvidemos que es una opción que puede ocasionar muchos problemas para la salud de no seguirse con un estricto cuidado. Cocinar es la forma más elemental de higiene alimentaria y de conservación de alimentos. Nuestro entorno occidental es seguro, pero cuando vas a países exóticos el primer consejo sanitario es consumir solo alimentos cocinados, nada crudo. Aunque da igual. Siempre pasa que en la excursión al lugar más remoto y pintoresco, hay alguien a quien le apetece una ensalada, un helado artesanal o un zumo de frutas locales. En su pecado llevan su penitencia. Tomar un alimento crudo en un lugar remoto es garantía segura de que el atrevido va a pasarse el resto de las vacaciones a no más de treinta segundos de distancia de un retrete. También tenemos la concepción de que cocinar los alimentos hace que se pierdan nutrientes, lo cual es cierto a veces. Por ejemplo, el pimiento es de las hortalizas que más vitamina C acumula. De hecho, el químico Szent-Györgyi aisló esta vitamina a partir de zumo de pimiento, pero, a no ser que te los comas crudos, al cocinarlo se pierde.

El que acabamos de mencionar sería el único argumento a favor del crudivorismo, aunque hay miles en contra, muchos desde el mismo punto de vista de la nutrición. Los tomates son

2. http://www.nytimes.com/2013/07/07/us/peta-finds-itself-on-receiving-end-of-others-anger.html?_r=0

ricos en vitamina A, una vitamina liposoluble (no se disuelve en agua, pero sí en aceite). Si te comes el tomate en ensalada asimilas poco de esa vitamina A debido a que la fibra dificulta la absorción; en cambio, si fríes el tomate el aceite disuelve las moléculas lipofílicas. ¿Te has fijado en que el aceite coge el colorcillo del tomate? Por lo tanto, el aceitillo será rico en vitamina A, que además disuelta en aceite se asimila de maravilla. Las proteínas y los hidratos de carbono cocinados también facilitan su asimilación.

Incluso hay algún caso más extremo. Los antiguos mayas ya hervían el maíz con sosa. Este proceso (llamado nixtamalización) cambia la textura de la harina de maíz y posibilita la elaboración de diferentes especialidades vigentes en la comida mexicana actual como las tortillas de maíz. Pero además este proceso se carga el ácido fítico y aumenta la biodisponibilidad de minerales y de niacina (o vitamina B3). Cuando el maíz llegó a Europa se extendió su uso como sustituto del trigo para hacer harina, pero no la cultura asociada ni el tratamiento con sosa. En muchas zonas húmedas o de montaña de Europa, el maíz se adaptó muy bien al cultivo, por lo que acabó siendo la base de la alimentación en sustitución del trigo y otros cereales; pero al no hacer el tratamiento que hacían los antiguos mayas la dieta pasó a ser deficitaria en vitamina B3. Un déficit en esta vitamina produce una enfermedad conocida como «pelagra», que se caracteriza por que la piel expuesta al sol se vuelve rojiza y escamosa, junto con otros síntomas como cansancio, pérdida de peso y diarrea que a la larga puede ser fatal. Por lo tanto, cocinar verduras no tiene por qué ser malo, y mojar pan en el aceite de freír tomate, tampoco.

Existe un crudivorismo aún más radical, asociado a algunas ramas del budismo, que es el frutarianismo. Solo permite alimentarse de partes de la planta que se puedan recoger sin dañarla (fruta o semillas). Huelga decir que es el que más problemas de salud puede presentar por lo limitado de la dieta. Como es obvio, seguir cualquier religión consiste en asumir de forma acrítica una serie de dogmas y normas de comportamiento convertidos en preceptos. Las dificultades aparecen cuando, milenios después de haberse establecido esa religión, se siguen llevando a la práctica algunas de esas obligaciones, que vistas desde un punto de vista contemporáneo pueden resultar bastante pintorescas.

Y por último tenemos un vegetarianismo más exótico, el vegetarianismo Su, practicado por algunos grupos budistas e hindúes, que además de excluir cualquier alimento de origen animal excluye vegetales del género *allium* (cebollas, ajo, puerros...). Hay otras ramas del hinduismo y también en la religión Sij que sí permiten el consumo de carne, siempre que no sea de vaca. Pero puestos a ver preceptos alimentarios peculiares, el más curioso es el rastafarianismo, que, según aparece en El Libro Blanco de la Nutrición en España, tiene prohibido consumir alimentos de origen animal (excepto la leche), alimentos enlatados y procesados, la sal (esto es algo absurdo porque el cloruro de sodio se encuentra en casi todos los alimentos), el café y el alcohol. Lo más gracioso es que los alimentos permitidos tienen que ser ecológicos. Ser un rastafari practicante debe de salir carísimo.[3]

El día que yo monte una religión va a ser obligatorio comer paella los domingos, cordero asado los sábados y fabada el viernes. El resto de días será libre. Seguro que no me faltarán feligreses, aunque los dietistas se quejarían, y con razón.

Dietas monoteístas

Las tres principales religiones monoteístas a nivel mundial (cristianismo, islamismo y judaísmo) tampoco se libran de normas alimentarias, con las paradojas que comporta tratar de seguir en el siglo XXI prescripciones y usos de hace varios

3. Varela Moreiras *et al.*, Libro Blanco de la Nutrición en España, Fundación Española de la Nutrición, 2013.

milenios. Se ha tratado de justificar la prohibición de los musulmanes y los judíos de comer carne de cerdo por motivos sanitarios. Algunos autores como Marvin Harris argumentan que quizá no fuera tanto un motivo sanitario como económico, puesto que el cerdo es un animal que requiere agua en su crianza y que no puede alimentarse de pasto o de forraje como los rumiantes, sino que requiere alimentos que también pueden servir para las personas. En un entorno desértico como el que fue la cuna de las tres religiones monoteístas, criar cerdos sería muy caro, por lo que la prohibición sería una forma de proscribir algo que consumiría muchos recursos y beneficiaría a unos pocos. Marvin Harris también argumenta que la sacralización de las vacas en la India se debe a que se obtiene mayor rendimiento de ella como animal de trabajo que como alimento.[4] En principio, las restricciones entre judíos y musulmanes son muy similares. Los cristianos tienen más barra libre.

La justificación de por qué los cristianos son los únicos monoteístas que consumen cerdo se basa en una frase de Jesús en el Evangelio, concretamente en Mateo 15,11: «No lo que entra en la boca contamina al hombre; mas lo que sale de la boca, esto contamina al hombre». Jesús y los primeros apóstoles y discípulos eran judíos, por lo tanto lo más probable es que cumplieran los preceptos de la Torá y no comieran cerdo. Sin embargo, la mayor parte de la doctrina católica es herencia de san Pablo, que fue el que entre otras cosas defendió la evangelización de los gentiles, es decir, que el cristianismo no era una doctrina solo para judíos. Esto era muy conveniente desde el punto de vista del marketing y la internacionalización: que las normas se apartaran de las judías para abrir nuevos mercados. El libro de los Hechos de los Apóstoles solucionó este problema. En el capítulo 10, versículos 10 al 16, se lee una aparición que tuvo san Pedro:

4. Harris, Marvin, *Bueno para comer*, Alianza Editorial, Madrid, 1989.

«Y tuvo gran hambre, y quiso comer; pero mientras le preparaban algo le sobrevino un éxtasis; y vio el cielo abierto, y que descendía algo semejante a un gran lienzo, que atado de las cuatro puntas era bajado a la tierra; en el cual había de todos los cuadrúpedos terrestres y reptiles y aves del cielo. Y le vino una voz: "Levántate, Pedro, mata y come". Entonces Pedro dijo: "Señor, no; porque ninguna cosa común o inmunda he comido jamás". Volvió la voz a él la segunda vez: "Lo que Dios limpió, no lo llames tú común". Esto se hizo tres veces; y aquel lienzo volvió a ser recogido en el cielo».[5]

A pesar de esta aparente libertad alimentaria, en la historia del cristianismo ha habido diferentes corrientes que han propugnado normas alimentarias; por ejemplo, las órdenes de los cartujos, los cistercienses y los carmelitas siguen reglas vegetarianas, lo mismo que algunas ramas protestantes como los adventistas del séptimo día y la iglesia cristiana bíblica, o los anarquistas cristianos como León Tolstói.

Por lo tanto, dentro del cristianismo, salvo los ayunos y abstinencias de la Cuaresma y de algunas órdenes, no hay demasiadas restricciones dietéticas. Sin embargo, seguir los preceptos del judaísmo es más complicado. Las normas alimentarias del judaísmo, en las que se basan las islámicas, están definidas en el capítulo 11 del Levítico. Un judío practicante solo puede comer alimentos *cashrut* (o, pronunciado en yidis, *kosher*). De una forma muy parecida a como pasa con la alimentación ecológica, un rabino tiene que certificar que cumple las normas y ponerle el sello que lo ratifica. Igualmente, un imán debe certificar la comida apta para el mundo islámico y darle el sello *halal*. Dicho sea de paso, por estas certificaciones se cobra: es una de las principales fuentes de ingresos de estas iglesias.

¿En qué consisten estas reglas? La norma general es que se permiten todos los animales terrestres que tengan pezuñas hendidas y rumien, los acuáticos que tengan aletas y escamas,

5. Sagrada Biblia, Reina-Valera, 1960.

y también se permiten algunos insectos voladores como el saltamontes. La sangre está estrictamente prohibida, por lo que el animal debe ser sacrificado por un rabino, y ser desangrado. Tampoco se permite la grasa que rodea los órganos vitales. Pero todavía se puede liar más. Lo que no es *cashrut* contamina, por lo tanto ningún alimento puro puede elaborarse con utensilios que hayan sido utilizados con alimentos impuros. Si alguna vez vais a un restaurante con un judío practicante, lo más posible es que pida pescado en papillote o a la sal, debido a que en su elaboración va envuelto y no entra en contacto con la cazuela. Así puede cumplir con el precepto, aunque esté rodeado de gentiles. Los judíos pueden beber alcohol, pero el vino, para ser considerado *cashrut,* debe ser elaborado solo por judíos y no puede ser prensado por pies. Los musulmanes pueden beber alcohol, lo que no pueden es emborracharse, aunque hay que tener en cuenta que el Islam es una religión muy atomizada. Diferentes escuelas dan origen a diferentes interpretaciones del Corán, y las normas pueden cambiar.

Adaptar reglas de hace milenios al día de hoy siempre ocasiona problemas. Por ejemplo, los católicos tienen un problema no alimentario. La lengua oficial de la Iglesia católica sigue siendo el latín eclesiástico, pero es una lengua muerta y obviamente no tiene la evolución que tiene cualquier lengua viva. Muchos textos eclesiásticos relativos a la doctrina hacen referencia a costumbres del siglo XXI, pero ¿cómo se llaman una televisión o un ordenador en latín? No hay una palabra para ello, porque en la Roma imperial no existían. El Vaticano publica el *Lexico latinitatis recentis,* elaborado por una comisión que se encarga de otorgar nombres en latín a todo lo que va apareciendo en nuestra sociedad y que la antigua Roma desconocía. De esta forma, el nailon en latín se llama *materia plastica nailonensis*; el minigolf: *pilamalleus minutus,* y un ovni: *res incognita volans*. Bueno, pues este tipo de problemas tienen los judíos con la comida. Si en Israel vas a un McDonald's, las hamburguesas no tienen queso, salvo que lo pidas explícitamente... Y, eso sí, te mirarán con cara de pecador. Esto se debe a que en tres apartados de la Biblia se menciona que «un cabrito no debe ser cocido en la leche de su madre» (Éxodo 23,19; Éxodo 34,26; Deuteronomio 14,21), lo que se interpreta como que está prohibido mezclar lácteos con carne. Yo entendería que no se puede hervir carne de cabra con la leche que has ordeñado de su madre, pero yo no me dedico a interpretar la Torá.

Los milenios pasan y la normativa *cashrut* ha tenido que ir decidiendo sobre todo aquello que no viene contemplado en el Levítico, de forma análoga a lo que hace el Vaticano con el latín. El primer problema, por ejemplo, vino con los alimentos procedentes de América, de los que el Levítico no decía nada (parece que Dios fue poco previsor en sus instrucciones con respecto a ello). Por ejemplo: ¿el pavo es puro o impuro? El tema de las aves se cita de pasada en el Levítico. Solo menciona las aves carroñeras y las rapaces como impuras, sin explicitar nada del resto. Por lo tanto, técnicamente el pavo no está prohibido, aunque sea por omisión. De hecho, la mayoría de los certificadores lo dan por bueno, aunque los más estrictos no lo comen. El problema gordo vino cuando se descubrieron los hongos y las bacterias. ¿Qué pasaba con la fauna microbiológica? ¿Es *cashrut*? Por regla general, todo aquello que es microscópico se considera que no altera la certificación *cashrut*, es decir, no se considera puro, pero tampoco estropea la pureza. Es como si no existiera. O sea, que ser microbiólogo y judío practicante viene a ser como una fractura del orden lógico del universo, puesto que está investigando algo que su religión considera que no existe. La norma desde luego es muy acomodaticia. Todo lo que comemos está poblado de bacterias u hongos y, por tanto, considerar que los microbios no son *cashrut* implicaría que no existiría la comida *cashrut*, y por tanto no sería posible seguir la norma (ni existiría el negocio de la certificación, que todo hay que mirarlo).

Pero ¿todo lo microscópico no existe? ¿Qué pasa con los gusanos, que están explícitamente prohibidos? Las larvas de muchos gusanos son microscópicas, incluso muchos en su fase adulta. En la fruta, esto no es un problema, puesto que la mayoría de parásitos están en la superficie y se pueden lavar, es decir, si ves el gusano en la manzana no es *cashrut*, si no lo ves te la puedes comer. Se ve que no han oído aquello de que solo hay una cosa peor que encontrarse un gusano en una manzana: encontrarse medio. Seguimos forzando la ley, pero vamos a complicarlo un poco más. El pescado tiene muchos parásitos, están en el interior y algunos llegan a ser visibles, ¿*cashrut* o no *cashrut*? Esto generó un debate encendido entre diferentes escuelas rabínicas, que no se ponían de acuerdo. Al final, el criterio elegido fue: si el pez ingiere la larva del parásito y esta se desarrolla dentro de su músculo, se supone que ya no es un organismo independiente sino que forma parte del pez, y por tanto es *cashrut*. Si el parásito se desarrolla en el exterior del pez o en el tracto gastrointestinal, no forma parte de él y por lo tanto es impuro e invalida la certificación *cashrut*. Aquí tenemos un claro ejemplo de cómo una certificación religiosa no garantiza nada en términos de salud o de seguridad alimentaria. Parásitos patógenos como el anisakis, que causan miles de intoxicaciones cada año, se considerarían *cashrut*. Curiosamente, ahora en Estados Unidos se ha puesto de moda consumir comida *cashrut* entre los no judíos por asumir que es mejor para la salud. Otro error: si quieres contribuir económicamente al judaísmo, perfecto, pero su forma de alimentarse no supone ninguna diferencia de calidad o de seguridad frente a la comida no *cashrut*.

Por cierto, para saber si un pescado tiene parásitos *cashrut* o no *cashrut* se utilizan técnicas de biología molecular como el proceso de PCR (reacción en cadena de la polimerasa). ¿No es paradójico? Lo más moderno para vivir de acuerdo con lo más antiguo.

A veces las alertas sanitarias también sirven para imponer normas alimentarias de carácter religioso. Cuando hubo la última crisis por peste porcina, solo un país decidió sacrificar a toda su cabaña de cerdos por un supuesto principio de precaución: Egipto. Un país musulmán; ¿casualidad? Es lo que tienen las religiones: no hacen normas basadas en hechos objetivos, sino que hacen las normas y luego tratan de que los hechos objetivos se adapten a ellas. Me parece muy bien que alguien siga una religión, pero que no intente hacer creer a nadie que además sus preceptos se justifican con una base científica o son mejores para la salud. No es cierto; son solo las ideas de alguien que murió hace milenios y que quizá tuvieran sentido en su momento, pero no ahora.

Capítulo 8

MEJOR CONSERVANTE EN MANO QUE SALMONELA VOLANDO

Una consecuencia de la quimiofobia que impera en nuestra sociedad, y que sobrevuela todo lo relacionado con la alimentación, es el hecho de que sigue pareciendo mejor un producto en cuyo etiquetado diga en grande «Sin conservantes ni colorantes» que otro del que no se diga nada. A mí que me digan que algo no tiene conservantes me preocupa, y mucho. De la misma forma que tú te comes algo, un bichito como una bacteria o un hongo también se lo puede comer, y si te comes estos parásitos puedes tener problemas de salud más o menos serios. Gracias a los conservantes tenemos a raya enfermedades como la salmonelosis, el botulismo y la brucelosis. También se olvida que gracias a estos compuestos hay más comida cada año, puesto que permitimos que la comida se mantenga durante más tiempo y evitamos tener que tirar toneladas de alimentos. Obviamente es mejor comerse una hamburguesa con la cantidad de nitritos permitida que sin nitritos, pero con shigella o brucelosis. Eso no evita que continuamente leamos noticias de que tal conservante produce cáncer, que otro produce adicción y que otro produce hiperactividad infantil. Pero ¿son ciertas?

Antes de internet ya circulaban de mano en mano fotocopias con la lista de aditivos y sus presuntos peligros. Lo más curioso es que este miedo empezó cuando tuvimos una legislación que catalogaba y organizaba estos aditivos alimentarios en función de su utilidad y les daba una letra

(E, para indicar que se regula por la legislación europea, y un número) cuya centena indica qué tipo de compuesto es; por ejemplo, los «trescientos» no son guerreros espartanos sino antioxidantes. No obstante, pensar que los conservantes existen desde que se regularon a nivel europeo es como pensar que el tiempo existe desde que se inventaron los relojes. El uso de conservantes es tan antiguo como la civilización. Nuestras abuelas no están libres de pecado.

Conservantes: a la abuela también le iba la marcha

La conservación de alimentos ha sido uno de los principales objetivos de la civilización desde el inicio de la agricultura, hace unos diez mil años. Hay que tener en cuenta que la mayoría de alimentos básicos tienen un carácter estacional, pero hay que comer todos los días, si es posible. La conservación de alimentos también tiene un importante valor estratégico. Las latas de conserva fueron inventadas por el pastelero francés Nicolas Appert en 1810 como respuesta a un concurso convocado por Napoleón Bonaparte, que buscaba una forma segura de suministrar alimentos a sus soldados durante las largas campañas y que ello no dependiera de los recursos de los países conquistados. La conservación de alimentos se ha abordado desde diferentes aspectos: los arquitectónicos (construcción de graneros, silos, hórreos o similares), químicos (conservantes), tecnológicos (neveras, cámaras de congelación) o físicos (envasado al vacío, deshidratación, liofilización).

No obstante, muchas técnicas culinarias no son más que una forma de conservar alimentos. Por ejemplo, los ahumados y los secados, que permitían conservar durante más tiempo alimentos perecederos. La elaboración de lácteos como los yogures, el kumis o el kefir tiene como objetivo permitir que la leche se conserve durante más tiempo, aunque cambie sus propiedades, ya que el ácido producido por las bacterias o los hongos actúa como conservante.

Ya que hablamos de ácidos, ¿cuántos platos tradicionales utilizan el vinagre en su composición? Lord Byron decía que el matrimonio viene del amor, como el vinagre del vino. Y posiblemente a partir de la elaboración del vino empezara el uso del vinagre en la cocina, puesto que es el producto de una fermentación dejada demasiado tiempo o contaminada por bacterias, lo que provoca que el etanol se oxide y devenga ácido acético. En muchos vinos de mala calidad se puede apreciar un olor que recuerda al pegamento Imedio. Esto es el primer síntoma del picado, ya que el ácido acético reacciona con el etanol para formar acetato de etilo, responsable del olor a pegamento. Aunque el vinagre es vino echado a perder, los antiguos aprendieron a aprovechar los pequeños beneficios de las grandes derrotas y observaron algunas características interesantes, como su peculiar sabor ácido y sus cualidades para conservar alimentos, superiores a muchos otros compuestos. En el Antiguo Testamento se encuentran cinco referencias al vinagre, la más lejana en Números 6,3. En la antigua Roma también se usaba con alegría, puesto que el libro *De re coquinaria*, escrito por el gastrónomo Apicio en tiempos de Tiberio, ya lo menciona.

Químicamente, el vinagre es un ácido orgánico débil. Su carácter de ácido dificulta el crecimiento de algunas bacterias y hongos, por lo que sirve de conservante. En este carácter ácido se parece al limón, rico en ácido cítrico. Por lo tanto, platos de esos que hacía la abuela, como encurtidos, escabeches y otras especialidades gastronómicas tradicionales, no se elaboraban solo por el sabor, sino por ser una forma de almacenar alimentos perecederos, sobre todo pescados, verduras o incluso huevos. Esta acidez es capaz de desnaturalizar proteínas, lo que induce a un cambio en el aspecto y textura; por ejemplo, el boquerón en vinagre o el ceviche de pescado (plato típico de Sudamérica que se realiza con limón) no se parecen en nada al pescado crudo, aunque no hemos utilizado calor en su elaboración. También previene la oxidación de frutas y verduras, por eso un poco de vinagre o limón en el guacamole hace que no se ponga negro. Para todo lo que he nombrado es indistinto utilizar vinagre o limón, salvo que prefieras un sabor u otro, que no está solo determinado por el ácido que contienen sino por el resto de compuestos. Por cierto, el ácido cítrico del limón reacciona con muchos metales, por lo que sirve para quitar manchas de óxido. Esta capacidad de secuestrar metales también aumenta las características conservantes del zumo de limón, ya que estos metales son necesarios para que crezcan algunas bacterias u hongos que pueden contaminar la comida.

Sin embargo, el vinagre tiene otra propiedad que lo diferencia del limón. Como os he dicho antes, es un ácido orgánico débil. Esta propiedad le permite atravesar fácilmente las membranas de las células de los hongos y matarlos desde dentro. Actúa como un caballo de Troya. Y no solo el vinagre. El ácido propiónico y el ácido sórbico funcionan de forma similar, y por eso se utilizan también como conservantes. Algunos frutos del bosque como las grosellas deben su acidez a la presencia de ácido sórbico, por eso su conservación en forma de mermeladas es tan buena: ya llevan el conservante incorporado de casa. No hay que olvidar que hongos como el *Zygosaccharomyces baily* causan millones en pérdidas a la industria alimentaria,[1] y no es casualidad que sea el que evolutivamente ha desarrollado un mecanismo de defensa más eficiente contra el vinagre. Por lo tanto, ya tenemos un plato tradicional, que en el fondo no es más que una forma de utilizar un conservante. Esta es la misma razón por la que la abuela ponía vinagre o limón en las mayonesas, para evitar que crecieran hongos o bacterias.

Otros platos tradicionales como los salazones son formas de conservar alimentos muy perecederos, como el pescado o la carne, aprovechando el poder desecante de la sal. Cuando cubrimos con sal cualquier alimento, lo que estamos

1. Zuehlke, J. M., Petrova, B., Edwards, C. G., «Advances in the control of wine spoilage by Zygosaccharomyces and Dekkera/Brettanomyces», *Annu Rev Food Sci Technol*, 4 (2013), pp. 57-78.

haciendo es forzar a que esta absorba el agua de dentro de las células que lo forman. Esto también dificulta el crecimiento de las bacterias, que necesitan agua para vivir, y además confiere unas características diferentes a los alimentos. Así es como tenemos la mojama y todos los salazones de pescado. A veces, para secar los alimentos, no hace falta cubrirlos por completo de sal, sino que basta con poner un poco y dejar que se sequen al aire... Así, de una pierna de cerdo obtenemos un jamón, o de una de ternera, una pieza de cecina.

A veces los salazones han tenido aplicaciones macabras. En la Inglaterra medieval, la cabeza de los ajusticiados se exponía para que sirviera de ejemplo. La cabeza a secas se la comían los pájaros y en breve quedaba una calavera, que no tenía demasiado efecto disuasorio. Hasta que descubrieron que hirviéndola con agua salada podía mantenerse durante meses a la intemperie como advertencia a los delincuentes. Una técnica de conservación de alimentos aplicada a la justicia, aunque por suerte ya en desuso.

Con el avance de las técnicas de conservación de alimentos, algunas comidas de toda la vida como la carne en salazón han ido desapareciendo, porque los nitritos hacen mejor ese trabajo y la carne queda con mejor sabor y textura. Las mermeladas se basan en el mismo principio que los salazones, solo que aquí la desecación no se obtiene por sal, sino por azúcar, aunque la idea es secuestrar toda el agua e impedir el crecimiento de microorganismos.

Otro uso de las especias que ha dado lugar a platos tradicionales tiene un origen bastante innoble. Hoy tenemos unos cánones de seguridad alimentaria muy estrictos, y ante cualquier señal de mala conservación (aparición de moho, enranciamiento...) tiramos el alimento. Hasta no hace mucho, la mayoría de la gente no se podía permitir el lujo de tirar el alimento, y si se ponía malo había que comérselo sí o sí. Solo hay que ver el inicio de *El acorazado Potemkin*, donde la revuelta empieza por los gusanos en la carne. Platos como el *gulasch*, con muchas especias y mucho picante, se hacían para enmascarar el mal sabor de la carne podrida. Por eso, durante mucho tiempo, las especias fueron un mercado estratégico, porque eran la única forma de conservar o de hacer comibles alimentos que no lo eran.

Por lo tanto, los conservantes no son algo nuevo ni una sustancia que ponen los industriales para que comamos química, sino una necesidad que tenemos desde hace milenios y que ha dejado su huella en la gastronomía. Algo similar sucede con los colorantes. Los alimentos, como las personas, entran por la vista. Un alimento basado en frutas con un color vivo tendrá un aspecto más agradable y apetitoso que si tiene un color apagado. Un asado de carne nos parecerá más sabroso si tiene un color marrón con vetas negras que si tiene un color blancuzco, porque en nuestro subconsciente asociamos estos colores con un mejor sabor. De hecho, se han realizado experimentos con carne teñida de color verde y hacérsela comer a alguien con los ojos cerrados. Al ver después lo que se estaba comiendo vomitaba.[2] En nuestro cerebro, el color verde en la carne se asocia con podredumbre, aunque la carne sea de buena calidad; por eso, las gallinas que ponen huevos de color verde están prácticamente extinguidas. Nadie compraría huevos de ese color, a pesar de tener la misma calidad que el resto.

Los colorantes también son tan antiguos como la civilización. La misma palabra *química* procede de *alquimia*, que es una adaptación del árabe *al-chmer*, que a su vez viene del egipcio *keme* y hacía referencia a la tierra negra de las orillas del Nilo que se utilizaba como colorante.[3] El púrpura que

2. Shankar, M. U., Levitan, C. A., Spence, C., «Grape expectations: the role of cognitive influences in color-flavor interactions», *Conscious Cogn.* 19 (2010), pp. 380-390.

3. Asimov, I., *Breve Historia de la Química*, Alianza Editorial, Madrid, 2006.

utilizaban los romanos para teñir la ropa de los senadores, y que es el origen histórico del color que utilizan los cardenales de la Iglesia católica, procede de la fermentación del caracol marino *Murex brandaris,* que también se puede utilizar como alimento (los solemos llamar cañadillas). Obviamente, si un alimento tiene coloración es porque alguna molécula de las que contiene le aporta color; si no, toda la comida sería transparente, de la misma manera que un encurtido o un salazón no son más que conservantes disfrazados de alimentos tradicionales.

También hay formas «naturales» de colorear un alimento: el azafrán, la cúrcuma o el pimentón son especias que se valoran más por su capacidad como colorante que por el sabor que aportan a los alimentos. Añadiendo caléndula al pienso de las gallinas se obtiene la yema de un color naranja vivo, y el color anaranjado de la carne de pollo, que consideramos como más natural, o más de campo, se puede obtener añadiendo al pienso betacarotenos, ya sean naturales (zanahoria), ya sean directamente en pastilla. Ni el color de la cáscara o la yema del huevo, o el color de la carne de pollo tienen influencia en las cualidades nutricionales. Es decir, blancos o amarillos, son igual de buenos.

¿Alguien se imagina comerse una paella blanca? Pues a mí me ha pasado una vez que se me olvidó el azafrán, perdón, la tartrazina (E-104) vendida como colorante alimentario, que el presupuesto en aquella época no llegaba para el azafrán en hebra. No se puede evitar pensar que la paella está mala, aunque con los ojos cerrados su sabor es indistinguible a una en la que hayamos puesto colorantes. Culpa de nuestro cerebro, que utiliza la vista para identificar los alimentos y asocia a ellos determinadas cualidades; por eso, para tranquilizar a nuestro cerebro y aumentar la sensación placentera de la comida, se utilizan los colorantes. Cuando yo era pequeño, por ejemplo, en Valencia la pasta o el arroz blanco eran algo que parecía muy pobre, por lo que era bastante normal que los macarrones sin tomate o el arroz a la cubana se tiñeran con azafrán.

También tenemos colorantes ilustres como el oro (E175) o la plata (E174). Por supuesto, vas a encontrar pocos alimentos en el súper que utilicen estos colorantes, ya que a pesar de que su uso está regulado solo se utilizan como decoración en la comida de alto *standing*, como era de esperar. El oro es muy inocuo; en cambio, un consumo exageradamente elevado de plata puede hacer que se acumule por debajo de la piel y darte un aspecto de Estela Plateada o de pitufo metálico. A esta enfermedad se la llama argiria, pero contraerla te va a salir muy caro. Otros metales que se utilizan como colorante son los óxidos e hidróxidos de hierro (E172), que además previenen la anemia, y el dióxido de titanio (E171), que es inocuo y sirve para hacer que la leche tenga ese color blanco puro que demanda el consumidor (la leche «natural» suele ser amarillenta).

¿Comida con conservantes, o comida hecha a la medida de los conservantes?

Un requisito que le exigimos a un conservante es que moleste lo menos posible, es decir, que aumente la vida útil del alimento pero que no aporte sabor, olor ni cambios en la textura. Queremos conservantes efectivos, pero que sean inocuos para nuestra salud y que además no alteren el alimento. Curiosamente, a lo largo de la historia no hemos sido tan tiquismiquis y muchos alimentos corrientes tienen el aspecto, textura y sabor actual porque en algún momento se utilizaron en ellos conservantes.

Por ejemplo la cerveza. ¿Alguien se imagina que no fuera amarga? Esta bebida se inventó en Mesopotamia y se extendió a diferentes culturas, como Egipto, donde se concibió la primera botella de cerveza (hasta ese momento se bebía directamente de la cuba). En la antigua Europa prerromana también se preparaba algo similar a la cerveza, el hidromiel, llamado así porque al preparado se le añadía miel. Y en Centroeuropa, en el siglo VI, los monjes empezaron a «profesionalizar» la elaboración de la cerveza respondiendo a la máxima «*Liquida non fragunt ienum*» (el líquido no vulnera el ayuno). Hasta esta época, la cerveza era una bebida de temporada, y con un sabor muy dulzón que hoy en día no reconoceríamos. No obstante, actualmente se empieza a utilizar en su elaboración una hierba, el lúpulo. Esta planta tiene un alto contenido de unas moléculas llamadas terpenos y humulonas, que actúan como conservantes y le otorgan un sabor amargo. Por lo tanto, gracias a un conservante la cerveza es una bebida amarga y no dulce.

El bacalao salado pasó de ser un alimento de pobres y campesinos a un alimento caro a medida que se iban agotando los caladeros. Tradicionalmente, las piezas grandes y de mejor calidad se dedicaban al salazón, mientras que las piezas pequeñas o mal cortadas se vendían frescas. En Francia, la palabra *morue séchée* designa al bacalao en salazón y *cabillaud* al bacalao fresco. En 1972, el restaurante de lujo L'Archestrate ofertó en el menú *cabillaud rôti* como forma de legitimar la versión fresca. El plato, sin embargo, no tuvo ningún éxito, al menos hasta que la dirección del restaurante decidió cambiar el nombre original por el de *morue fraiche rôti* (bacalao fresco asado), con el que triunfaron. Para el cliente medio, *cabillaud* y *morue* hacían referencia a dos pescados diferentes. Nadie pareció percatarse de que eran dos versiones diferentes del mismo pescado. Para hacer el plato atractivo solo hubo que «maquillar» el nombre asociado con la mayor calidad.

Había otra característica interesante en la cerveza, el hecho de que en su proceso de elaboración se calentara y de que contuviese alcohol la convertían en una bebida sanitariamente más segura que el agua de las ciudades. En aquella época se utilizaba el río para beber y también como desagüe. Mientras la población era pequeña, el río diluía la basura, pero a la que bajaba el caudal y la población crecía, una epidemia de cólera o tifus podía diezmar rápidamente a la población. Cuando se popularizó el consumo de la cerveza, y gracias al lúpulo se pudo consumir durante todo el año, la población de las ciudades aumentó, y eso fue un factor decisivo para la transición del románico al gótico. Podemos decir, pues, que las pirámides de Egipto se construyeron gracias a los botellines de cerveza, y las grandes catedrales góticas también. La cerveza es el verdadero pilar de la tierra que no mencionó Ken Follett en su libro.

Otro alimento tradicional que tiene la forma que tiene gracias a los conservantes es el pan. Comer pan no es tanto una necesidad como una consecuencia de la necesidad de almacenar el grano. Guardar la semilla tal cual sale de la espiga es poco práctico porque esta puede enmohecerse o germinar antes de tiempo, mientras que si mueles el grano para hacer harina ahorras espacio y es más fácil conservarlo. La harina también tenía otro interés: para convertir el grano en harina necesitas un molino; por lo tanto, controlando el molino controlas el grano que produce cada uno, de la misma forma que ahora Hacienda, controlando el dinero que tienes en el banco, sabe de tus ingresos (excepto si te llamas Bárcenas). Quien tenía el molino tenía el poder y podía recaudar impuestos; por eso, de la necesidad de moler el grano se creó una obligación.

Como ya se ha comentado, hacer pan integral era más barato, puesto que se aprovechaba la cáscara del grano, mientras que si se pelaba este último el pan quedaba blanco, aunque era más caro. Curiosamente, el pan integral es mucho más nutritivo por el aporte de fibra alimentaria, minerales y vitaminas, pero, eso sí, engorda aproximadamente igual que el blanco. La gente quería comer pan blanco porque era de ricos. Los romanos se dieron cuenta de que si hacían el pan con la harina recién molida esta tenía un color amarillento, pero si la dejaban dos o tres meses se blanqueaba por la oxidación.

Madurar la harina tres meses a veces supone un problema de conservación, por lo que tradicionalmente se han utilizado todo tipo de aditivos para acelerar este proceso, desde el cloro gaseoso al bromuro de benzoílo pasando por la azocarbonamida. Hoy están prohibidos la mayoría de ellos.

Como vemos, lo de los colorantes no viene de ahora, pero es hoy cuando controlamos que no sean perjudiciales. Otra necesidad hecha virtud fue que la harina se conseguía del molino local y en muchos pueblos solo se horneaba una vez por semana, lo que implicaba que había que buscar alguna forma para que el pan se mantuviera fresco más tiempo. Uno de los primeros aditivos fue la grasa o la manteca. La harina tiene menos de un 1 por ciento de grasa, la adición de un 3-5 por ciento de grasa aumenta el volumen final un 20 por ciento. Este efecto también se consigue añadiendo leche o huevos. La palabra *ensaimada* viene de *saïm*, el apelativo balear de manteca de cerdo. Por lo tanto, el origen de la bollería y de la pastelería no era más que la necesidad de mantener el pan en condiciones durante más tiempo.

Otro aditivo panario típico era la cisteína, que añadido a la masa la hace más esponjosa. La cisteína es un aminoácido esencial, es decir, tenemos que ingerirlo por la dieta y su carencia puede causar problemas serios de salud. Sin embargo, en algunos países está prohibido su uso como aditivo y en otros hay que etiquetarlo con su correspondiente número. ¿Por qué una masa a la que se ha añadido cisteína para hacerla esponjosa no se anuncia como pan enriquecido con aminoácidos esenciales? ¿A que suena mejor que pan con aditivos? Pues las dos afirmaciones son correctas. Cosas de la legislación.

Hemos visto los aditivos que puede tener la harina, pero es que la harina en sí misma también puede ser un aditivo, concretamente un espesante. Si calentamos la harina en agua se rompen los enlaces del almidón, permitiendo que el agua se integre en la estructura, en un proceso denominado gelatinización. Esta propiedad es la base de la utilización de la harina como espesante en salsas, guisos y sopas.

Muchos conservantes y aditivos alimentarios se han utilizado alegremente durante mucho tiempo sin ningún tipo de control y sin que nadie se quejara. En cambio, ahora que los tenemos evaluados, estudiados y catalogados es cuando nos entran las manías. De hecho, es frecuente ver informaciones alarmistas de aditivos que producen no sé cuántas enfermedades, principalmente cáncer. Este miedo tiene una base histórica. En 1958 el congresista por el estado de Nueva York Jim Delaney consiguió que se aprobara una cláusula a la Ley Federal de Alimentos, Medicamentos y Cosméticos de 1958 con el fin de proteger la salud de los riesgos de pesticidas y aditivos alimentarios. Esta ley se basaba en el «riesgo cero», es decir, que ante el menor indicio de que cualquier sustancia que se encontrara en alimentos procesados o maquillajes pudiese provocar algún peligro para la salud, esta se prohibía. El problema es que en aquella época los ensayos para detectar la peligrosidad de una sustancia eran muy burdos, y los análisis tenían una sensibilidad de una parte por mil. Pero la ciencia fue avanzando y los análisis de hoy en día pueden detectar hasta partes por trillón. También se fueron refinando los ensayos para ver si una sustancia era cancerígena, por lo que si antes los análisis eran de blanco o negro, ahora los resultados hablan de tanto por ciento de posibilidades de producir un cáncer en equis años. De repente, sustancias como el zumo de limón eran cancerígenas, en proporciones ridículas, pero obviamente su riesgo no era cero. A medida que la química analítica y la toxicología fueron avanzando, nos dimos cuenta de que el riesgo cero no existe. ¿Tú puedes estar seguro de que no te va a caer un meteorito cuando sales a la calle? No, existe una posibilidad, pero la asumes y vas a comprar la prensa al quiosco sin angustiarte. La cláusula Delaney fue sufriendo modificaciones, hasta que en 1966 fue finalmente revocada.

Actualmente, la regulación de pesticidas y aditivos alimentarios se basa en el principio de «certeza razonable». Sin embargo, quedaron metidos en el subconsciente dos conceptos muy erróneos. Uno: exigir el riesgo cero cuando es imposible. Y dos: que los aditivos producen cáncer. Desde ese punto de vista, exigiendo el riesgo cero tendríamos que prohibir el agua, puesto que ya hemos visto que puede producir la muerte en los casos de potomanía, al margen de las miles de muertes por ahogamiento que se producen cada año. Actualmente, el nivel que se calcula para estipular la «ingesta máxima diaria» se basa en hacer una compilación de todos los datos toxicológicos disponibles en humanos, en animales o en cultivos celulares; a partir de ahí, se hace un compendio del NOAEL (*No-Observed-Adverse-Effect-Level*; nivel sin efecto adverso observado) y se da un margen de seguridad, que suele ser cien veces menor, y a esto se le llama la ingesta diaria admisible (IDA). Dicho de otra manera, si alguna vez ves en una etiqueta que comiéndote un kilo de carne llegas al nivel máximo diario, realmente tendrías que comerte cien kilos para que experimentalmente alguien hubiera demostrado que puedes sufrir algún efecto. Antes te mueres de un empacho.

Para hacerte una idea, una sustancia se elimina por cancerígena si en un período de setenta años aumenta en un 1 por ciento la probabilidad de sufrir un cáncer. Aunque hay excepciones. El tabaco y el alcohol son cancerígenos reconocidos que estamos consumiendo alegremente. De ahí la paradoja de que la gente se preocupe por los sulfitos del vino y no por el alcohol. Si hoy en día alguien descubriera el café y quisiera obtener su autorización para el consumo, nunca la obtendría y en Europa no beberíamos café. Esta bebida contiene al menos veinte compuestos que individualmente están catalogados como cancerígenos, aunque no hay ningún estudio que relacione un consumo moderado de café con el cáncer. Hay que tener en cuenta la dosis en la que se encuentra, y que es una mezcla compleja que contiene otras moléculas como antioxidantes que pueden neutralizar los efectos perniciosos.

¿Conservante natural o pérfido número E?

A pesar de que a muchos les produzca aprensión ver un número E en una etiqueta de un alimento y piensen que es señal inequívoca de que es un alimento industrial (como la mayoría, vamos) y artificial, hay que tener en cuenta algo que ya hemos comentado: el número E solo hace referencia a que su uso como aditivo alimentario está regulado por la Unión Europea, no dice que sea natural o artificial; de hecho, muchos números de esa lista son compuestos naturalísimos.

El número E tiene tres dígitos y en general el primero indica la función. A grandes rasgos, E1XX indica que se trata de colorantes, E2XX de conservantes, E3XX de antioxidantes, E4XX de emulgentes, estabilizadores, espesantes y gelificantes (todos ellos destinados a regular la textura del alimento), E9XX de edulcorantes, y otros, como acidulantes, correctores de la acidez, antiaglomerantes, antiespumantes, agentes de carga, soportes y disolventes soportes, sales fundentes, endurecedores, potenciadores del sabor, agentes de tratamiento de la harina, espumantes, agentes de recubrimiento, humectantes, almidones modificados, gases de envasado, gases propulsores, gasificantes y secuestrantes, pueden aparecer en el resto de números (o alguno incluido en las categorías descritas). En todas estas familias encontraremos viejos conocidos, que con un número E parecen más feos. Por ejemplo, el colorante E101 es la riboflavina (vitamina B12), el E160d es el licopeno responsable del color rojo del tomate, el E160a son carotenos, como la vitamina A, y el E163 son antocianinas... Es decir, todos estos colorantes que acabo de mencionar son asimismo vitaminas y antioxidantes, por lo tanto uno puede tenerle manía a los números E, por ser artificiales, y a la vez atiborrarse de inútiles complementos vitamínicos que los lleven todos. Para colorante natural, natural, el que destaca es el E120, el cochinilla o ácido carmínico, también llamado colorante rojo natural número 4, utilizado en pinturas de labios, alimentación, vinos... Se obtiene de un insecto, la cochinilla (*Dactylopius coccus*), que aporta un color rojo vivo. Por lo tanto, que en la etiqueta aparezca alguno de los colorantes mencionados no quiere decir que no sea natural. Por cierto, el colorante más utilizado es el E150a, el naturalísimo caramelo o azúcar quemado.

A veces la historia de estos números es más divertida. La *Stevia rebaudiana* es una planta que se ha utilizado tradicionalmente en Sudamérica como edulcorante. La ley europea exige que, para ser autorizado, un alimento que no se consume históricamente en Europa debe cumplir la estricta legislación de nuevos alimentos. Esto ha supuesto problemas para algún que otro gran chef, que ha servido platos que contenían algún alimento no autorizado. Por ejemplo, Carme Ruscalleda tuvo que dejar de servir medusas en su restaurante porque su consumo no está autorizado. La estevia estaba también en este caso, puesto que nunca se ha consumido en Europa, por lo que hasta que no superara la regulación su consumo estaba prohibido. Esto no ha sido impedimento para que determinados grupos promovieran su consumo, aunque fuera ilegal. Entre estos grupos de comedores de estevia destaca *la dolça revolució* de Josep Pàmies (que no se pierde una). El problema es que además anunciaban una serie de propiedades medicinales que realmente no están demostradas. Es cierto que la estevia es una planta de sabor dulce que puede ser consumida por diabéticos sin alterar los niveles de azúcar en la sangre, pero de ahí a decir que cura la diabetes, como propugnan algunos, hay un trecho, de la misma manera que nadie dice que la sacarina cure la diabetes. No obstante, esto no era problema, y echaban mano de la conspiranoia, diciendo que si la estevia no se autorizaba para el consumo era por culpa de las farmacéuticas y las grandes corporaciones, que no querían que les hundiera el negocio de los medicamentos para la diabetes y de los edulcorantes artificiales con sus plantas mágicas.

El problema de la estevia es que realmente sí que tiene compuestos con actividad farmacológica, específicamente unos llamados estevioles que pueden bajar la tensión arterial, por lo que no se puede consumir alegremente. Finalmente se autorizó el uso del compuesto que le da el sabor dulce a la estevia (el esteviósido), actualmente E960. El epílogo de esta historia es divertidísimo. Se supone que las grandes corporaciones eran las que luchaban contra la estevia, ¿no? Bien, pues una vez autorizado su uso como edulcorante, Coca-Cola ha sacado una versión con estevia (en verde) y una versión de Sprite, también con estevia. Natreen, propiedad de la multinacional alimentaria Sara Lee, también tiene una línea de edulcorantes con estevia. O sea, que toda la lucha que han hecho por la autorización de la estevia ha servido para que las grandes compañías hagan más negocio.

Hay que tener en cuenta que las grandes empresas en general cumplen la legislación, pero, eso sí, la exprimen al máximo, o cuando pueden presionan para cambiarla. Por ejemplo, ¿alguien se acuerda del «sucedáneo de chocolate» que existía hace unos años? La ley marcaba que solo podía llamarse chocolate si se utilizaba cacao en su elaboración. Si se añadían grasas de otro origen (lo cual abarata los costes, pero puede disminuir la calidad) debía etiquetarse como «sucedáneo». No obstante, la presión de los fabricantes hizo que se cambiara la ley y hoy se etiqueta como chocolate tanto el que se hace solo con cacao como el que tiene grasas añadidas. Por eso hay que leer siempre las etiquetas.

A veces esta fobia por los aditivos artificiales y querencia por los naturales puede llevar a engaño. Cuántas golosinas, dulces o helados de fresa has visto etiquetados con «Solo con ingredientes naturales» o «Solo con aromas naturales», y te pueden llevar a pensar que se han utilizado fresas en su elaboración. Gran error. El truco es que te dicen que es natural, pero no que sea de fresa. Solo hay que hacer números. No hay bastantes fresas en el planeta para dar sabor a todos los dulces con sabor a fresa que se venden cada día; es pura aritmética. Lo único que te dice esta etiqueta es que los compuestos que han utilizado se han extraído a partir de productos naturales, pero no que tenga fresas en su composición; es más, se suele utilizar una mezcla de clavo (la especia, no lo de los cuadros en las paredes) y de raíz de lirio. Por cierto, el sabor de las fresas es, como todos los sabores, una combinación compleja de muchísimos compuestos diferentes, pero el mayoritario es el butirato de metilo, que se puede obtener fácilmente en el laboratorio a partir de la reacción entre dos compuestos tan naturales como el ácido butanoico (presente en la mantequilla) y el metanol, también llamado alcohol de madera, ya que antiguamente se obtenía de la destilación o de la pirólisis (descomposición por calor sin oxígeno) de la madera. Pero, claro, eso no es natural. ¿Por qué no utilizar zumo de fresa, que también es rico en butirato de metilo? Porque es muy caro y no hay suficiente producción en todo el mundo para la cantidad de helados y caramelos de fresa que se venden. El sabor a fresa que aporta al producto el butirato de metilo es más intenso y cercano al sabor real de la fresa que muchos aromatizantes «naturales» que no tienen nada que ver con la fresa.

Entre los números E que peor fama tienen se encuentran los más necesarios, principalmente los nitritos (E249-50) y los sulfitos (E221-8). Estos compuestos son conservantes que se utilizan para impedir el crecimiento bacteriano en carnes y embutidos o en líquidos como el vino. El nitrito tiene la ventaja de que, además de impedir el crecimiento de bacterias patógenas, reacciona con la hemoglobina presente en la carne y la mantiene con un color rojo apetecible, no con el color verdoso que presenta la carne a las pocas horas de entrar en contacto con el aire por la oxidación. Cabe señalar que estas moléculas se utilizan desde la antigüedad (o sea, que tradicionales sí que son) y que su popularización y regulación es la que ha salvado millones de vidas, puesto que el botulismo y la brucelosis todavía eran frecuentes en Europa hasta hace unas décadas. Como todos los compuestos, el veneno está en la dosis, y comer sulfito o nitrito a cucharadas es tóxico. Pero es que para que sea efectivo solo hacen falta miligramos de este compuesto, así que para llegar a la dosis peligrosa deberías comerte una tonelada de carne o centenares de litros de vino. Insisto: a mí de los embutidos me preocupa su contenido en grasas saturadas y en colesterol, y del vino el alcohol. Los nitritos y los sulfitos, no. Mejor nitrito y sulfito que intoxicación letal.

Por lo tanto, muchos conservantes y colorantes, con su número E a cuestas, pueden ser la mar de naturales, y si se utilizan es por algo en concreto. La regulación asegura que el margen en el que los ingieres está muy por debajo del nivel de toxicidad, por lo que no te preocupes, salvo que cojas el bote del producto puro y te lo comas a cucharadas.

Ni los antioxidantes son tan buenos ni los conservantes tan malos

La paradoja más grande de este miedo a los conservantes y colorantes es el papel de los antioxidantes, con una categoría para ellos solos en la lista de números E. Si aparecen en la etiqueta como E no sé cuántos dan yuyu, pero, surrealistamente, todos queremos que nuestra comida tenga antioxidantes y nos atiborramos de ellos pensando que son una especie de fuente de la eterna juventud. Por ejemplo, que en una etiqueta ponga que el producto contiene vitamina C lo convierte en atractivo, pero el E-300 o el ácido ascórbico no suenan tan bien, a pesar de ser lo mismo. Lo más paradójico de la situación es que les damos a los antioxidantes unas propiedades que no siempre son reales. El problema es que desde hace millones de años, concretamente desde que a la evolución le dio por inventar la fotosíntesis, vivimos en una atmósfera rica en oxígeno, que tiene la mala costumbre de ser muy reactivo. Si reacciona con la comida puede alterar sus propiedades, tanto de aspecto como de sabor o nutricionales; por eso utilizamos los antioxidantes: para prevenir esta reacción con oxígeno llamada oxidación.

Dicho esto, en nuestras células también estamos continuamente oxidando moléculas, de forma controlada, para obtener energía. Pero a veces se escapan unas moléculas muy reactivas que son los temidos radicales libres, que dañan todo lo que pillan. Esta oxidación puede producir enfermedades como el cáncer o provocar que las células envejezcan antes, por lo que se pensó que atiborrándonos de antioxidantes en la dieta preveníamos el cáncer y el envejecimiento. Aquí estamos en las mismas que el crecepelo para un calvo. Nadie quiere envejecer ni tener un cáncer, por lo que el mercado de los antioxidantes es muy goloso. El problema es que muchas veces se exagera una muy débil o inexistente evidencia científica a favor de estos compuestos, y en otras ocasiones circulan conceptos equivocados. Hay que insistir que muchas veces la investigación es complicada, y hay que hilar muy fino para distinguir si el efecto beneficioso de un alimento se debe al antioxidante que contiene o a otros muchos.

Por ejemplo, se vio una correlación entre una menor incidencia de cáncer de próstata y un mayor consumo de tomates. Concretamente, la gente que comía más de diez platos a la semana que contenían tomate tenía un 45 por ciento menos de posibilidades de tener cáncer de próstata. Además funcionaba mejor el tomate frito o cocinado que el crudo, ya que, como pasa con la vitamina A, el cocinado y la presencia de aceite facilitan la biodisponibilidad del licopeno, que es soluble en aceites. Pensaron en el licopeno (utilizado por la industria como colorante E160d) porque es la principal molécula que utiliza el tomate para protegerse de la oxidación, pero, claro, no se podían descartar otros compuestos. Se hicieron experimentos con ratas a las que se les inducía cáncer de próstata, y a unas se les alimentó con polvo de tomate y a otras con licopeno... Sin embargo, lo que funcionaba era el polvo de tomate, no el licopeno aislado.[4]

Y esto puede estar pasando con muchos suplementos y con otros alimentos que anuncian alegremente que contienen tal molécula maravillosa, que te vas a los estudios y resulta que no es para tanto. Hay que tener en cuenta que los primeros estudios se hacen siempre *in vitro,* y luego en cultivos celulares o en animales, y las extrapolaciones no siempre son inmediatas, a pesar de que a veces los fabricantes caigan en la falacia de la generalización inadecuada, puesto que hay que considerar cómo se absorbe el compuesto en el intestino, cómo se transporta a las células y cómo se excreta. Por ejemplo, en algún momento se ha aconsejado tomar cantidades elevadas de vitamina E o vitamina C. Concretamente en 1992, después de un congreso, se firmó la declaración de Saas-Fee, en la que prestigiosos científicos venían a decir que cuanto más de estas vitaminas, mejor. Hoy sabemos que el mayor beneficio habrá sido prevenir la oxidación de las alcantarillas, puesto que la cantidad en exceso se elimina principalmente por la orina.[5]

Tomar más cantidad de un antioxidante no siempre es mejor. Tampoco son un remedio para muchas enfermedades, puesto que en algunos casos la oxidación no es tanto el motivo de la enfermedad como el síntoma. El mismo compuesto puede ser ángel o demonio, depende de la dosis. Tomemos como ejemplo los naturalísimos carotenos. Su déficit está relacionado con enfermedades como la xeroftalmia o ceguera seca, endémica en poblaciones del sudeste asiático donde la dieta se basa en arroz y es pobre en estos compuestos. De hecho, la vitamina A es esencial, por lo tanto su necesidad está fuera de toda duda, pero ¿qué pasa con su exceso? La sabidu-

4. Sporn, M. B., Liby, K. T., «Is lycopene an effective agent for preventing prostate cancer?», *Cancer Prev Res (Phila)*, 6 (2013), pp. 384-386.

5. Gutteridge, J. M. C., Halliwell, B., «Antioxidants: Molecules, medicines and myths», Biochem and Biophys. Res. Com., 393 (2010), pp. 561-564.

ría popular afirma que comer muchas zanahorias mejora la visión nocturna. Estamos otra vez con la gasolina del coche. El primer síntoma de la falta de vitamina A es la pérdida de visión nocturna, pero una vez que tenemos el nivel necesario no mejora mucho más.

Esta leyenda urbana tiene un origen histórico. Durante la batalla de Inglaterra, en la segunda guerra mundial, los alemanes se dieron cuenta de que sus bombarderos caían abatidos por los cazas de la RAF a pesar de que los ataques se hacían de noche, con el fin específico de evitar el riesgo. Los espías alemanes descubrieron que el alto mando había dado la orden de alimentar a los aviadores a base de zanahorias para aumentar su visión nocturna y así poder hacer frente a los bombarderos. Bueno, realmente esa información la hizo circular el alto mando británico, de forma interesada, para despistar a los alemanes (que picaron el anzuelo y se lo tragaron con caña y pescador). Lo que no querían los británicos que supieran los alemanes es que habían desarrollado el radar, y ese era el secreto del éxito de la RAF que impedía los bombardeos nocturnos. No obstante, todavía se sigue oyendo que comer muchas zanahorias mejora la visión nocturna. No es cierto; fue un ardid de la inteligencia británica.

A todo esto, cuando se desató el frenesí por los antioxidantes, se hicieron estudios para ver qué pasaba con dosis altas de betacarotenos. En la mayoría de los casos, el efecto era irrelevante, ni bueno ni malo, pero se vio que, en los fumadores, dosis anormalmente altas de betacarotenos podían provocar un aumento de la mortalidad.[6] Por lo tanto, los llamemos malvados E3XX o maravillosos antioxidantes, se apli-

6. Bast, A., Haenen, G. R. M. M., «Ten misconceptions about antioxidants», *Trends in Pharmacol. Sci.*, 34 (2013), pp. 430-436.

ca la máxima de que, para todo, la cantidad es la que determina que tenga un efecto beneficioso, irrelevante o perjudicial.

También hemos tenido presuntos alimentos milagro que multiplicaron sus ventas debido a que su alto contenido en antioxidantes les daba unas propiedades casi mágicas. De hecho, algunos de estos alimentos han sido como los artistas de la canción del verano, que han arrasado una temporada y luego se han olvidado. ¿Os acordáis del año en que todos íbamos locos por comer bayas de goji? Este es un genial ejemplo de cómo las modas, los conceptos equivocados sobre antioxidantes y, sobre todo, la pseudociencia pueden encumbrar un alimento y luego olvidarlo. Como la mayoría de las modas, la locura por el goji llegó de Estados Unidos, y el promotor fue un tal Earl Mindell, que, para que nos entendamos, es una versión yanqui de Txumari Alfaro, con la misma querencia que nuestro herborista patrio por exhibir un currículum plagado de títulos no reconocidos por ninguna universidad y con mucho éxito mediático. Este personaje escribe un libro cada temporada y aprovecha para vender suplementos de un determinado alimento, nuevo cada año para no aburrir a la clientela. Ha sido adalid del vinagre de manzana o de la soja, antes de que le tocara el turno a las bayas de goji. Adornó su presentación con una historia épica en la que los monjes que oraban en un templo budista donde crecían estas bayas llegaban a los ochenta años con todo el pelo y los dientes, hasta que se dieron cuenta de que era porque las bayas se caían en el agua del pozo. También contó la historia de Li Qing Yuen, que comió bayas de goji todos los días y llegó a la edad de doscientos cincuenta y dos años, casándose catorce veces por el camino. Por supuesto, el tipo dice que las que vende él son mejores que las de la competencia porque ha puesto a punto un sistema de obtención del zumo que preserva todas las propiedades.[7]

7. *An Apple a Day: The Myths, Misconceptions, and Truths About the Foods We Eat*, J. Schwarcz, Other Press, 2009.

La moda cruzó el Atlántico y llegó a España, convenientemente exagerada. Mirando la lista de propiedades cuando empezó a anunciarse parecía más la piedra filosofal que una fruta de bosque. Antienvejecimiento, anticancerígeno, antioxidante y un larguísimo etcétera. Uno llegaba a preguntarse cómo podía haber sobrevivido la civilización occidental sin conocer estas bayas mágicas. Lo más divertido era el cuento chino que utilizaban para adornar la historia. Lo del monasterio budista de Earl Mindell se olvidó. En España, webs como http://www.bayasdelgoji.es/ hablaba de los hunza, un pueblo de extraordinaria longevidad que vive en un valle del Himalaya. Se supone que ahora las bayas del goji ya no crecen en la tapia de un lamasterio, sino en el Himalaya, el Tíbet y Mongolia. Primera objeción: no existen los hunza como tal. El valle del Hunza se encuentra en Pakistán y en él conviven tres etnias distintas, por lo que no existe la etnia «hunza», sino que se puede referir a la etnia shinaki, a la burushaski o a la wakhi. Pero ¿qué tiene de mágico este valle? Pues que se dio a conocer en Occidente por la novela de James Hinton y posterior película de Frank Capra *Horizontes perdidos*, donde se localizaba allí el mítico valle de Shangri-La. También es raro que las bayas se encuentren en el Tíbet y en Mongolia, sin mencionar a los tres mil kilómetros de estepa china que los separan. Cuesta creer que unas bayas silvestres tengan orígenes tan diferentes... ¿Serán las mismas y con las mismas propiedades? Como mínimo resulta curioso.

Realmente el goji tiene de tibetano lo que yo de mongol. El goji (*Lycium barbarum*) es primo hermano de las bayas silvestres europeas, y concretamente esta especie surge del Mediterráneo. Por lo tanto, de remedio milenario nada de nada. Como mucho centenario, ya que llegó al Tíbet de la mano de algún misionero o algún comerciante de seda. Bueno, digo el Tíbet porque dicen que ahí es donde se cultiva y que sus propiedades mágicas se deben a que crece a cuatro mil metros sobre el nivel del mar y se recolecta a partir de las matas silvestres. La fisiología vegetal y la botánica más elemental nos dicen que a cuatro mil metros no hay baya que crezca, por muy supergoji que sea. Además, es técnicamente imposible que la producción silvestre sea suficiente para inundar el mercado europeo y americano.

El goji que arrasó el mercado tenía una procedencia mucho más prosaica: se cultiva en China a mucha menor altura y se exporta como cualquier otra fruta. La tontería orientalista venida de Estados Unidos hizo el resto. Por cierto, los importadores ya han recibido algún toque de atención por el escaso control sobre fitosanitarios y contaminantes que hay en China, como denunció la OCU en su momento.[8]

Al final, ¿había algo de cierto en la moda del goji? Las propiedades de las bayas de goji son tan buenas como las de cualquier otra fruta similar, léase arándanos o moras, pero ni mejores ni peores. Lo que consiguió el marketing pseudocientífico es que mucha gente pagara más por algo similar a otros productos más baratos.

En definitiva, los antioxidantes, como todo, son necesarios en su justa medida, pero no hay alimentos mágicos. Con una dieta rica en frutas y verduras tienes todos los que necesitas. Huye de remedios milagro.

Y respecto a los números E, incluyendo los E3XX, que son los antioxidantes, ten en cuenta que para conservar la comida o mejorar sus cualidades es necesario poner aditivos, no de ahora sino de toda la vida; la diferencia es que ahora sabemos lo que ponemos, cuánto ponemos, y que a los niveles a que los utilizamos no son peligrosos. De hecho, el problema sería no disponer de ellos, lo que haría felices a muchos bichos patógenos indeseables.

8. http://www.ocu.org/alimentacion/alimentos/noticias/bayas-de-goji-tienen-toxicos507254

EPÍLOGO

La comida que viene

Si durante todo el libro he hablado de cómo es la comida y de dónde viene, solo me falta hablar de lo que vendrá. ¿Cómo será la comida del futuro? La ciencia ficción, cuando ha tratado el tema de la alimentación del futuro, no ha sido muy amable. En *Un mundo feliz,* de Aldous Huxley, los cadáveres se utilizaban para reciclar el fosfato, un fertilizante esencial. En, *¡Hagan sitio! ¡Hagan sitio!,* de Harry Harrison, en un futuro superpoblado el estado proveía de un único alimento, el soylent green, unas galletas hechas a partir de soja y lentejas, aunque la gente decía que también a partir de caracoles. En la adaptación de la novela al cine —la película se llamó en español *Cuando el destino nos alcance* y la protagonizó Charlton Heston—, las galletas, en cambio, estaban hechas a partir de cadáveres. Algo parecido a lo que pasaba en *Delicatessen,* una deliciosa distopía de los directores franceses Jean-Pierre Jeunet y Marc Caro, donde la gente se alimentaba a partir de los cadáveres, los cereales eran un bien tan preciado que se utilizaban como moneda y la máxima expresión de rebeldía era hacerse vegetariano.

La comida ha ido cambiando con las modas y se ha ido enriqueciendo con todas las mejoras científicas y tecnológicas. A pesar de la actual querencia por lo natural o lo antiguo en la comida, esto no va a dejar de suceder. Con la revolución industrial llegaron las neveras y con ello la capacidad de conservar los alimentos más tiempo o que recorrieran distancias más largas. Esto incidió en que algunos alimentos que solo se podían elaborar en invierno se hicieran durante todo el año, como la cerveza Lager, y que la comida llegara a sitios donde antes no llegaba. Por lo tanto, mirando por dónde va la tecnología podemos tener una idea de por dónde irá la comida del futuro. Aquí van unas palabras, que ya habrás oído en su mayoría, pero que cada vez oiremos más para describir los alimentos.

Transgénicos

Es curioso cómo, a pesar del miedo y la suspicacia que despiertan, sería absolutamente imposible vivir sin transgénicos, puesto que forman parte de nuestra vida cotidiana. Los billetes de euro, muchas medicinas, la ropa de algodón, los detergentes y otros productos están hechos con la tecnología transgénica. Los utilizamos y nadie se queja. En cambio, en Europa no queremos que la comida sea transgénica. Los datos nos dicen a las claras que esta actitud tiene los días contados. Los transgénicos han sido la tecnología agrícola que más rápida aceptación ha tenido. En los diecisiete años desde que salieron al mercado han sido adoptados por veintiocho países. Existen muchas teorías conspiranoicas que dicen que forman parte de una estrategia de las grandes empresas por hacerse con el control de la alimentación, pero son solo eso, tonterías sin ninguna base. Una vez más, quien dice eso no ha estudiado los datos. Es cierto que hay pocas empresas que desarrollen transgénicos, por ser una tecnología novedosa y porque el proceso de autorización es tan caro (curiosamente, por la presión de los grupos antitransgénicos) que ha borrado a todas las empresas pequeñas del mercado. El primer productor y consumidor de transgénicos es Estados Unidos, donde se comercializan a través de empresas privadas. Pero es que el segundo es Brasil, que desarrolla transgénicos mediante la empresa pública Embrapa, pensando en las necesidades de sus agricultores. De hecho, hoy por hoy, hay más transgénicos en uso en países en vías de desarrollo que en países desarrollados. Los últimos en sembrar transgénicos han sido Cuba y Sudán, que empezaron en el año 2012.

¿Y por qué han tenido tanto éxito? Pues porque suponen una mejora respecto a lo que teníamos antes. También es cierto que, hasta ahora, en los que había en el mercado la ventaja era perceptible para el agricultor, no para el consumidor. Había variedades resistentes a plagas o a herbicidas, lo que facilita el cultivo y abarata los costes. No obstante, como cualquier tecnología, va mejorando con el tiempo. Entre los avances que ya están en el laboratorio tenemos el trigo apto para celíacos, que se ha desarrollado en un instituto de investigación español, pero que por culpa de la aberrante ley europea acabará comercializando una empresa americana, para nuestra desgracia. También tenemos en desarrollo tomates de color púrpura, casi negro, ricos en el antioxidante antocianina. Como he explicado, que un alimento sea rico en antioxidantes *per se* no quiere decir nada. Aun así, experimentos en animales alimentados con estos tomates han demostrado que son capaces de reducir en un 30 por ciento las probabilidades de contraer cáncer. Actualmente se está ensayando si funcionan igual en humanos o no.

Desde el año 2000 tenemos el arroz dorado, que produce vitamina A, lo cual es una necesidad en aquellos países donde la ceguera infantil es endémica. Estos genes también se han introducido en la patata y en la mandioca. Lo que he descrito aquí son solo algunas pinceladas de las muchas posibilidades que la tecnología nos permite hacer. Hay muchas más, como plantas con menos alérgenos o con mayor contenido en nutrientes esenciales. Esta tecnología también se puede aplicar en animales. Ahora mismo se están desarrollando cerdos con carne baja en colesterol. Y también curiosidades y avances que no están relacionados con la alimentación, como plantas que producen vacunas o fármacos, peces que brillan en la oscuridad y flores de colores que en la naturaleza no existen, como rosas o claveles azules. Por lo tanto, cuando la ventaja del transgénico sea perceptible para el consumidor se acabará toda la obsesión antitransgénica de golpe, como sucede en el mundo fuera de Europa.

Alimentos funcionales

Se considera un alimento funcional aquel que, además de su valor nutricional, contiene alguna molécula que aporta alguna ventaja concreta para la salud o que evita contraer alguna enfermedad. La ley europea es muy exigente a la hora de autorizar etiquetar un alimento como funcional. Tiene que ser un alimento real, no un comprimido o una pastilla. El efecto sobre la salud debe tener una sólida demostración científica y a las dosis en las que se encuentra en el alimento en un consumo normal (por ejemplo, el resveratrol no valdría si para que tenga efecto tienes que beberte cinco litros de vino). Estos alimentos ya existen, pero hoy en día es difícil separar el grano de la paja gracias a una legislación que tiene numerosas grietas por las que se cuelan las empresas, por lo que conviene ser muy crítico ante la publicidad y saber si lo que nos anuncian realmente nos hace falta y si el sobreprecio está justificado.

Tenemos, por ejemplo, ensaladas de bolsa etiquetadas como *antiaging*, o antioxidante, cuando realmente tienen la composición normal de una ensalada, es decir, lechuga, tomate o zanahoria, y no se distinguen de las de la competencia; pero dado que hay verduras ricas en vitamina C y esta es un antioxidante, etiqueta que le cascan. Es un ejemplo de marketing agresivo y tendente a despistar al consumidor, ya que técnicamente no sería engañar. También hay que tener en cuenta que si realmente el alimento es funcional y tiene un efecto terapéutico, su consumo puede no ser beneficioso para toda la población. Por ejemplo, los fitoestrógenos de la soja pueden ser útiles para mujeres en la menopausia, pero no para niños en desarrollo, y un alimento enriquecido en algún nutriente puede interferir en la absorción de otros.

Alimentos nutracéuticos

Vendrían a ser como los alimentos funcionales, con la diferencia de que la molécula beneficiosa se añade de forma artificial. Aquí entrarían los preparados lácteos con fitoesteroles que ayudan a bajar el colesterol. También estarían en este grupo los alimentos enriquecidos con microorganismos como bífidus. Los avances en tecnología de alimentos están haciendo que cada vez puedan enriquecerse de forma eficiente con aquello que nos interese. No olvidemos que hay determinados grupos de personas que tienen necesidades específicas, como los alérgicos, los que tienen intolerancia a determinados alimentos o los que sufren diversas enfermedades genéticas como la fenilcetonuria, que condicionan su alimentación. Algunos de estos grupos tienen problemas serios para tener una alimentación normal, y la específica es además muy cara, por lo que están en el foco de las investigaciones en tecnología de alimentos y, por supuesto, en nutracéuticos.

Alimentos enriquecidos o reforzados

Aquí entramos en terminología legal. Aparentemente sería como un nutracéutico porque le añadimos algo que no tiene de forma natural. La diferencia es que la molécula que añadimos es un nutriente (por ejemplo, ácidos grasos), mientras que en el nutracéutico no tiene por qué tener valor nutricional (fitoesteroles). Recordemos que en España la dieta en general es buena, pero nos vendrían bien alimentos con más fibra, menos sal y calorías, menos azúcares simples y grasas saturadas, y un poco más de zinc. Para mujeres embarazadas, ácido fólico y hierro, y para mayores, vitamina E. Entre el refuerzo se puede añadir fibra, vitaminas, minerales o ácidos grasos esenciales. Y creo que estos alimentos son familiares para todo el mundo, como las leches enriquecidas en calcio y vitaminas.

Estos alimentos están ganando cada vez más espacio. Aproximadamente dos kilos de nuestro peso lo constituyen los microorganismos que viven en nuestro cuerpo, la mayoría de ellos formando parte de la flora intestinal. Estos microorganismos nos ayudan a digerir la comida, a asimilar los nutrientes, e incluso sintetizan alguna vitamina como la K2. Un desequilibrio en esta flora puede ocasionar importantes problemas de salud. Un alimento probiótico es aquel que incluye microorganismos vivos destinados a repoblar o mejorar esta flora. Por ejemplo, en 2012 la Central Lechera Asturiana empezó a comercializar el *Proceliac*, el primer probiótico específico para mejorar la flora intestinal de los celíacos. Este proyecto se desarrolló a partir de investigaciones llevadas a cabo en el Instituto de Agroquímica y Tecnología de Alimentos (IATA) de Valencia y en la empresa, también valenciana, Biópolis. A pesar de la poca financiación que tenemos en ciencia y de la poca inversión privada, conviene señalar que nuestra ciencia sigue siendo muy eficiente y produce resultados de alto nivel con un importante retorno a la sociedad.

Un prebiótico sería un alimento que contiene algún producto que no es digestible, pero que estimula el crecimiento o actividad de algunas bacterias de nuestra flora intestinal y que por eso mejora nuestra salud. Por ejemplo, un alimento rico en fibra, en fructooligosacáridos o inulina, compuestos todos ellos que no podemos asimilar pero que estimulan el crecimiento de la flora intestinal, entrarían en esta categoría. De hecho, el estudio de esta flora cada vez adquiere más interés. Estudios recientes han demostrado que las bacterias del tracto intestinal de ratones obesos son diferentes de las de ratones sanos. Resultados similares se vieron con bacterias de la boca de mujeres, aunque todavía es aventurado decir si esto es un síntoma de la obesidad o si esta diferencia en la flora bacteriana es la causa de la obesidad.

Nanotecnología

Un milímetro es 10^{-3} metros, es decir, que necesitamos mil para hacer un metro. Si vamos reduciendo la escala, un micrómetro serían 10^{-6} metros y un nanómetro 10^{-9} metros, o lo que vendría a ser que mil millones de nanómetros hacen un metro. Hoy la tecnología nos permite diseñar moléculas o dispositivos de esa escala de tamaño y, por supuesto, la aplicación en alimentación es un objetivo de esa tecnología. Esto nos permitirá que moléculas que contribuyen al sabor puedan encapsularse para hacer que la liberación sea controlada y tendremos, por ejemplo, chicles que no pierdan el sabor con el tiempo, envases que ayuden a conservar los alimentos o que nos avisen de cuándo va a caducar la comida.

Carne sintética

Otro aspecto es que tendremos también carne sintética elaborada a partir de cultivos de células animales. De hecho, ya se ha elaborado una hamburguesa sintética por parte del grupo del profesor Mark Post, que se la comió en público en agosto de 2013. Parece una aberración, pero puede ser una forma de contentar a los animalistas, al margen de otras ventajas como el impacto ambiental, la optimización energética y la reducción de gases de efecto invernadero. Por cierto, todo esto que he mencionado en estos dos últimos apartados es ciencia, pero no ciencia ficción. Muchas cosas no están en las tiendas, sí en los laboratorios.

Nutrigenómica y dietas personalizadas

La secuenciación del ADN es uno de los temas en los que la tecnología está avanzando de forma más rápida, lo que permite abaratar los costes. Es cuestión de poco tiempo que vayamos a hacernos un seguro de vida y nos pidan una secuencia completa del ADN para ver si tenemos predisposición a sufrir alguna enfermedad. Pero no solo eso. De la misma manera que unos tenemos ojos azules y otros marrones, tenemos diferentes isoformas de distintas enzimas metabólicas, y unas pueden funcionar mejor que otras. Cuando alguna no funciona en absoluto es cuando podemos tener enfermedades o intolerancias a diferentes alimentos. Con el genoma secuenciado te pueden decir qué alimentos metabolizaremos mejor, qué alimentos te pueden sentar mal y afinar con una dieta en función de tu perfil genético. A esta disciplina se la llama nutrigenómica. Aquí hay que insistir en que esta tecnología todavía no está desarrollada; lo digo porque ya se van vendiendo unos análisis carísimos que supuestamente cuentan con el aval de una universidad. Hoy por hoy, una dieta basada en tus genes viene a ser como la carta astral: te cobran un pastón por decirte lo que le dicen a todo el mundo, haciéndote creer que te lo dicen solo a ti. Llegará un momento en que podremos hacer dietas personalizadas a partir de nuestro perfil genético, pero ese momento todavía no ha llegado.

Un ejemplo para entender lo complicado que es el tema es que en el año 2003 el director de cine Morgan Spurlock quiso hacer un experimento para demostrar la maldad de la comida basura, reflejado en el documental *Super Size Me*. Durante un mes estuvo desayunando, comiendo y cenando en el McDonalds, y fue registrando sus variables fisiológicas. Al final del mes ganó once kilos y el colesterol se le había disparado. Bueno, esto es un ejemplo de ciencia mal hecha. Para empezar, no disimula demasiado que tenía claras las conclusiones a las que quería llegar —la comida basura es mala y McDonald's es el demonio— antes de empezar. Y otro aspecto metodológico que falla es que no se pueden sacar conclusiones a partir de un único caso porque hay muchas variables en juego. De hecho, en el mismo documental aparece Don Gorske, la persona que ostenta el récord de consumo de Big Macs. Desde 1972, Don asegura haber comido unos veintiséis mil Big Macs. Su dieta se compone prácticamente solo de hamburguesas y coca-cola. Tanto su peso como su nivel de colesterol son normales. A partir de estos dos casos extremos no podemos decir que una dieta basada en hamburguesas sea buena o mala; deberíamos, como mínimo, tener más sujetos experimentales y observarlos durante un período de tiempo cuanto más largo mejor, aunque está claro que la composición de un Big Mac es rica en grasas saturadas, algo que debemos evitar. Pero volviendo a Morgan y a Don, ¿por qué una dieta similar tiene efectos tan dispares en ellos? Pues posiblemente porque Don tenga un sistema de almacenamiento de grasas o de aprovechamiento bastante peor que el de una persona normal, y por eso a pesar de tener una dieta tan desequilibrada no engorda; pero no es un ejemplo para el resto de la gente. Por cierto, esta dieta tuvo un efecto secundario muy dañino a largo plazo sobre Morgan Spurlock: acaba de rodar un documental sobre el grupo One Direction.

A veces los errores al interpretar los datos o centrarse en una cuestión en concreto pueden tener consecuencias nefastas para todo un país. En Estados Unidos, hace veinte años empezaron a tomarse en serio el problema de la creciente obesidad de la población y su relación con la salud cardiovascular. Para que una campaña funcione hace falta un malo, que se encontró en el colesterol y en las grasas saturadas. En poco tiempo, un americano medio sabía que tenía que eliminar el colesterol y las grasas de su dieta. La campaña funcionó. Hoy se consumen muchas menos grasas en Estados Unidos que hace veinte años, pero la obesidad sigue creciendo. El problema es que para hacer apetecibles los alimentos muchos fabricantes dejaron de incluir grasas, pero añadieron azúcar en cantidades ingentes. ¿El resultado? En 1980 había 153 millones de diabéticos en Estados Unidos y hoy son 347 millones. La nutrición no es una cuestión de alimentos buenos y malos, sino de dietas equilibradas. Cuando te dicen que un alimento es muy malo puedes tener la tentación de creer que si te atiborras de otro estás cuidando tu salud, cuando realmente es al contrario. Si quitas las grasas, pero las sustituyes por azúcares de alto índice glucémico, no solucionas nada. Tienes que fijarte en la dieta total y comer de todo, aunque en su justa medida.

En estas páginas he tratado de explicarte que nunca hemos comido mejor y más seguro, y eso no va a cambiar a pesar de nuestros miedos. Todo lo que rechazamos en la comida, aditivos, pesticidas, la palabra «artificial» o la «química», se utilizaba históricamente, y ha hecho que la comida sea como la conocemos hoy en día. Decir que queremos comer sin química o sin genes es aberrante desde el punto de vista científico, y absolutamente imposible. Toda la comida tiene genes y todo lo que nos rodea y nos comemos está hecho de átomos y moléculas, es decir, lo que estudia la química. No tendríamos salud ni calidad de vida si la comida no fuera segura. Asustarnos por los transgénicos, los restos de pesticidas o los interruptores endocrinos en el fondo es una gran suerte, la de poder comer todos los días. Eso sí, es responsabilidad nuestra elegir bien y seguir una dieta equilibrada.

Sobre la alimentación circulan tantas leyendas urbanas e información falsa como sobre las baterías de los móviles, y más en Europa, donde nos preocupamos de asuntos sin importancia (y nos cuesta dinero) y pasamos de lo serio. La falta de información en temas de alimentación y la proliferación de leyendas urbanas da lugar a paradojas como preocuparnos por si el vino tiene sulfitos, pero no por los catorce grados de alcohol, que es lo peligroso. No queremos que las salchichas tengan nitritos, pero no decimos nada de las grasas saturadas o de los azúcares añadidos (aunque vayan etiquetados como almidón, dextrosa o jarabe de maíz). Más paradojas: que no queramos comer algún alimento por ser nuevo o tecnológico, pero que alabemos algo como la almorta por ser tradicional, cuando no es más que comida de animales tóxica para humanos. O que pensemos que algo es más sano por ser *light* y que comamos el doble y engordemos más, o elegir un producto porque se etiqueta como «Solo con aceites vegetales», aunque esos aceites sean de palma o coco, nutricionalmente tan poco aconsejables como las grasas animales.

Espero que este libro haya servido para aclarar conceptos y que te ayude a hacer la compra mejor la próxima vez que vayas al súper, o a que no te engañen vendiéndote pastillas y suplementos inútiles la próxima vez que empieces una dieta. Y si no, espero al menos que te hayas reído. Reírse es más sano que darse un atracón de hamburguesas y más divertido que una dieta hipocalórica.

Y no olvides que en nuestra sociedad tenemos el privilegio de sufrir enfermedades como la obesidad y sus derivadas, como algunos cánceres, diabetes, hipertensión o accidentes cardiovasculares, enfermedades todas ellas relacionadas con una mala dieta o un exceso de alimentación. Sufrir obesidad es un lujo en un planeta en el que todavía hay mil millones de personas que pasan hambre. Sigo insistiendo en que ahora es el momento de la historia de la humanidad en que más personas están comiendo. Pero no conviene bajar la guardia. La guerra contra el hambre no ha acabado.

Para escribir este libro he tratado de empollarme la literatura científica existente sobre todos los temas que he tocado y contarte qué hay de cierto y qué hay de mito en toda la información que circula sobre la comida. Aunque el libro no se acaba aquí. Seguro que hay algo que te he contado que hoy se asume como cierto, pero que habrá que matizar dentro de unos años. La ciencia avanza muy deprisa y en un tema tan candente como la alimentación todavía más. Hay una anécdota de origen incierto, atribuida a varias universidades americanas, que dice que en el discurso final de graduación el rector decía a los estudiantes de medicina que «la mitad de lo que os hemos enseñado es falso, pero desgraciadamente no sabemos qué mitad es la buena y cuál es la mala». Posiblemente, en todo lo que leas sobre nutrición pase lo mismo. ¿Has encontrado algún fallo? ¿No estás de acuerdo en algo? Tengo un blog (*Tomates con genes*) en el que suelo escribir artículos sobre estos temas, o sobre biotecnología y ciencia en general (http://jmmulet.naukas.com). Estaré encantado de recibir tus comentarios ahí o en mi cuenta de Twitter, @jmmulet.

AGRADECIMIENTOS

Mi actividad investigadora en el Instituto de Biología Molecular y Celular de Plantas (cuando consigo financiación para llevarla a cabo) toca muy tangencialmente el tema de la alimentación. Mi trabajo se centra en tratar de desarrollar plantas tolerantes a condiciones ambientales adversas. No así mi actividad como profesor en el departamento de Biotecnología en la Universidad Politécnica de Valencia, donde imparto clase a futuros ingenieros agrónomos, tecnólogos de alimentos y biotecnólogos, de grado, licenciatura o máster. Mi interés por los temas alimentarios surge de mi actividad docente y es uno de los temas que he tratado tanto en mi actual blog en Naukas como en el antiguo (www.losproductosnaturales.com). No obstante, para documentarme he tenido que ser pesado y preguntar a gente que sabe más que yo, como Manuel Collado o Hugo Leis. Las listas de correo de Cytali y Bioamara también han sido dos grandes ayudas, sobre todo en temas de legislación. Me siento en deuda con José Luis Tajada, que tuvo el detalle de enviarme cincuenta gigas de audios que he utilizado para este libro, y seguramente para los que vengan. Quiero agradecer a la editorial Destino, en especial a Ana y a Ramon, su confianza en mí para un proyecto como este, que se cerró al más puro estilo Operación Campeón en la cafetería de una estación de Renfe (no había ninguna gasolinera a mano). Y por supuesto un agradecimiento especial a mi familia, que ha tenido que aguantar mis ausencias (aunque físicamente estuviera presente), idas de olla y neuras varias durante el tiempo que he estado escribiendo el libro, los meses de julio y agosto de 2013.

BIBLIOGRAFÍA RECOMENDADA

Existen numerosos libros en el mercado que tratan el tema de la nutrición, la salud y las dietas, aunque por desgracia muchos se pasan la evidencia científica por el forro y caen de lleno en la pseudociencia, cuando no son una excusa para promocionar pseudomedicina y venderte pastillas. No obstante, hay algunos que se basan en evidencias científicas sólidas. En el texto ya he citado algunos de los que he consultado, pero para ampliar los temas que he tratado en este libro te recomendaría:

— *Comer o no comer*, de Enrique Ortí, Raquel Bernácer y Ana Palencia (Editorial Planeta). Los autores consultan con los máximos expertos en el tema la mayoría de mitos y leyendas urbanas sobre alimentación. Preciso y clarificador.

— *Comer sano para vivir más y mejor*, de José Enrique Campillo (Ediciones Destino). El autor, catedrático en la Universidad de Extremadura, explica de una forma sencilla y asequible los conceptos más importantes en nutrición y da unos consejos concretos para mejorar nuestra dieta.

— *El bacalao. Biografía del pez que cambió el mundo*, de Mark Kurlansky, Península, Barcelona, 1999.

— *Entre el placer y la necesidad: claves para una dieta inteligente*, de F. García Olmedo (Editorial Crítica). Toda una referencia en temas de nutrición.

— *Sal. Historia de la única piedra comestible*, de Mark Kurlansky, Península, Barcelona, 2003.

BLOGS

En numerosas partes del libro he criticado la información que se puede encontrar por internet, lo cual no quita que haya determinados blogs que son fuentes fiables y precisas sobre determinados temas. Entre los que más he consultado destaco:

Específicos de nutrición:

— *El nutricionista de la general*, de Juan Revenga (http://blogs.20minutos.es/el-nutricionista-de-la-general/).

— *Lo que dice la ciencia para adelgazar*, de Luis Jiménez (http://loquedicelacienciaparadelgazar.blogspot.com.es/p/sobre-este-blog.html).

También recomiendo los libros escritos por estos dos autores: *Con las manos en la mesa*, de Juan Revenga (1001 Ediciones, 2010); y *Lo que dice la ciencia para adelgazar de forma fácil y saludable* y *Lo que dice la ciencia sobre dietas, alimentación y salud* de Luis Jiménez, ambos publicados en Amazon.

— *Mi dieta cojea*, de Aitor Sánchez García (http://midietacojea.com).

— *Un cafelito a las once,* de Aitor García Calero (http://www.uncafelitoalasonce.com/), así como sus colaboraciones en *Directo al paladar* (http://www.directoalpaladar.com/autor/aitorcalero).

— Y por último, *La Ciencia de Amara* (http://lacienciadeamara.blogspot.com.es/), que abarca un mayor abanico de temas, pero todos tratados con profundidad y rigor.

— Sobre seguridad alimentaria el indispensable es *Gominolas de petróleo* (http://www.gominolasdepetroleo.com/).

— Sobre química de la comida: *Artificial, naturalmente*, de Claudi Mans (http://www.investigacionyciencia.es/blogs/fisica-y-quimica/24/posts). Y aunque no es específico de comida, también hay artículos muy interesantes sobre los temas que trato en el *Blog del Búho*, de Yanko Iruin: http://elblogdebuhogris.blogspot.com.es/.

— Entre los blogs de ciencia que he consultado con frecuencia uno de los destacados ha sido *Scientia* (http://scientiablog.com/), de mi buen amigo José Manuel López Nicolás. Geniales sus entradas sobre industrias alimentarias o de cosméticos.

— Y sobre timos y estafas recomiendo encarecidamente *El Retorno de los Charlatanes* (http://charlatanes.blogspot.com.es/), de Mauricio José Schwarz, y *Magonia* (http://blogs.elcorreo.com/magonia/), de Luis Alfonso Gámez.

booket

Impreso en Liberdúplex, S. L.
Ctra. BV 2249, km 7,4 (Polígono Torrentfondo)
08791 Sant Llorenç d'Hortons (Barcelona)